谨以此书献给曹禺诞辰百年

Dedicated To The 100th Anniversary of ***Cao Yu***

經典

人藝

北京人艺经典文库

经典人物

曹禺

Cao Yu

田本相　著

主　　编　刘章春　宋宝珍
副 主 编　李鸣春　于文萍
图文编辑　刘　琳　李星彤
美术编辑　陈　璐　孙　明

中国戏剧出版社　CHINA THEATRE PRESS

序 张和平
一 一粒苦闷的种子 003
二 小戏迷 011
三 童年的故事 017
四 新文学的洗礼 023
五 对诗的追求 027
六 恩师张彭春 033
七 天才的演技 037
八 生命的探索 043
九 东撞西撞 049

目录 CONTENTS

十　深入戏剧的堂奥　055

十一　清华之“虎”　061

十二　《雷雨》　069

十三　中国剧坛升起的新星　079

十四　《日出》　087

十五　在南京国立剧校　097

十六　《原野》　105

十七　投身抗日洪流　113

十八　在江安的日子里　119

十九　方瑞的到来　127

二十　《北京人》 135
二十一　改编巴金的《家》 149
二十二　最后一次登上舞台 157
二十三　创作的危机 163
二十四　美国之行 171
二十五　奔向解放区 177
二十六　跨入新的时代 183
二十七　新的创作尝试 193
二十八　日本之行 199
二十九　曹禺与北京人艺 205

目录 CONTENTS

三十 《胆剑篇》 215

三十一 “从大地狱里逃出来” 223

三十二 劫后喜事接踵来 233

三十三 远渡重洋 241

三十四 曹禺热 247

三十五 夕阳如火 261

附一：灵魂的石头 万方 268

附二：曹禺年表 288

后记 292

序

人生百年。岁月如歌。

今年是北京人艺第一任院长曹禺先生的百年诞辰纪念，这本画传所记述的，也可看作是先生用他的一生谱就的一阕长歌。

曹禺先生是我国天才的戏剧艺术家。早在1933年，先生23岁时就完成了他的处女作，也是先生最主要的代表作《雷雨》。《雷雨》及其后来的《日出》、《北京人》等作品，奠定了他在中国话剧史乃至整个中华璀璨文化中的重要地位。

曹禺先生作品的广泛而源远的影响及其地位的形成，是与他在艺术生涯中和北京人艺形成的水乳交融的关系分不开的。在曹禺一生担任的众多社会职务中，北京人民艺术剧院院长的这个职务倾注了他最多的心血。从1952年建院到他生命的最后一刻，他一直统领和关怀着剧院的艺术建设。半个多世纪以来，北京人艺先后排演了他的9部剧作，分别是《雷雨》、《日出》、《北京人》、《家》、《原野》、《明朗的天》、《胆剑篇》、《王昭君》、《蜕变》。今年，北京人艺又隆重推出了“纪念曹禺先生诞辰一百周年”演出季，以前所未有的重量级和高密度推出明星阵容，相继公演先生的四部剧目：《雷雨》、《日出》、《原野》、《北京人》。这些经典将成为首都剧场永远的“驻场演出”！其实驻场的何止是演出，更是传统与精神！

曹禺和曹禺们培育造就了北京人艺，滋养了剧院一代又一代的导演、演员和舞台美术工作者，也滋养了北京人艺一代又一代观众。作为后继者，我们珍视他为我们留下的这些无价财富。同时，我们也深谙我们的职责所在：审时度势，再接再厉，寻求突破，积极创新。让北京人艺这座艺术殿堂庙在，神在，辉煌在！

曹禺和曹禺们将北京人艺挥舞成话剧界一面飘扬的旗帜，我和我的同事们将不辱使命，为北京人艺续写光荣！

让这如诗如歌的百年画册寄托我们永远的缅怀，也表达我们不懈的追求！

是为序。

张和平

2010.7

图书在版编目(CIP)数据

曹禺/田本相著.--北京：中国戏剧出版社，2010.8
（北京人艺经典文库）
ISBN 978-7-104-03253-3
Ⅰ.①曹… Ⅱ.①田… Ⅲ.①曹禺（1910－1996）
－生平事迹 Ⅳ.①K825.6
中国版本图书馆CIP数据核字（2010）第153701号

北京人艺经典文库·经典人物
曹禺

策　　划：李鸣春
责任编辑：李鸣春
美术编辑：陈　璐 孙　明
责任校对：李星彤
责任印刷：冯志强

出版发行：中国戏剧出版社
出 版 人：樊国宾
社　　址：北京市海淀区紫竹院路116号嘉豪国际中心A座10层
网　　址：www.theatrebook.cn
电　　话：010-58930221 58930237 58930238
58930239 58930240 58930241 (发行部)
传　　真：010-58930242 (发行部)

经　　销：全国新华书店
读者服务：010-58930221
邮购地址：北京市海淀区紫竹院路116号嘉豪国际中心A座10层 (100097)

印　　刷：北京今日风景印刷有限公司
开　　本：787mm×1092mm　1/16
印　　张：19
字　　数：150千
版　　次：2010年8月 北京第1版第1次印刷
书　　号：ISBN 978-7-104-03253-3
定　　价：58.00元

我喜欢写人，我爱人，我写出我认为英雄的可喜的人物，我也恨人，我写过卑微、琐碎的小人。我感到人是多么需要理解，又多么难以理解。没有一个文学家敢说"我把人说清楚了。"

曹禺

天津曹禺旧居，这是童年曹禺生活的地方。

一 一粒苦闷的种子

曹禺，好像生来就是一粒苦闷的种子。他上中学时，才不过十几岁，他的父亲就对他说："你小小的年纪，哪里来的这么多苦闷？"连自己的父亲都不能理解儿子的内心苦闷，说来都会使局外人感到奇怪。

从曹禺的家境来说，他从小就过着衣来伸手饭来张口的生活。住的是小洋房，家里有各种佣人：拉车的、做饭的、看门的、打杂的，还有保姆等等。生活优裕得很。按理说是不该有什么可愁的可苦闷的；但是，他偏偏却有着许多苦闷。他对我说："我也不知道我会有那么多苦闷，可那时我的确是苦闷的啊!"家庭生活的优裕，不但没有给他增添欢乐，反而成为他痛苦的渊薮了。

也许有人会说，可能曹禺先天就带有忧郁的血质，以致从小就忧心忡忡，心怀苦恼。这自然是说不通的。尽管曹禺的父亲不能理解儿子的苦闷，但要理解曹禺的苦闷，还得从曹禺父亲的苦闷谈起。原来，曹禺的父亲也是一个苦闷盈胸的人。

曹禺的父亲，名叫万德尊，字宗石，原籍湖北省潜江县人。他一辈子都梦想光宗耀祖，实现万家祖辈代代相传的理想。但是，他闯荡一生，却没有实现祖宗的理想和愿望而恨恨死去了。知道了万家的家世，就懂得万德尊的苦闷了。

据说，在明朝的万历年间，江西省南昌府九龙街石门限万庄，有个叫万邦的武官，因为当时天下扰攘不安，他便宦游到今天的湖北省潜江县定居下来。这样，万邦就成为万氏的支脉在潜江的始祖了。万邦娶妻杨氏，万家的子孙便在这块土地上一代一代地繁衍生长。最初的几代没有什么可考的事迹，到了万邦的八世孙万廷琇出生，其时正是乾隆四十三年(1778)，万家开始有些起色。嘉庆五年(1800)，廷琇的长子时叙出生，时叙字惇五，号珏田。嘉庆二十三年(1818)，廷琇恩贡，候选州判。时叙不如父亲，只做了郡禀生，后来又做了私塾先生。道光十二年(1832)十一月间，时叙给一个病人看病，大概是误诊了，造成死亡事故，遂自缢身死。从万廷琇开始了万家的奋斗史，那就是靠读书而入仕途。但是，这条道总不能如意，于是，便一次又一次名落孙山，依然不能振兴门庭。这样，万家的奋斗史就成为了失败史。

时叙的儿子际云是道光三年(1823)十月八日出生的。际云榜名骏，字翽卿，号祥五，娶妻魏氏。际云本有发迹之望，咸丰九年(1859)，际云恩科中试本省乡试举人，同治元年(1862)会试考取觉罗官学汉教习，敕授文林郎，楝发甘肃知县。谁能料到际云却碰到了晦气的命运，于赴任途中，因受随行同伴眼疾传染，突然双目失明，只得回家重操祖先遗业，又当起私塾先生。际云的长子名启，又名启文，字紫邮。自幼为教私塾的父亲笔录讲义，后来也以授课为业。启文先娶妻杨氏，杨氏聋哑，后又娶徐氏为妻。同治十二年(1873)，启文与杨氏生一子，名德尊，字宗石，这就是曹禺的父亲。

俗话说，“家有三斗粮，不当孩子王。”私塾先生在乡村表面上受人尊敬，实际上却是地位寒微，生活贫困自不待言，也为官宦财主人家所不齿，饱尝着世态炎凉的苦涩酸辛。这样，一代又一代苦读而不得发迹的家族命运，使万德尊从小就深刻地体验着一个贫穷人家的艰难和耻辱，万家的失败史深深烙印在他的心中。因此，他从小就下定决心，凭着苦读进入仕途，光宗耀祖，振兴家业。在乡里，德尊有“神童”之誉。他天资聪颖，又很用功，15岁便考中秀才，一时传为佳话。稍后，便毅然离开家乡，到张之洞创办的两湖书院求学。德尊一面刻苦攻读，一面养家朔日。书院每月发四两银子的津贴，他省出一半来寄给父亲，接济家用。他常说他是“窭人之子”，“窭人”是湖北潜江土话，就是穷人。他是多么想摆脱“窭人”的命运啊!

贫苦的家境，光宗耀祖的思想促使德尊探寻一条发迹的道路。清朝末年，伴随着洋务运动的兴起，留学外国之风也开始兴起。留学外国似乎是一条新路，但也是一条陌生而令人生

潜江曹禺纪念馆正厅的曹禺塑像

畏的道路。当德尊看到科举道路的渺茫，经商又无门径的时候，他以为学洋务也许是个机会，能够实现夙愿。于是，便下定决心到国外去闯荡一番，去争得一个好前程。好在还有他的舅舅与他作伴同行，也多少增添了他的勇气。

光绪十年(1904)六月，万德尊以大清国官费留学生的身份抵达日本东京。先入日本振武学校就读，毕业后又入日本陆军士官学校。这所陆军学校是很有些名气的，在日本也算是较老的军官学校了。和德尊一起的中国同学有后来成为军阀的阎锡山，还有黄国梁等。

万德尊于1909年初学成回国。据说，当时直隶总督端方对德尊颇为器重，任命他为直隶卫队的标统。标统，按现在的军职来说，相当一个团长。从万家的家谱来看，他的官位也不算高，但终于跻身于官僚行列之中，较之当私塾先生不知要强了多少倍。按说，他该心满意足了吧？不，他总觉得他不该当武官，也许他就不该去习武。他那文人的习性改不过来，他喜欢舞文弄墨。因之，他当了标统不但未能如愿以偿，反而常有怀才不遇之感，在内心深处

①曹禺同笔者谈话记录，1981年7月28日。

②张葆莘：《曹禺同志谈剧作》，《文艺报》1957年第2期。

交织着苦恼和忧郁。

1911年10月10日辛亥革命爆发。在这次民主革命的大动荡中，万德尊并没有被革命赶下台，当北洋军阀袁世凯窃得大总统的职位后，他也随之成为中华民国的武将，而且不久，还被授于陆军中将的军衔，一度被派到宣化任镇守使，相当一个师长。

黎元洪当大总统时，他还做过黎元洪的秘书。但好景不长，随着黎元洪的下野，他也只好弃官避居天津，从此赋闲在家，一蹶不振，直到死去。其实，他并不是没有机会，没有可攀的关系，也不是不能去做事了，阎锡山就曾邀请他出来，但是，他不愿再干了。曹禺说："我父亲做官不得意，他说他做了一辈子官是做错了，坚决反对我去做官。虽然，他做的是武官，可他从来没有打过仗，他不是那种秉性黩武之徒。"①相反，曹禺说："在我的记忆里，他又有些软弱、善感。他有一手好文笔，能作诗也能写对联。有时又满腹牢骚，像一个怀才不遇的落魄文人。他这一方面的性格，后来影响我在《北京人》里所写的几个人物，譬如曾皓、曾文清、江泰。"②他在天津当起寓公，抽上鸦片，那种没落文人的习性倒使他苦闷异常，那光宗耀祖的愿望也化为泡影了，他被打败了。不是万德尊一个人，而是像他那样的一批人为历史所淘汰了。他有时不甘心，可他又不愿像有些军阀那样在乱世中去投机，去冒险，加之，他没有冒险家的胆量，这就不能不使他内心常有一种莫名的烦恼和苦闷。他才40岁，就觉得老之将至，潦倒不堪。或成日和几个朋友一起饮酒赋诗，或躺在烟灯前面，在烟雾缭绕中麻醉着自己。他发脾气，骂大街，摔东西，打下人。似乎什么他都看不顺眼，他内心苦闷极了。但是，他不懂得他的苦闷给他的家庭带来多么沉闷和压抑的空气。

最使曹禺莫名其妙的，也是使他最难以忘记的，是他父亲常对他说："家宝，你不能忘记，你可是个'窭人之子'啊!"当时的家境虽没有大富豪大军阀那么阔绰，但也不是什么穷苦之家。他对儿子讲这些话时，是那么认真和严肃，似乎其中又有殷切的期待。那么，为什么万德尊要让曹禺记住自己是"窭人之子"呢？恐怕在他内心深处还没有摆脱万家祖祖辈辈

位于天津民主道23号的曹禺故居。在旧时代，这座小楼所处的位置是意大利租界的二马路。万家衰落后，这里则成为了年久失修的杂居之地。2010年夏，故居恢复原貌，修葺一新，正式对外开放。

▯ 天津曹禺故居客厅，西式的布局，中式的装饰，显现出20世纪初西学东渐的印记。

▯ 这是北京人艺演出的《雷雨》一剧中周公馆的客厅布景，很明显能够看到万家公馆的影子。

传下来的那种贫穷度日的记忆，也还没有实现光宗耀祖的愿望，还没有改变“窭人”的地位。所以，叫儿子记住这点，是期望他们继承他未竟的事业，去奋斗去挣扎，他是多么望子成龙啊!正因此，尽管他自己抽大烟，却不满意长子万家修抽大烟。他恨家修不争气，不止一次训斥家修，甚至破口大骂，但家修仍不能改其恶习。有一次，当他又看见家修偷偷吸鸦片时，就干脆跪在儿子面前，乞求儿子不要再抽了。他痛心疾首地哀求儿子：“我给你跪下，你是父亲，我是儿子。我请你不要抽，我给你磕响头，求你不——”由此，也可看出万德尊内心交织着多么错综复杂的痛苦。在他临死前几年，他还是叨念着，要外出干一番事业，把家业振兴一下。但他不过是说说而已，再也没有力量振起他的翅子。他已经成为一个废物。

这样一个父亲，这样一个家庭! 那像铅块一样沉重的家庭气氛，那像坟墓一样的窒息环境，注入曹禺童年心灵里的是忧郁是苦闷。他怕，他躲避着；他恨，他逃脱着，他躲到自己的房间里去，他逃到自己的心里去。家里房子很多，一座两层的小洋楼，有八间房子，他有自己的房间。这卧室就成为他避难的巢穴。他躲到房间里读书，他更躲到自己心里活着，把心封闭起来，他是孤独而寂寞的。

曹禺的性格是孤僻的，从小就是这样。只要让我们更深入地了解一下他童年的生活，就更懂得他为什么是这样孤寂和苦闷了。

宣统二年(1910)，万家的人刚忙过中秋节，就又紧张地忙碌起来，全家洋溢着喜庆的气氛。原来是德尊的夫人就要生产了。

德尊正在天津任直隶卫队的标统，公馆就在天津小白楼的一个胡同里。万德尊的原配夫人，是同乡的燕氏，曾生下一男一女。长女家瑛，小名珍珠。长子家修，字少石。万德

薛咏南照片

尊从日本学成回国后，就又在湖北武昌娶商人薛氏女为妻，这就是眼下要生产的薛夫人。他们结婚不久，夫妻恩爱和睦，德尊虽有一男一女，却仍盼着再生贵子。德尊不信神，但也暗暗祈祷上苍，祝愿妻子平平安安生产，祝愿一个儿子降临万家。阴历八月二十一日，阳历9月25日，也就是中秋节过后的第六天，一个婴儿在万家呱呱坠地了。老祖母早就盼着一个小孙子，眼看生下的这个胖娃娃，乐得她合不起嘴。她为这刚出世的孙子取名家宝。小名，是请一个阴阳先生给起的，看了八字，就起名添甲。甲者，天干之第一位也。添甲显然是取其独占鳌头、前程似锦之意。

正当万家沉浸在欢乐之中时，薛夫人产后却觉得身体不适。起始，也没有注意。先是发烧，腹痛，过了一天，不但没有退烧，反而更加厉害，腰疼得剧烈难忍。这就急坏了德尊，到处求医讨药。到第三天，凡是能够请到的医生都请了，能用的药都用了，什么办法都想到了，却终于不治身亡。薛夫人得的是产褥热，今天看来是不难治愈的，而在那时却是一大难症。这样，全家便从极度喜庆又陡然跌入极度悲痛之中。

家宝的母亲死后，德尊怕别人带不好孩子，就特地把小姨从武昌接来帮忙。家宝的姨叫薛咏南，同家宝的生母是孪生姐妹，因此这姐俩长相完全一样。不久，德尊便同薛咏南结婚。继母对家宝十分疼爱，自己姐姐的孩子，就像自己亲生的一样。

薛夫人的亡故，对万德尊固然是个打击；但是，谁又料到她的死会给曹禺的童年带来难以弥合的精神创伤呢？

位于天津民主道23号的曹禺故居。

每当曹禺同别人谈起他生下三天便失去亲生母亲的事，便有说不出的难过。他常说：“我从小失去了自己的母亲，心灵上是十分孤单而寂寞的。”[1]直到他自己成为七十岁的人，一提到生身母亲仍然是无限怀念和伤痛。生母的死，是造成他童年孤独苦闷的一大原因。

为什么曹禺还在童年时代就知道他生母的事情呢?

在万家这样的封建官僚家庭里，是什么事都会发生的。万德尊卸职后，把一个随身的马弁刘门君带回天津家里，留作贴身的仆人。添甲出生后没有奶吃，便由刘门君的妻子刘氏做了奶妈。有一次，继母同奶妈刘氏吵起来，大概是奶妈又朝继母要什么钱物，继母没有答应，便大吵大闹。想不到，奶妈怀恨在心，伺机报复。她把小添甲叫到跟前，悄悄地对他说：“添甲，你知道你的亲妈吗？这个妈不是你的亲妈，你的亲妈生你三天便得病死去了。”这时，曹禺才五六岁。对一般孩子来说，这消息也许不会产生什么深刻影响。而他生性聪慧，加之又属于情感型的，这消息就犹如晴天霹雳了。表面上他没有表现出什么来，但经奶妈点破，这不幸的消息便深深地刺激了他，在他心灵中渗透着、浸染着，使他萌生着失去生母的悲哀和痛苦。随着年龄的增长，这种失去生母的孤独感和寂寞感不但未曾减少，反而成为苦闷的酵素蔓延着、扩展着，凝聚在心灵的深处。

曹禺的童年确是苦闷而又悲伤的。

①曹禺：《我的生活和创作道路》。

天津故居中曹禺的童年居室，在郁热的夏夜，曹禺常常躺在段妈的身边，听她讲述她家悲惨的故事。

天津光明大戏院前厅，这是继母经常带着小家宝看戏的地方。

二 小戏迷

万德尊在中华民国成立之后，作为清政府的一名武官，不但没有受到革命的冲击，反而官运颇佳，家境也较前富裕起来。这时，万家的公馆从小白楼迁到意租界二马路36号。

万家的新公馆坐落在今天的河北区，这是一个僻静的所在。一幢具有意大利建筑风格的两层小洋楼，从远处看去显得严整而精致，临近都是各有特色的楼房，这里是高等华人和洋人的街区。老龙头车站就在附近，不时传来火车"突吐突吐"的声音，和着汽笛的长鸣。每当夜阑人静，或当着风顺的时候，还可听到海河对岸法国教堂的钟声。

小添甲越长越聪明，胖乎乎的小脸，特别是一对明亮的大眼睛，格外精神，讨人喜爱。添甲四五岁的时候，大姐万家瑛、大哥万家修从湖北省潜江县老家来了。家里顿时热闹起来。家瑛较继母小七八岁，家修比继母小一轮。虽说这样，而继母却很知礼，殷勤地接待他们。大姐格外喜欢这个同父异母的小弟弟，常抱他、亲他，形影不离。继母也很疼爱家瑛，知道她爱吃水果，就经常买下水果给她吃，生怕委屈了她。而家瑛却把最好的水果和糖留起来给小弟弟吃。家瑛

坐落在天津意大利租界的曹禺故居，现在的门牌是河北区民主道23号。

始建于1910年的天津曹禺故居鸟瞰图，分前后两栋。（此图为效果图）

还是添甲的第一个启蒙老师，是她第一个教他识字的。多少年过去了，曹禺都不能忘怀姐姐的爱。

德尊对添甲的教育是下了本钱的。那时，已经有了洋学堂，也有私塾，可是，德尊不放心让添甲到学校里去上学，也不愿意他进私塾。他特地把自己的外甥刘其珂请来做家庭教师。刘其珂的学问并不见得多么渊博，但旧学的根基尚好，加之又是近亲，德尊就觉得让他教更靠实，不会耽误儿子的学业。

刘其珂的教学也没有什么新办法，依然是从《三字经》、《百家姓》教起，让学生死记硬背。添甲一念起这些枯燥无味的书，就像鸟儿进了笼子，闷极了。每当放学，他就和小朋友跑出去玩耍。添甲最高兴去的地方是老龙头车站，眼看着喷吐着浓烟的火车从面前风驰电掣般飞驶过去，一直看到火车消失在远方。他朦朦胧胧地感到那远方有一种神秘的诱惑，常陷入一种莫名的憧憬之中。他在课间休息时，跑到二楼的小平台上，去听海河对面教堂传来的钟声，悠扬沉实的钟声也常常使他伫立凝思。

清末民初名士方尔谦（字地山）先生也曾应德尊邀请为添甲教学。这位颇有才气的名士派，看添甲天资聪慧，格外欣赏，曾赋诗称赞：

年少才气不可当，双目炯炯使人狂。
相逢每欲加诸膝，默祝他年姓字香。

在这样的家塾教育中，添甲陆续地读了《论语》、《孟子》、《大学》、《中庸》、《诗经》、《左传》、《史记》，甚至还有老子的《道德经》和难懂的《易经》等。背诵这些书，当然是一件痛苦的事，真好像受刑罚一样。但是，这样的生记硬背也并非全然徒劳无益，那些传统文化思想就在背诵中慢慢渗进他的心灵。

但是，对曹禺影响更为深远的却是那些“闲书”。这不得不归功于他的父亲，还有他的继母。父亲和继母都不算是十分顽固保守的。添甲能自己看书了，他们就让他到书房里去挑自己爱看的书来读。最有意思的，是父亲和

方地山(1873—1936),原名方尔谦,扬州人。擅长书法和楹联,清末民初著名学者、书法家、楹联家,时被称之为民国“联圣”。

继母薛咏南（1892－1945）系曹禺生母薛氏的孪生姐妹。曹禺是在生父万德尊与继母的共同爱抚下长大。

继母抽足了鸦片烟，过够了烟瘾，这时，闲情逸致便油然而生，兴致勃勃。于是，便把添甲喊到床前，听他背诵古诗词，让添甲也跟着背。

添甲的性格是内向的，加上他的聪明，一旦钻进书本的境界，他就展开想象的翅膀而自由翱翔了。当他还没有进入中学时，就读了大量的中国古典小说，《三国演义》、《水浒传》、《聊斋志异》、《镜花缘》、《西游记》，连《红楼梦》都读过了。读这些小说，为他打开了一个生动而广阔的天地，使他知道在他家小楼外边还有这么多令人悲伤和欢乐的故事，懂得人间还有那么多不平的事。

他也特别喜欢读开明书店出版的《少年》杂志。八九岁的时候，便成为它的忠实读者。《少年》的内容丰富多彩，童话故事、科学小品、散文等都有，这些新的少年读物，更能激起他的想象和兴趣。添甲的气质有点罗曼蒂克，他耽于幻想，经常在读书中陷入冥想。他读《鲁滨逊漂流记》，便浮想联翩，幻想到海上去冒险，在那无边无际的大海里飘泊，在惊涛骇浪里搏击，在万顷碧波上航行。他还想当一个发明家，发明一艘飞快的船，装上机器，冲开海浪，风驰电掣。为此，他苦思苦想，设计出一艘快艇，画好了一张蓝图，把它藏在继母送给他的瓷娃娃的肚子里。读书给他以知识，更激扬他的想象力，幻化出许多美的形象，憧憬着一个美的世界。

外国的小说，他也读过一些，主要是读林纾翻译的说部丛书，像《巴黎茶花女遗事》、《撒克逊劫后英雄略》、《迦茵小传》等。但给他印象最深的还是都德的《最后一课》。

继母是个戏迷，没有她不爱看的戏，什么京戏、评戏、河北梆子、山西梆子、京韵大鼓、文明戏……她都爱看。

添甲才3岁，她就抱着他到戏院里，坐在继母的怀里看戏。稍大些，就跟着继母站在凳子上看。再长大些，不但看，而且看完戏回来，还和小伙伴一起扮演起来，甚至自己编个故事来演。他在继母的熏陶下成了个小戏迷。

那时，天津荟萃了不少著名演员。谭鑫培、刘鸿声、龚云甫、陈德

薛咏南与亲友合影。

霖、杨小楼的戏，他都看过。添甲格外喜欢余叔岩，后来上中学时演出《南天门》，就有余派的味道。在这种艺术熏陶之中，民族艺术的审美特性，不知不觉地渗入他那童稚的心灵之中，使他悟出："戏原来是这样一个美妙迷人的东西!"他迷上了家里的《戏考》，里面的折子戏，他反复看，唱词也拿来背，整段整段的唱词都能背出来，也能唱出来。他把一本一本的《戏考》都翻烂了。

在曹禺的童年生活中，看文明戏，大概对他来说是最富有历史意味的事了。

天津光明大戏院剧场，这是继母经常带着小家宝看戏的地方。

当小添甲出生的时候，如果以春柳社演出《茶花女》片断和《黑奴吁天录》作为中国话剧史的开端，那么中国话剧才只有4年的历史。那时，人们把它叫做文明戏。可以说，曹禺差不多是同中国话剧同龄的。

添甲对文明戏也很感兴趣。他看过连台本的文明戏，演的是皇帝的事情，还有加官晋爵的故事，而更多的是哀艳的爱情戏。曹禺回忆当时看文明戏的情形，曾这样说：

文明戏中有一种"言论正生"，专门在台上发表激昂慷慨、愤世嫉俗的言论，都是即兴的言论，一套一套的。往往他演说完了，观众报以热烈的掌声。小生，是专门讲爱情的角色。一

黑籍冤魂

般言情、哀艳的戏都是旧套子。例如，一个女孩子爱上了一位书生，但是，这个女孩子却被父亲卖了，或者被迫嫁给一个富人。过了若干年，她又和这位书生见面了，于是就演出了一段非常香艳哀痛的戏。他们见面被女孩子的父母发现了，大骂他们。这时，书生的朋友就出场了。这位朋友就是由“言论正生”扮演的。于是他就劝书生，借机发表一通言论，说什么我们这个时代是如何如何啦，国家是怎样的风雨飘摇喽，政府是如何坏啦，官吏又是如何腐败喽。你作为一个血性男儿，应该有志气，要抛头颅洒热血喽!这一番正面的演说结束后，观众就拼命鼓掌。这位书生终于醒悟了，和女的道别；女的舍不得他走，又是一番哀艳的表演，讲上半个小时的爱情。什么我是如何苦喽，我在婆家被人看不起啦等等，有腔有调地流着眼泪，说出一套套悲恸欲绝的感伤话。给我印象深的是中国观众十分善感，像言论正生演说过后观众那样热烈的欢迎，那种热烈鼓掌的情景；男女洒泪告别时，台下也有妇女一片呜咽，擦湿了手帕。可以说，观众和舞台演出打成一片，真叫交流了!那些有本事的文明戏演员们，的确是有一套使当时的观众神魂颠倒的本领。①

这样善感的观众，这样富于鼓动的演员，这样的演出效果，不免对添甲产生一种诱惑力。添甲亲自看过秦哈哈的演出，这个文明戏演员，长得一副令人发笑的怪模样，演起戏来，声音洪亮，格外动人，他的绝妙的演技和才能给添甲留下深刻的印象。

童年时代的看戏生活，在添甲的年幼的心灵中就已播下了戏剧的种子!他多么想当一个演员啊!

①曹禺：《我的生活和创作道路》。

复旦剧社演出《雷雨》的剧照

《新茶花》

宣化镇朔楼。

三　童年的故事

曹禺对儿时生活的记忆，是片断的、模糊的，甚至是时序颠倒的。但是，有几件事是曹禺记得最真切的。

其一，就是“圆光”的故事。

1917年，有所谓“府院之争”，围绕中国是否参加欧洲大战的问题，以亲日派段祺瑞为头目的国务院力求参战；而以亲美派黎元洪为头目的总统府反对参战。冯国璋入京调停黎段之争，未果。段祺瑞便派出所谓“公民请愿团 ”围攻众议院，迫使众议员赞成宣战案。5月23日，黎元洪下令免去段祺瑞国务院总理职务。段祺瑞不买账，跑到天津，通电各省否认此项免职令。黎元洪觉得孤立无援，便召张勋入京共商国计。张勋率其辫子军自徐州北上。张勋援黎是假，行复辟帝位是真。6月8日，张勋军队抵津，段祺瑞公开表示赞成复辟，此刻，黎元洪的处境十分危急。

黎元洪的幕僚们急得如热锅上的蚂蚁，不知如何是好了。万德尊也在，心如焚火。这时，不知哪位出了个主意，建议搞搞“圆光”，卜测政局的前途。于是，便想起添甲来，让他充当“圆光”中的童男。所谓“圆光”，是类乎巫术的一种迷信，它必须请童男童女来做主要角色，以为童男童女有所谓童贞，其灵性可通神灵。“圆光”时，房子里不准开电灯，只需点上蜡烛，把一张雪白的纸贴在墙上。“圆光”者手持蜡烛，在白纸上来回照着，大概是因为墙壁凹凸不平的缘故，墙上便显现各种形状的影子。这时，“圆光”者便问童男童

阴森和恐怖的记忆叠印在曹禺幼小的心灵里，逐渐萌生出《原野》里那些土陶的子孙们朴拙的影子。此为王延松2006年导演的《原野》中与剧中人对应的古陶类形象。天津人艺演出。

女，这些影子的形状像什么东西，当童男童女答出后，就据此加以解释。“圆”者，就是解释的意思。如能解释得圆满，便得到祈灵的满足，卜出吉凶祸福来。

在这次“圆光”中，也不知添甲哪儿来的兴致，当人们问他看到了什么的时候，他不假思索，就说，他看到了千军万马，看到黎元洪大总统带着千军万马来了。还说，从军帽上就看出是黎元洪，而且黎元洪打胜了。同时，还有一位童女参加，人们问她看见了什么，她说什么也没有看见。而添甲说得那么活灵活现，使满屋子的人都不能不信，不敢不信，说得那些大人个个目瞪口呆。人们祈求的东西正是添甲所说的。但一个小孩子，他怎么懂得这些呢？可他又偏偏说出来了，这使那些官僚们又惊又喜。

“圆光”之后，回到家里，德尊便问添甲：“添甲，你昨天是怎么回事？”添甲对着父亲笑了笑，就跑掉了。曹禺后来回忆说：“我当时是顺嘴溜出来的，我讲得那么神气，我从来没有像在这次‘圆光’事件中占据主导地位，使我成为一个中心人物。那时，我懂事不多，但客人来了，我有时也听到他们讲到时局，人家问我，就这么讲出来了。”[1]在这次“圆光”中，添甲成为人们注目的中心，也可以说，他在这个戏剧性的事件中扮演了一次主

①曹禺同笔者谈话记录，1982年5月21日。

角，演得逼真。他决不是故意搞什么恶作剧，而是一次十分自然的即兴的小品表演。从这个角度说，他的表演才能得到了一次展现的机会，也使他得到一次实际演出的体验。

其二，就是段妈的故事。有一年，华北水灾，外县的灾民逃进天津，到处都是衣衫褴褛面带菜色的饥民，沿街乞讨，四处流荡。在二马路附近也搭满了灾民的窝棚，添甲是第一次看到这种凄惨的景象。

就在大灾荒的日子里，一个姓段的中年妇女来到万家公馆，人都叫她段妈。段妈挺能干，朴实勤劳，什么活计都抢着干。但是，谁又能懂得她的疾苦呢？她满肚子的苦水又向谁诉说呢？她的活儿之一，就是晚间陪着添甲睡觉。有时添甲睡不着，便要段妈讲故事，她便把她的家事向添甲诉说。段妈的命运是相当凄惨的。她从小就生长在农村，过着饥寒交迫的生活，父母都是活活饿死的，她出嫁后，也从来没有过上一天好日子。她的丈夫是个老实的庄稼人，一年到头，累死累活，还还不清地主的阎王债，因为交不出租子，硬是被地主老财活活打死。她的公公看到儿子死去，被地主逼得走投无路而自缢身亡。婆婆在沉重的打击中，也被迫悬梁自尽。就这样，很快就家败人亡了。段妈之所以活下来，是因为还有一个儿子，那是她的希望，她的命根子。有一次，儿子顶撞了财主，遭到一顿毒打，被打得遍体鳞伤。段妈看见儿子那种痛苦万分的情状，心如刀绞。但是，又有什么办法呢？连每天的饭食都搞不到，哪儿又有钱给儿子治病？真是叫天天不应，叫地地不灵，眼看着儿子伤势一天天严重起来，身上长满了脓疮，上面爬满了蛆，硬是活活地疼死了。每当段妈讲起这些，添甲心里就十分难过。段妈一边讲着一边抽泣，添甲也陪着流泪。善良受苦的段妈,成为曹禺第一个人生启蒙的老师。添甲虽然不能懂得段妈的命运，但是，段妈的凄苦悲凉的心情，却给了他很深的感染，他永远忘不了她那额纹深陷的面颊，那有点豁的嘴唇，那没有一丝笑容的苦相。

也许是由于受到段妈的影响，也许是看小说的缘故，添甲的心总是向着穷人。有一天，父亲抽足了鸦片烟，又一时心血来潮，就叫仆人把添甲喊来，他要考考添甲，要他赋诗一首。添甲虽然读过一些诗，但他还没有写过诗。但这没有难倒添甲，思索片刻，便吟出两句诗来：“大雪纷纷下，穷人归无家。”万德尊想不到添甲会做出这样的诗来，而且是暗合他的心事的，便连声称好。于是，便又对添甲说：“添甲，你还小，但你知道你是‘寡人之

宣化府老城墙，城墙外就是遮天蔽日的万柳林，后来它作为《原野》中黑森林的意象进入曹禺的戏剧世界。

宣化清远楼。

宣化府旗杆下的基石。

子’啊!”谆谆嘱咐添甲不要忘记自己是个穷人的儿子。添甲怎能理解父亲的心意呢?因为,父亲总是重复“窭人之子”的话,他便记得很牢很牢了。在他的潜意识中,总是有着“窭人之子”的印痕;在他心的天平上,那砝码也总是放在穷人一边。

在曹禺的童年生活中,还有一段重要的经历。大约在他八九岁的时候,万德尊曾被任命为宣化镇守使,只有他跟着父亲母亲到宣化府。这段时间并不长,但在他的生活道路上却给了他终生难忘的印象。

镇守使的衙门就设在四牌楼东,它原是明朝镇朔将军府,经历代总兵修治,仍保持其森严的气势。万德尊就把家安排在衙门的最后一层院子里,这里清幽荫蔽,只是未免太冷清凄凉了。由此院通向后山。山是光秃秃的,怪石嶙峋。好在有一道清流顺势而下,汇成一条小溪。在这小溪旁边,有一株高大的“神树”,据说它有百年以上的历史。树干粗壮,盘根错节,枝桠向四周空间伸展开去,把个院落遮得不透阳光,阴森森的。

衙门里到处都是森严的。一层又一层的院落,幽深,寂静,有时连个人影都看不到。偶尔有个士兵出来,又钻进屋里去。这些士兵也不敢打破这里的宁静和森严。真是说不出的压抑,说不出的窒息。但是,有时犯人像鬼哭狼嚎那样叫喊起来,突然打破这寂寞,之后,却使添甲感到更加恐怖。有时,甚至使他毛骨悚然,不知出了什么事情,他的好奇心驱使他去探知其中的秘密。

前院的大堂上又在拷问罪犯了。添甲蹑手蹑脚地走到一个角落里,从远处望着大堂上发生的一切。好森严的公堂!军法官高高地坐在正中,两边站着荷枪的大兵,刺刀闪着寒光,后面还摆着刀枪剑戟,斧钺钩叉等老式武器。军法官一声令下,执刑的大兵便抡起皮鞭,朝着犯人的脊背抽了下去。一会儿,便把犯人打

如今消防队所在的区域,曾经是宣化官府旧址。

得血肉模糊，皮开肉绽了。添甲胆子很小，他不敢看那种打人的凶相，更不敢看那鲜红的血，也不愿听那声声惨叫。但是，他又有一种天性，总想探知事情的真相，观察眼前发生的一切。当他终于看个明白，就打心里恨那个军法官。就是这种探寻隐秘的心理，使他一次次去看，这残酷的景象就一次次地刻在心中。他听说这些罪犯都是土匪，其实都是农民，他记住那些看上去丑陋却善良的脸，也记住军法官那残暴的目光。

但是，在宣化的日子里，添甲心里是孤寂而郁悒的，他那种失去亲生母亲的孤独感在这里空前地扩展开来。在黄昏的暮色中，他常常一个人躲在房间里，乌鸦在树枝上噪鸣着，又飞去了。他有时一个人到城垛上，夕阳已在西山沉下，远处的城墙上断断续续传来士兵归营的军号声，号音在秋凉的晚空中寂寞地荡漾着。后来他回忆说："那时我非常敏感，我总是坐在城墙上，听那单调却又十分凄凉的号声。偌大一个宣化府，我一个小孩子，又没有了自己的母亲，是十分孤独而寂寞的。"①

①曹禺同笔者谈话记录，1982年5月21日。

雄镇北方的镇朔楼

宣化府老城墙。

“少年心事当拿云，谁念幽寒坐呜呃”，这是曹禺在南开中学时的照片。

四　新文学的洗礼

南开中学的创立者张伯苓。

添甲12岁了。

“五四”新文化运动的浪潮，很快在全国扩展开来。大概万德尊也觉得总是把添甲关在家里，读那些“之乎者也”的老书，已经不合乎时代的潮流了。

1922年9月他终于考入天津南开中学，学名万家宝。

南开中学以教学严谨认真著称，考试制度严格。使家宝感到安慰的，是学校还安排了丰富多彩的课外教育活动，经常请许多专家、学者来做学术报告。校长张伯苓特别重视因材施教，对优秀生给予特殊培养和照顾，按今天的话来说，就是注意培养尖子。像周恩来同志在南开中学读书时，张伯苓发现周恩来是个天才，在经济上给予扶助，而且常请他到自己家里吃饭谈话，予以关照。他常说，对优秀生“特别优长之门类设法使之尽量发展”。

在这样浓郁的学习气氛中，家宝本来就是个读书迷，如今是更为发愤了。他的老同学都说，家宝是典型的书呆子，总是看到他在那里看书，在教室，在图书馆，在路上碰到他，他也都在看书。

课外活动，形成一种校风，成为一个没有课堂的课程，使学生的兴趣和爱好得以培养和发展。与其说是课堂教学奠定了曹禺未来成才的基石，不如说是南开的生动活泼的课外活动启迪了他的才智，把他的潜在的才能发现出来，调动起来了。

家宝进入初中三年级了，突然传染了天花。病愈之后，身体虚弱，休学一年。

1924年秋天复学后，家宝的兴趣已完全转到新文学上来了。《语丝》、《创造》、《小说月报》那是必看的。《语丝》每期到来，就抢先去买。的确，正是翩翩少年、血气方刚的时刻，新文学作品中所跃动着的时代潮汐，激扬着对现实人生的强烈爱憎，自然，会像火种一样点燃着他心中的热情之火。家宝爱这些新文学作品，远远胜过外国文学和古典文学作品。他曾这样说，易卜生的作品"无论如何不能使我像读'五四'时期作家的作品一样的喜爱，大约因为国情不同，时代也不一样吧。甚至于像读了《官场现形记》一类清末谴责小说，都使我的血沸腾起来，要和旧势力拼杀一下，但易卜生却不能那样激动我！"①

1925年3月，他加入了南开中学的文学会，并成为这个学生文学团体所设图书馆的职员。

由于对新文学的爱好，那种不可抑制的创作欲望鼓动着他，使他跃跃欲试。几个要好的同学聚在一起，希望创办自己的刊物，来发表他们自己的作品。就在1926年9月，家宝才16岁，不过是高中一年级学生，就和几个同学终于办起了一个文学副刊——《庸报》副刊《玄背》。

《玄背》的创刊，还有一个更重要的原因，就是这几个少年伙伴，对郁达夫都十分崇拜。家宝也迷恋他的《沉沦》。郁达夫小说中那种悲愤伤感的调子和大胆赤裸的率真态度，颇能引起家宝的共鸣。曹禺说：

"说来也奇怪，我还曾迷过郁达夫，受到他的影响，我特别喜欢他的《春风沉醉的晚上》。我曾写过一篇小说，叫《今宵酒醒何处》，就是受了郁达夫的影响才写出来的。"②

"我记得这篇小说是受一个漂亮的女护士的触动而作。大约是一次坐船时，见到了这个姑娘，长得很漂亮，又加上郁达夫小说的影响，就

南开中学北楼。

①颜振奋：《曹禺创作生活片断》，《剧本》1957年第7期。

②曹禺同笔者谈话记录，1982年5月24日。

写了这篇东西。”[③]

《今宵酒醒何处》，刊登在1926年9月出版的《玄背》第6期上，到第10期载完，署名曹禺。这是我们第一次看到万家宝用这个笔名发表作品。为什么叫曹禺呢？繁体字的万，写成“萬”，拆开便是“艹”和“禺”，由“艹”谐音成曹，曹禺的笔名就是这样来的。

这篇小说给人以似曾相识之感。对抒情性的追求，对感伤诗意的执著，都流露出对郁达夫作品的倾慕和模仿。这点，对我们理解他后来的作品是有裨益的。

《玄背》的同人都崇拜郁达夫，《玄背》创刊不久，他们便把《玄背》寄给郁达夫，并写信给他，希望得到他的支持和指导。当时，正在广州的郁达夫，接到《玄背》同人的信，很快便复信了。

郁达夫的信是这样写的：

你们的小刊物上，也有几处骂人的地方，我觉得态度都和仿吾的骂人一样，是光明磊落，不失分寸的。这一点就是在头上说过，《玄背》使我感到清新的一个最大原因。以后我还希望你们能够持续这一种正大的态度，对恶势力，应该加以十足的攻击，而对于不甚十分重要的个人私事，或与己辈虽有歧志而志趣相同的同志，断不可痛诋恶骂，致染中国“文人相轻”的恶习。现在交通不便，政局混沌，这一封信，不知道要什么时候能够寄到天津，并且收信到日，更不知你们的《玄背》，是否在依旧出版。总之，我希望你们同志诸君，也能够不屈不挠地奋斗，能够继续做进一步打倒恶势力、阻止开倒车的功夫。[④]

家宝和少年伙伴一起创办《玄背》，也并非把文学视为儿戏，他们自称是“不受天命”的青年，他们感到周遭一切恶势力的压迫，既没有十足的权威“来发一道命令去禁止它们的侵袭，又不能像屠夫刀下的羔羊似的战栗着讲‘服从’的大道理，只得几个人结合起来，硬着头皮去碰恶势力的铁钉子，碰死了也是一个勇敢的死鬼，碰不死就拼上了这条不值钱的命还是跟它碰，早晚总有一个胜负的日子。”[⑤]由此可看见这些年轻人对恶势力进行勇敢抗争的心情。当然，也有家宝在内。而郁达夫的信，无疑给了家宝以及他的同伴以信心和力量。

③曹禺同笔者谈话记录，1983年9月14日。
④《玄背》第16期。
⑤蓬西：《郁达夫致〈玄背〉诸君信·附言》，《玄背》第16期

从这张照片中,可以见出当年的曹禺赤心如火,目光如炬。

五 对诗的追求

家宝苦闷的酵素，随着年龄的增长而滋长着。他对父亲不满，他对家庭不满。这种不满只是在他心中凝聚着，回荡着。他不是那种人，一遇不满便怒形于色，把它发泄出来，化为种种反抗的行动，而他总是苦苦地思索着。父亲是喜欢他的，同家修形成对照。但是，父亲却越来越不理解家宝了，为什么这么小小的年纪会有那么多苦闷，这些苦闷又是从哪里来的呢?

其实，家宝的苦闷也不全部是来自家庭，他读了那么多书，特别是文学作品，他接触到家里以及周围的熟悉的人事，他又是那么敏感的一个人，于是便常常陷入一种追索的苦闷之中。他曾经这样说：

> 那时已经读高中了，觉得顿时长大了，似乎对人生的意义有所追索，对社会也有更多关注了。我曾经在大街上游行高喊“取消二十一条”，还高呼过“还我山东”的口号，对帝国主义侵略中国是愤恨的。打倒列强是很清楚的，那时就会唱打倒列强歌：打倒列强，打倒列强，除军阀……国民革命成功，齐欢畅。那时，我们就唱着这样的歌曲，参加一些政治活动，南开中学是有这样的好传统的，周恩来同志在南开读书就开始了这个传统，一代一代传下来。①

他凭着年青的血性，开始用笔，抒发他的不平和愤懑了。

①曹禺同笔者谈话记录，1982年5月26日

1927年，家宝担任了《南中周刊》"杂俎"栏的编辑，他不但自己编辑杂文、短评，而且亲自撰写杂感，在第20期、25期、30期上，他以万家宝和小石的名字发表了几篇文章：《杂感》、《偶像孔子》、《听着，中国人!》，或批判迷信偶像，或评说是非，或针砭锢弊，写得也颇犀利。其中最能体现他高中时代的社会思想的，是1927年4月在《南中周刊》第20期上，以万家宝的名字发表的题为《杂感》的三则杂文。这时，他已是高中二年级的学生了。这篇《杂感》确如郁达夫所曾希望于他们的，对恶势力的攻击持着"正大的态度"，它的"骂人"也是"光明磊落，不失分寸"的。在三则杂文前面，有一段序言，颇能看出曹禺当时的某些思想态度。他是这样写的：

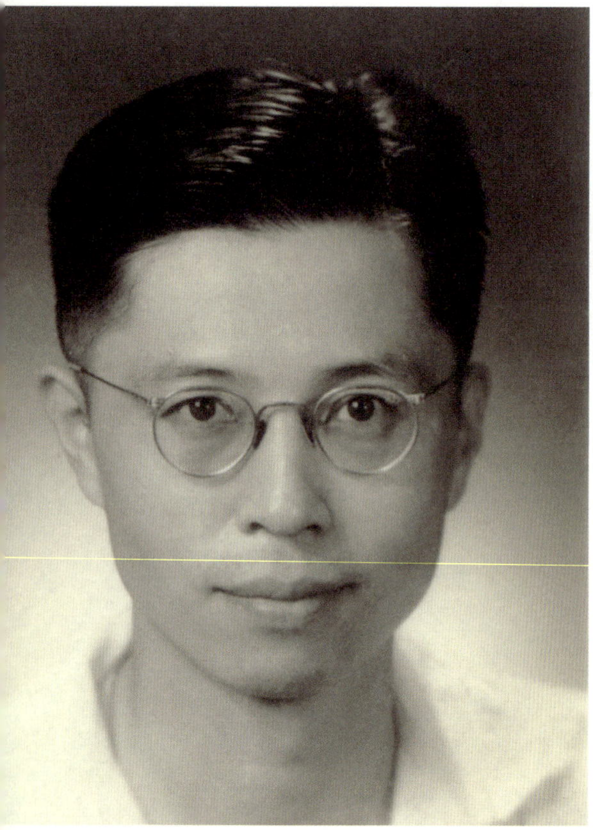

转到自己，假若生命力犹存在躯壳里，动脉还不止地跳跃着的时候，种种社会的漏洞，我们将不平平庸庸地让它过去。我们将避去凝固和停滞，放弃妥协和降伏，且在疲弊困惫中要为社会夺得自由和解放吧。怀着这样同一的思路：先觉的改造者委身于社会的战场，断然地与俗众积极地挑战；文学的天才绚烂地造出他们的武具，以诗、剧、说部向一切因袭的心营攻击。他们组成突进不止的冲突与反抗，形成日后一切的辉煌。然而种种最初的动机，不过是那服从于权威，束缚于因袭畸形社会的压制下而生的苦闷懊恼中，显意识地或潜意识地，影响了自己的心地所发生杂乱无章的感想。那种纷复的情趣同境地是我们生活的阴荫，它复为一切动机的原动力，形成大的小的一些事业。

这段话，可把它当作曹禺最初的战斗的创作宣言来看。在他热情而蓬勃的年轻生命里，跃动着对"社会的漏洞"进行不懈攻击的理想，摒弃平庸，决不妥协，"为社会夺取自由和解放"。他把文学作为"向一切因袭的心营攻击"的"武具"。他多么羡慕那些文学天才和先觉的改造者！他又多么希望因此而在文学上

青年曹禺气质非凡，英伟帅气，若仔细观察，会发现他聪慧的眼神中深藏着忧郁。

曹禺在南开中学时居住的学生宿舍旧址。

“形成日后的一切辉煌”！这大概是他的审美理想吧！由这些话，我们也不会再感到他23岁能写出《雷雨》是偶然的了。

家宝还有另外的一种精神探索。他那少年时代就萌生起来的忧郁苦闷，那种孤独寂寞之感，不仅早在他内心激荡着不息的情感波澜，同时也使他在思索人生，他内心的精神生活是有着一个天地的。其内容不单是苦恼和伤感，也有对生活的思索和憧憬。他这种富于浪漫色彩的个性，使之对诗有一种特殊的追求。他在一段时间特别喜欢写诗，并且用诗当作了他达情的工具。

他写过《今宵酒醒何处》后，就不再写小说了，而是写一些小诗。如1926年10月31日，在《玄背》第13期上发表的《短诗二首》。

这些小诗明显地烙印着模仿旧诗词的痕迹，又分明流露出一种凄清而忧伤的调子。它和小说《今宵酒醒何处》是相通的。他接受过古典诗词的熏陶，也读过不少新诗，但他写诗，总是追求古典诗词中的意境美。1928年上半年是他写诗最多的一个时期。如《四月梢，我送别一个美丽的行人》等，就荡漾着他那旺盛的诗情，或凄惋清冷，或恬淡幽静，但它的诗境

南开中学东楼。

①曹禺：《简谈<雷雨>》，《收获》1979年第2期。

又是那么朦胧超脱。

曹禺曾说，“当时我对诗的看法是不正确的，认为诗是一种超脱的、不食人间烟火的艺术。我自己只觉得内心有一种要求，非这样写不可。”①这首诗，就有这种味道。你说它超脱也好，朦胧也好，但它的情调却是凄楚而悲凉的，诗的意境也是完整的。虽然它缺乏深刻的思想性，但曹禺作为一个诗人的气质和才华却闪现出来。不久，他又写了一首长篇抒情诗《南风曲》，发表在《南开双周》1928年5月第4期上。这首长诗写得更飘逸了，好像田园牧歌一样，既有对浪漫的缥缈的境界的追求，又有一种对美的向往的破灭和失落感。

更值得重视的，是他同时写的另外一首诗《不久长，不久长》。

这首诗的思想情绪是相当消极而悲观的。寻找一个深邃暗涧作为自己的坟墓，神往一个静谧森然有着鬼魂相伴的境界，让自己的灵儿永远睡在衰草里。的确，这很难令人明白，曹禺当时那么年轻，却为何产生这种人生“不久长”的悲叹和感伤，为何产生这样的玄思冥想？又似乎积淀着一种人生苦闷，在寻求着解脱。尽管我们不能把作品的思想同诗人的思想等同起来，但这些思想情绪毕竟是一个存在，一个真实的存在，是从诗人心中流露出来的，总是反映着他的某些思想情绪。曹禺曾说：“我的青年时代总是有一种瞎撞的感觉。”“好像是东撞西撞，在寻求着生活的道路。人究竟应该怎样活着？”他曾苦苦地追索着人生的价值和意义，思考着人生的课题，有时未免搅得他坐卧不安。在这些诗中正有着这种追索的苦闷印痕。苦闷，并不都是坏事，它往往蕴藏着深刻的内涵，孕育着思想的变动和飞跃，一旦从中挣脱出来，便会升华到一个新的境界。甚至，苦闷本身就有它的潜在的价值。从艺术上来说，这些诗体现出他的美学追求，他追求诗的感情，诗的意境，追求思想情绪的诗意表现，这点，对他未来的戏剧创作倒是影响深远的，由此，指示着他通向戏剧诗人的路途。

南开新剧团的副团长张彭春，是曹禺走上戏剧道路的领路人。

六　恩师张彭春

1925年，正是他15岁的时候。这一年，对曹禺来说是终生难忘的，他参加了南开新剧团，从童年时代就播下的戏剧种子，终于找到了适宜的土壤。他对戏剧的爱好，也终于得到一个施展发挥的机遇。在某种意义上说，这一年奠定了他未来的发展前途。

南开新剧团是有着它光荣的历史的。

早在1909年，也就是在春柳社于日本东京演出《黑奴吁天录》之后两年，张伯苓就在南开学校倡导新剧，演出《用非所学》了。此后，每年校庆日都演出自己创作的新剧，社会影响甚大。如果说，把南国社等作为南方新剧运动的代表，那么，南开新剧团则是北方新剧运动之翘楚。

南开新剧团编演的剧目，虽被人称为"过渡戏"，但较之那些庸俗不堪的文明戏，不可同日而语。其题材多取自现代生活，思想内容比较健康。如早期剧目《一念差》等反对官僚制度的腐朽，揭露官场之黑暗。而《一元钱》、《恩怨缘》等则在某种程度上反映了劳动人民艰难困苦的生活，同时，也揭露封建道德的虚伪，具有反封建的倾向。但是，不容否认，这些剧本也残留着旧戏的影响，在故事情节上或多或少地还能看出旧戏的路数。思想内容也还不能更彻底地从反封建立场上来观察社会现象。

应当说，张彭春的《醒》，特别是《新村正》更具有"新剧的意味"，它摆脱了旧戏乃至文明戏的影响。他把戏剧创作的新观念，导演、表演的新方法带回国内来，不愧是中国现代新剧的先行者。

张彭春，字仲述，因排行老九，南开人又称他为“九先生”。1892年生于天津，1908年毕业于南开学校，1910年参加“游美学务处”(清华学堂的前身)第二届“庚款”留学考试，以优异成绩名列前茅。同年，和赵元任、竺可桢、胡适等70人赴美留学。先后就读于克拉克大学和哥伦比亚大学，获艺术硕士和哲学教育硕士。1916年回国。在留学美国期间，他就对戏剧格外喜好，而且开始剧本创作。1915年2月14日，胡适在《访张仲述》的日记里写道：“仲述喜戏曲文学，已著短剧数篇。近复著一剧名曰：The Intruder——《外侮》，影射时事，结构甚精，而用心亦可取，不可谓非佳作，吾读剧甚多，仍未尝敢自为之，遂令仲述先我为之。”从《新村正》的创作和演出，可看出彭春先生完全是借鉴外国戏剧而进行艺术创造的。他在美国期间，正值欧美小剧场运动蓬勃发展之时，易卜生的戏剧也正在欧美大陆上风行，而欧洲著名导演、也就是小剧场运动的创始人德国人马克斯·赖因哈特，无疑也对他有着深刻的影响。他写《新村正》较胡适的《终身大事》还要早些。而就其思想和艺术来说，较之《终身大事》还要深刻得多。可以说，它是中国现代话剧史上的先驱作品。而就戏剧艺术的整体把握来说，在当时也是杰出的一个。

1919年，张彭春再次去美国留学，时任中国教育委员会秘书，华盛顿会议天津代表，于1922年获得哥伦比亚大学哲学教育博士学位。在这次留美期间，仍勤奋钻研戏剧。他曾应洪深邀请，创作了一部名为《木兰从军》的剧本，在纽约上演两次，观众颇多。回国后，1923年到1926年任国立清华大学的教务长。

曹禺进入南开中学时，南开新剧团已先后公演过将近50个剧目，已经有了相当雄厚的基础，并形成传统。他进南开新剧团时，张彭春还在清华大学任职。但是，他早就从老师那里听到“九先生”的盛名了。

曹禺参加南开新剧团后，第一次参加排演的戏，是洪深根据英国剧作家王尔德的四幕喜剧《温德米尔夫人的扇子》，改译的《少奶奶的扇子》。这个戏给他的印象太深了。他一下子就为它的剧情、巧妙的构思、风趣的语言吸引了。据记载，《少奶奶的扇子》演出时，“有万人空巷之盛况”。一次又一次的排练，家宝对《少奶奶的扇子》着了迷。虽说，他这时还不能登台表演，但也全身心沉浸在剧本里。他把一本《少奶奶的扇子》经常带着，把它翻得稀烂，背

《少奶奶的扇子》剧照。

得滚瓜烂熟。

曹禺对戏剧的爱好是执著的。只要他感到兴趣，这种兴趣就不会轻易失去，而是持久地迷恋着。他不但参加演话剧，也参加演京剧。他那自小培养起来的对京剧的爱好，进入中学后，始终找不到一个施展的机会。1926年，京戏迷们决定在校庆时公演京剧，曹禺参加了《打渔杀家》和《南天门》(又称《走雪山》)的演出，他分别扮演萧恩和曹福。特别是曹福，他演得很出色。曹福唱段不少，曹禺的唱腔洪亮圆滑，韵味很足，情真意切，给观众留下深刻的印象。当时，和他配戏的是常家骥，扮演曹玉莲，二人配合很好，其中有一段西皮导板转二六，他唱得绝妙，博得满堂喝彩。

从初中三年级开始，他就成为南开中学的一个活跃分子，直到高中毕业，他一直积极地参加校内各种文学艺术活动。继编辑《南中周刊》的“杂俎”栏之后，他又成为《南开双周》的戏剧编辑。南开剧本创作的风气很盛，据我们可以查到的经曹禺编辑发表的剧本，有碧郎的独幕剧《压迫》和死镜的《疯人的世界》等。他除了写诗，写杂文，还练习翻译。他翻译过莫泊桑的小说《房东太太》和《一个独身者的零零碎碎》，都发表在当时的《国闻周报》上。①尽管这两篇小说并不是莫泊桑的代表作，但也颇具特色。它对小市民的卑琐、虚荣和空虚作了含蓄的嘲讽，对人物的内心世界刻画得比较细腻。曹禺的译笔流畅，特别是心理描写部分译得尤为生动。

①曹禺：《房东太太》，《国闻周报》1927年6月第4卷第22期；曹禺：《一个独身者的零零碎碎》，《国闻周报》1928年2月第7期。

曹禺似乎从各方面探索着自己的才能，选择着自己的方向。他向各个方面伸出触角，在发现着自己，寻找着自己。可以说，他在中学时代就自觉地选择了他未来的方向，并且在探索着前进。

张彭春给曹禺说戏。

七　天才的演技

1926年，张彭春从清华大学又回到南开中学来了。他这次回来，不但促进了南开新剧运动的再次振兴，而且在很大程度上决定着曹禺未来的命运。

曹禺对这位老师是铭记在心的。当他的第一部剧作《雷雨》问世时，他就在《雷雨 · 序》中说："我将这本戏献给我的导师张彭春先生，他是第一个启发我接近戏剧的人。"这是曹禺发自肺腑的声音，的确是张彭春先生把他引向话剧创作的道路的。

他第一次接受张彭春的艺术指导，是排演丁西林的《压迫》和田汉的《获虎之夜》。在这次排练中，他就为老师严格而民主的导演作风而折服了。在确定剧目、分配角色之后，张彭春对演员的第一个要求，就是先要弄清剧本的企图、人物的性格和心理等。他自己讲解，也发动演员讨论，一旦统一起来，就得严格按照这种理解去排练，一丝不苟，绝不允许有丝毫马虎。

曹禺参加过《少奶奶的扇子》的排演，也有不少收获；但在张彭春指导下排戏就大不相同了。张彭春执导甚严，精雕细刻，犹如上课一样，每次排戏都有新的体会，新的收获，既是演技的训练，又是艺术的熏陶和享受。学生在发现着老师，老师也在发现着学生。

如果单从外貌来看，说曹禺具有表演天才，那是谁也不能相信的。他个子长得不高，而且平时不爱讲话，总是沉默地坐在角落里，不为人注意。可是一旦他在舞台上表演起来，却总是能恰如其分地体现出导演的意图，对角色有很好的把握。张彭春从排戏中，发现了曹禺富有魅力的表演天赋。清秀的面庞，格外明亮的一双眼睛，流盼之间透露着一种迷人的力量。他的嗓音深厚甜润，念起台词来很有韵味。还有伉鼐如、吕仰平、张平群这些老师，都喜欢上这个沉默寡言，但又有戏剧才能的小伙子。当张彭春决定把易卜生的《国民公敌》搬上舞台时，便挑中曹禺来担任女主角。这是对他的莫大信赖，也给了他一次施展才能的机会。

张彭春把易卜生的《国民公敌》搬上舞台，是经过深思熟虑，做了认真准备的。虽然易卜生的剧作早在“五四”文学革命中，就被介绍进来并产生了很大的影响，但是，易卜生的戏却很少在舞台上演出过，若想取得成功，并非一件容易的事情。曹禺回忆说：“彭春先生做事非常认真，他对大家说，这次排演，非同小可。要成功，必须下苦功夫，从剧本的题旨、人物、表演到舞台布置，都要在艺术上精益求精，不容稍懈。他讲话时那种严肃的神情，至今我还不能忘记。”①

张彭春执导《刚愎的医生》（《国民公敌》）剧照。

家宝是第一次演出易卜生的戏剧，又是第一次担任主要角色，而且是扮演女主角，他把全身心都投入角色创造中去了。

如果说，曹禺过去还不甚了解戏剧的社会意义，那么在《国民公敌》的排练过程中却体验到了。

正像每次排练一样，在紧张地排演后，就是盼着演出的日子，但是这次却遇到了麻烦。1927年10月17日就要来临，《国民公敌》就要在校庆纪念日演出了。可是，突然校方下达了紧急通知：“此剧禁演”。曹禺后来回忆说：“天津的军阀褚玉璞，以为有一个姓易的青年写了《国民公敌》，骂他是‘革命’的敌人，派了督办公署的爪牙勒令师生们停演。”这些军阀是这样的无知愚蠢，昏庸反动，以致使曹禺回忆起那个暗无天日的时代，便愤慨地说：“仿佛人要自由地呼吸一次，都需要用尽一生的气力！”②

1928年，迎来了易卜生诞辰一百周年。为了避开军阀当局的审查刁难，他们把《国民公

①曹禺同笔者谈话记录，1982年5月24日。

②颜振奋：《曹禺创作生活片断》，《剧本》1957年7月号。

敌》改名为《刚愎的医生》公开上演。此剧演出时受到观众的热烈欢迎，曹禺所扮演的裴特拉，给观众留下深刻的印象。“连演二天，每次皆系满座；实地排演时，会场秩序甚佳，演员表演至绝妙处，博得全场掌声不少。”③

▯ 1928年南开中学戊辰毕业同学合影，左五为曹禺。

曹禺不肯放弃任何一个演剧的机会。那时，南开中学演剧成风，即使一个班级开个游艺会也要演戏。1928年4月，高三文科的政治学班模仿议会开会，会后演出未来派的剧本《换个丈夫吧》。正如译者宋春舫所说：“未来派的剧曲，完全是一种‘没理由’的滑稽剧。”“据未来派的意思，全世界无非是一个大游戏场罢了!无论怎样严重悲惨的事，他们看起来，总是一种供人玩笑的好题目。”④由曹禺演出此剧，可见他的戏剧兴趣是相当广泛的。据记载，曹禺扮演妻子，演出效果“诙谐绝伦”，⑤逗得全班同学捧腹大笑。

为曹禺带来莫大声誉的演出，大概要数《娜拉》一剧了。他在这次演出中扮演女主角娜拉。

《娜拉》，也称《玩偶之家》，是易卜生剧作中社会影响最大的一部，在“五四”文学革命中，这个剧本介绍进来时，曾产生广泛的影响。但是，到曹禺这次演出前，还没有一个像样的剧团公演过。著名挪威评论家艾尔瑟 · 赫斯特曾这样说过：“这出戏的效果是通过主人公娜拉产生的，成败与否全在于她的表演。《玩偶之家》很特殊的是一出主角戏，而且几乎是一出女主角戏。支撑全剧的是一种情感，它集中于一个人，并且单独从她那里迸发出

③《天津南开学校中学部一览》，1929年10月17日。

④《宋春舫论剧》第一集，第206页。

⑤《高三文科政治学班开模仿议会纪事》，《南开双周》1928年5月4日第四期。

◻ 南开新剧团演出戏剧的地方——瑞廷礼堂内景。

来。基于这个原因，娜拉·海拉茂在欧洲的保留剧目中成为一个传统的角色；不断有世界上最优秀的演员在这个角色身上检验她们的才能。”[①]18岁的曹禺，而且是男扮女角，在这次“检验”中获得了巨大的成功，展现了他那天才的演技。

在南开中学的瑞廷礼堂中，观众挤得满满的。演出后校刊报道说，1928年10月17 日晚间，“新剧团公演易卜生的名剧《娜拉》(A Doll’S House)，观客极众，几无插足之地”。“此剧意义极深，演员颇能称职，最佳者是两位主角万家宝和张平群先生，大得观众之好评”。[②]

鲁韧是这样回忆《娜拉》演出的：

曹禺演的娜拉，在我的脑子里是不可磨灭的，这个戏对我影响很大。那时，我在新剧团里跑龙套，从旁边看得更清楚。我敢这样说，现在也演不出他们那么高的水平。我总觉得曹禺的天才首先在于他是个演员，其次才是剧作家。我这个结论，你们是下不出来的，别人没有看过他的演出也下不出来，只有像我这样看过的，才能得出这种毫不夸张的结论。到现在，这样好的艺术境界、艺术效果是很难找到的。他把娜拉和海拉茂夫妻间的感情，甚至她的感情分寸，都很细腻地精湛地表演出来，这就不能不令人倾倒。[③]

由于这些演出，曹禺深得师生喜爱，人们都亲昵地把他称作“咱们的家宝”。对于曹禺来说，他十分留恋这段戏剧生活，他感谢南开新剧团，感激张彭春老师启迪了他对戏剧的浓

①《娜拉》，《易卜生评论集》第308页，外语教学与研究出版社出版。
②《校闻》，《南开双周》，1928年10月29日第2卷第3期。
③鲁韧同笔者谈话记录，1982年5月24日。

烈兴趣，使他得以深入戏剧堂奥之中：

南开新剧团是我的启蒙老师：不是为着玩，而是借戏讲道理。它告诉我，戏是很严肃的，是为教育人民、教育群众，同时自己也受教育。它使我熟悉舞台，熟悉观众，熟悉如何写戏才能抓住观众。戏剧有它自身的内在规律，不同于小说和电影。掌握这套规律的重要途径，就是舞台实践。因此，如何写戏，光看剧本不行，要自己演；光靠写不成，主要在写作时知道在舞台上应如何举手投足。当然剧作家不都是走我这样的道路。④

当然，并不是每个剧作家都要走曹禺这样的道路；但是，他走的却是一些伟大剧作家走过的路。莎士比亚、莫里哀都曾有过丰富的舞台实践经验，而曹禺，正是在这样的演戏生活中通向他自己的戏剧创作道路的，可以说这是一条最好的达到成功的道路。

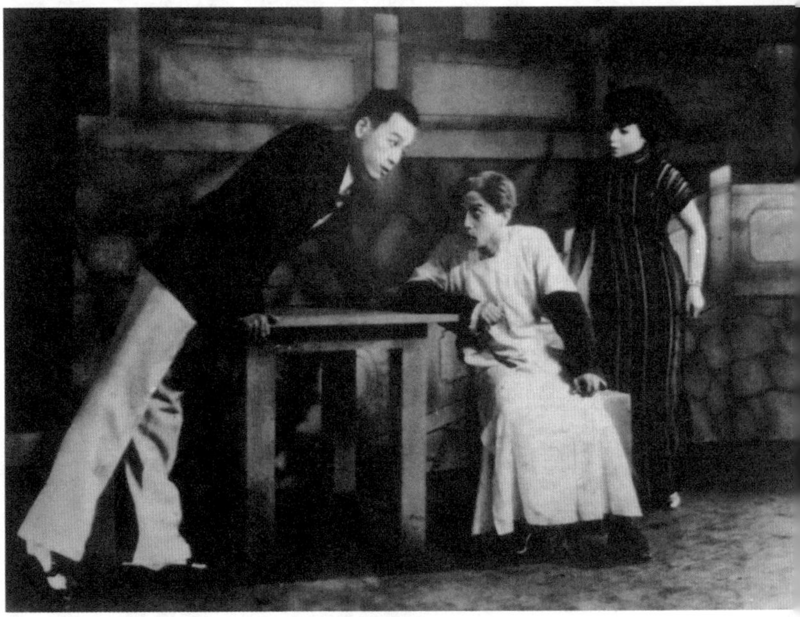

曹禺演出《财狂》剧照，右二为曹禺。

④《回忆在天津开始的戏剧生活》，《天津文史资料选辑》第19辑。

南开大学

八 生命的探索

南开大学的校门。

1928年6月，曹禺作为南开中学第21届毕业生结束了中学时代的生活。9月，他被保送进入南开大学政治系。不知道他为什么选择这样一个专业，但后来证明他是不喜欢这个专业的。

曹禺进入南开大学的时候，南开大学已经是一个有着十年历史的新兴的高等学府了。

大学的新生活给他带来新的希望和追求。自然，他仍然刻苦地攻读，更加奋发地吸取新的知识，探索新的领域。正是青春燃烧着旺盛生命火焰的岁月，他用心地体验着人生，锻炼着自我。也许，从表面看来，他生活的圈子十分狭窄，只是从家到学校，但他的自我感受却是相当锐敏而丰富的。

不知是一种什么力量在驱使，他突然对体育发生了兴趣。不是体操，不是球类，也不是跳高跳远，而是迷上了马拉松。他是这样回忆的：

我在南开大学读书时，有这样一个阶段，大概是春天，我练习马拉松跑，从南大出发，经过法国桥，朝着塘沽方向跑，到一个俄国公园再折回来，约摸有几十里路。开始跑不到三分之一的路程就坚持不下去了，就没有力量了，眼看就要瘫在马路上了，这就是所

南开大学校舍之一。

说的“极限”吧！但是咬着牙坚持过去，就又跑得轻松起来。这是一种很奇妙的体验，一种人生的体验，就是坚持这么一阵子，难关就度过去了。[①]

在南开大学的日子，他对音乐也着了迷。他从小就喜欢听法国教堂的钟声，那声音在他心中荡漾开来，产生一种美妙的心境。在宣化，傍晚在城垛上听到凄凉的军号声音，又别是一种感受。他经常沉浸在这些富于乐感的氛围里。他有时还跑到教堂去，专门聆听教堂的音乐。他对音乐从未刻意钻研过，他是凭他的直感去感受，并陶醉在音乐的境界里。最难忘记的，是俄国著名的歌唱家夏里亚宾到天津演出，他知道这个消息后，便抢着去买票。好贵的票，一张要五块钱！但是，只要能听到这位大歌唱家的歌唱，他也在所不惜。

他热衷跑马拉松，他迷上音乐，而大学的课程，却引不起他的兴趣，甚至他每次去上课都觉得厌烦，政治系的课程与他的爱好相去太远了。他无论如何也不能摆脱对戏剧艺术的迷恋。实际上，他的心早就同戏剧凝聚在一起了。无论他有多少兴趣，多少爱好，但戏剧就像磁石一样，把它们都吸收过来。

在演出《娜拉》之后，他心里在起着变化，萌生出新的想法，就是要写剧本。他曾这样说：“很快就发现我不适合演戏，我想，还是写剧本吧。”[②]

他把自己的想法最先告诉给他的一个要好的同学杨善荃。曹禺回忆说：

《雷雨》的构思很早了，在南开中学时就产生了一些想法。但是，我还不知道写个什么样的戏。我记得跟杨善荃谈过，谈得很乱，头绪也多，我自己都理不清楚。杨善荃很鼓

①曹禺对笔者的谈话记录，1985年10月3日。

②曹禺：《简谈〈雷雨〉》，《收获》1979年第2期。

励我。他说，一个大作品是不可能一下子就搞起来的，总得搞很多次，反复地修改琢磨，才能搞出好作品来。杨善荃作为一个比我年长的高年级同学，还把他收藏的戏剧书借给我看，他特意买了英文的编剧法之类的书送给我。我后来到天津女子师范学院当教授，也是他推荐的。③

杨善荃是这样回忆他和曹禺的友谊的：

是张彭春把曹禺培养出来的。张彭春对戏剧有研究，在南开大学开过戏剧班，这个班上有曹禺。曹禺的戏受易卜生影响，也受希腊悲剧的影响。他未写戏之前，是搞了调查的，学习人物的语言是下了功夫的。《雷雨》的背景材料，可能来自他熟悉的一些家庭，还有他自己的家庭。他的戏剧语言，恐怕在中国要数一数二了。我比他年长，高两三个年级，我那时很喜欢曹禺的才能，看他演戏演得那么好，我的书比较多，我就把我收藏的外国戏剧的书都借给他看，他还跟我学英文。④

③曹禺同笔者谈话记录，1982年5月28日。
④杨善荃同笔者谈话记录，1982年4月27日。。

曹禺很怀念这位老大哥，的确，他曾给了他许多的鼓励和帮助。

为迎接1929年的校庆，张彭春准备把高尔斯华绥的《争强》搬上舞台。那时，有了郭沫若的译本，但是，作为演出本还有距离，张彭春就把改编任务交给了曹禺，师生合作。由此，也可见老师对他是越来越赏识、越信赖了。此剧仍由张彭春执导，不过曹禺再不扮演女角了。他这次承担的角色是董事长安敦一，张平群扮演矿工领导人罗大为。《争强》的改编，对曹禺来说是一次很好的锻炼。第一次改编就是一部写劳资矛盾的戏，这对他后来的创作很有影响。当《争

1929年，南开新剧团演出《争强》剧照。

◪ 在《争强》中曹禺饰安敦一。

①《和剧作家们谈读书和写作》，《剧本》1982年10月号。

②《纪念易卜生诞辰一百五十周年》，《人民日报》1978年3月21日。

强》的舞台演出本由南开新剧团于1930年出版时，曹禺写了《〈争强〉序》。

《争强》公演之后，他得以结识了黄佐临。佐临刚从英国回来，那时，他对戏剧已怀有浓郁的兴趣。他去观赏《争强》演出，并随即为《大公报》写了一篇观后感。曹禺看到这篇观后感后，似乎找到了一个知音，便通过《大公报》找到黄佐临，亲自登门造访求教。由此，他和佐临结下了深厚的友谊。

由于改编《争强》引起他对改译外国剧本的兴趣。1929年底，他把《冬夜》(Neith Boyc著)和《太太》(Lee Dickson和Les Lie M. Hicksoy合著)改译出来，分别刊登在1929年12月出版的《南开周刊》第77期和第74期上。

在这两部改译剧本中，可看出曹禺对悲剧和喜剧有着同样的兴趣。他改译的语言，已在按照舞台演出的要求来进行加工了。这两个剧本，京津一带的学校曾多次演出过。

1929年12月，张彭春再次去美国。临行前，他还为南开新剧团布置了工作。他对曹禺的期待甚殷，特意把一部英文的《易卜生全集》赠送给他。曹禺把这部《易卜生全集》视若珍宝。虽然，他已经演出过易卜生的戏，但还没有读过他的全部剧作。当时，他的英文还不能使他熟练地阅读和赏析原作。他是翻着字典，凭着毅力，把它啃下来的。这次潜心地攻读，犹如一切伟大作家阅读先辈的杰作一样，是一次灵魂和情感的交流，是一回对戏剧堂奥的深入。曹禺不止一次地说："外国剧作家对我的创作影响较多的，头一个是易卜生。"① "我从事戏剧工作已数十年，我开始时对戏剧及戏剧创作产生的兴趣、感情，应该说，是受了易卜生不小的影响。"②

曹禺啃易卜生的剧作，并不是作为一个评论家去读的。他喜欢易卜生，也可以说他迷上了易卜生，全然在于易卜生剧作的艺术魅力，使他对易卜生剧作产生了一种心领神会的膜拜。使他感到“话剧艺术原来有这么许多表现方法，人物可以那样真实，又那样复杂”。[3]易卜生是一个伟大的现实主义作家，但是他的戏剧艺术却很难为那种狭隘的现实主义所限定，可以说，易卜生之后现代派戏剧的诸流派，都曾从易卜生那里汲取营养。而曹禺也并不是按照学术定义去理解易卜生的。

他的戏剧的视野也扩展开来，开始注视着世界剧坛的发展情势。美国出版的《剧场艺术月刊》是每期必读的，只要进了阅览室，曹禺便首先光顾。那时，他就佩服这个刊物的女主编罗莎曼，她不但把美国剧坛现状介绍给读者，也把欧洲戏剧的发展和东方的戏剧状况及时报道出来。曹禺就是从这个刊物上最先得知奥尼尔的。

当时的《剧场艺术月刊》，正在报道奥尼尔的新作《马可百万》在纽约同人剧团剧院上演的消息，导演为罗本 · 曼莫里恩。这个戏是写马可波罗来到中国，见到了忽必烈，学习了造纸术。曹禺觉得这个戏写得很别致，由此，开始寻找奥尼尔的剧本来读，当然是英文原著。他读《东航卡迪夫》、《天边外》、《榆树下的欲望》、《安娜 · 克利斯蒂》等，他觉得奥尼尔的戏有很强的戏剧性，又觉得奥尼尔的戏很像易卜生，具有一种能抓住当代人心灵的戏剧魅力，颇有耳目一新之感。他隐隐地感到，奥尼尔的剧作同他贴得更近些。如果说，易卜生所描绘的世界还是资本主义时期的生活，而奥尼尔所反映的则是第一次世界大战后资本社会进入它高度垄断阶段的生活，他所展开的生活，似乎曹禺似曾相识；特别是奥尼尔笔下人物的精神世界，那种复杂的精神状态，展开着一种触目惊心的灵魂搏斗，是扭曲，是变态，是各种各样的变态心理，还有种种不可捉摸的却是诱人的灵魂呼唤。这些，都使曹禺为之倾倒了。

虽然，曹禺还没有开始他的戏剧创作；但是，他已经在细心体会着世界上最伟大的剧作家的戏剧艺术。他从他们的剧作中吸取着营养，在观察，在研究，在酝酿，在思索，在消化。伟大的剧作在撞击着他的灵魂，拓开他的生活视野，调整他的艺术视角，激起他的创作冲动，孕育着他的人物……这一切，都不断地融入他艺术的胎动之中。

③颜振奋：《曹禺创作生活片断》，《剧本》1957年7月号。

父亲的去世，让万家的生活从小康跌入困顿，也让曹禺深切感受了世态炎凉中变动不居的人心。

九 东撞西撞

眼看春节就要到了。

一放寒假，曹禺就从学校回到家里。他仍然躲在他的房间里，去读他的书。年三十了，德尊老早就让仆人告诉家宝，陪他去澡堂洗澡。不过，现在轮到家宝来服侍他了。

洗过澡，通常又该理发的。正在理发的时候，德尊忽然觉得头痛，似乎他已预感到什么，便急着把家宝喊来，把他送回家去。抽大烟的人，都以为只要抽上几口烟就能百病皆除。当继母把烧好了的烟泡放到烟枪上，送到德尊的手里，他刚刚拿起来要吸的时候，便突然昏厥过去，不省人事了。连抢救也来不及，就这样猝然去世了。

他的猝死，对万家的打击太突然太沉重了。全家都不知所措了。继母是个能干的妇女，如今她哭得死去活来，根本就顾不得别的事了。大哥家修生性软弱，一点办事能力都没有，加之平时他对父亲的怨恨，指望他办丧事是不可能的。也只有曹禺了。可是像他这样的一个书呆子，突然让他去东奔西跑，求爷爷告奶奶，真是够难为他的了。

生活的教育比书本来得更深刻。读十几年的书，往往不及一件亲历的事实教训更直接，更深刻，更有力。

平时万公馆里常是宾客盈门，吃啊，喝啊!在德尊面前极尽阿谀奉承之能事。曹禺从小就看到这些亲朋故旧是怎样陪着父亲吃啊喝啊!怎样地送上笑脸和献上殷勤。他以为临到父亲亡故，求求他们来帮帮忙是不会有什么问题的。但是，曹禺哪里懂得人情世故，他挨家跑遍

了，去报丧去求援，结果呢？迎接他的是一张张熟悉而突然陌生的脸，是冷漠的眼色。如果说他什么也没有得到也不符合事实，可以说他得到了对他一生说来都是十分珍贵的东西，那就是人生的真实相，世人的真面目。

万德尊的亡故之日，正是旧历除夕，阳历是1929年2月9日，时年56岁。

德尊的死，使曹禺感到格外的悲凉。生母去世是那么早！十四、五岁的时候，他一直敬爱的大姐也死去了，如今又是父亲的死。想起这些，心中不胜辛酸，他不明白为什么人生会碰到这么多痛苦和不幸。

他又想起姐姐的死，想起姐姐的悲惨的命运。

大姐家瑛的婚事是很不幸的。记得那时大姐都成了个大姑娘，出落得更俊秀了。隔着万公馆两条街有一个姓柴的人家，柴大哥长着满脸的麻子，他的妻子何凤英和家瑛不知怎么熟识起来，常到万家来串门。有时，何凤英就住在万家，和家瑛睡在一张床上。柴家还有个老二，尚未娶妻，何凤英热心极了，一定要把他介绍给家瑛。和柴家老二见了面，家瑛还是满意的，不久，就把婚事定下来了。所以说，这门亲事也不能说是旧式的。继母和家瑛的感情不错，虽说不是亲生的女儿，但继母待家瑛如同亲生的一样。既然家瑛自己都满意，做继母的也就没得可说了。临家瑛出嫁时，母女还拥抱在一起哭了一场。这些，家宝都看在眼里。但是，家瑛婚后的日子却越来越不幸了。柴家是山东人，也是个官宦人家，一家人都抽鸦片，把这个家抽得乌烟瘴气。婆婆为人不好，总是看不上这个儿媳妇，家瑛不是那种泼辣的女性，是婆婆太挑眼了，这使家瑛十分郁闷。婆婆不好也罢，可是逐渐发现丈夫也不好，在外边嫖妓女，赌博，不务正业，回到家里也没个好脸色。这样，夫妻之间的感情产生了裂痕。婆婆的虐待，丈夫的欺侮，使她每次回到娘家，总是抱着继母号啕大哭，即使对着弟弟家宝，也不禁伤心落泪。家宝看见姐姐的悲苦，心中也有说不出的滋味。有时，他难以抑制心中的愤懑，但是，他又有什么办法呢？每次看到姐姐哭得像个泪人，他就觉得姐姐的命运真是太惨了。做一个女人太难了。家瑛还曾生下一个男孩，家宝很喜欢这个小外甥，每次姐姐回家，他都亲着抱着。人的内心痛苦太多了，是会郁闷而死的。柴家的生活像罐头一样禁锢着家瑛，在吞噬着家瑛的生命。痛苦在心底埋藏着、积累着、熬煎着她，一日一日地消瘦下去，最后终于经受不住煎熬而含恨死去。姐姐的死，给曹禺带来深沉的悲痛，那么一个心地美好的姐姐，硬是被折磨被摧残得死去。那青春的生命，美妙的年华像花一样在风雨中凋零了。他感到这世界的不公，这人世的不平，为什么他爱的人，母亲、姐姐，都这么早地离开了这人间！这凭空又增加了他的苦闷，在那苦闷的积层上又增加了新的厚度。

曹禺不是那种哀叹人生如白驹过隙的人，他伤感，他苦闷，既是情愫的凝聚，同时更是对人生苦苦的探寻。由于父亲的死，似乎一夜之间，他觉得自己长大成人了，他不再只是为父亲母亲所疼爱的孩子了，他更清醒地意识到自我的客观存在，更深沉地去思考自己的未来，去思索人生了。

曹禺这样回顾他当时的思想状况：

当时我有一种感觉，好像是东撞西撞，在寻找着生活的道路。人究竟该怎么活着?总不应该白白活着吧，应该活出一点道理来吧!为什么活着的问题，我是想过的。我曾经找过民主，也就是资产阶级民主，譬如林肯，我就佩服过。甚至对基督教、天主教，我都想在里边找出一条路来。但是，我终于知道这些全部都是假的。①

①曹禺：《我的生活和创作道路》。

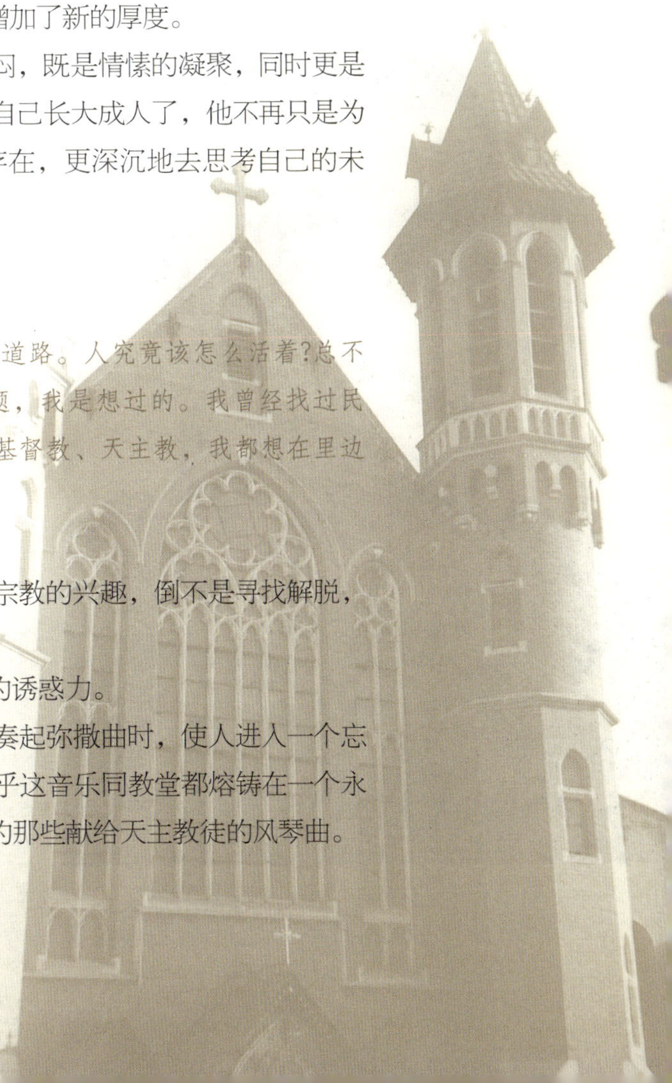

父亲死后，不知怎么，他突然对宗教发生兴趣了。他对宗教的兴趣，倒不是寻找解脱，好像宗教能给他一些人生思索的启迪。

从小就熟悉的法国教堂里的钟声，对他曾产生一种神秘的诱惑力。

当他第一次跨进法国教堂时，他就被吸引住了。当风琴奏起弥撒曲时，使人进入一个忘我的境界，他也被消融在这质朴而虔诚的音乐旋律之中。似乎这音乐同教堂都熔铸在一个永恒的时空之中。由此，他迷上了教堂音乐，特别是巴赫谱写的那些献给天主教徒的风琴曲。

①曹禺：《继往开来》，《人民戏剧》1981年第7期。

他不但到天主教堂去，也到基督教堂去，他读《圣经》，其中的故事、箴言对他也有一种吸引力，从中也有所感悟。他去看大弥撒的仪式，也非常想知道复活节是怎么度过的。

他的确有些东撞西撞。十八、九岁，正是人的思想最活跃的阶段；可能突然对某种事物发生兴趣，可能又突然而消失，看来似乎杂乱无章，飘忽不定，但不是不可捉摸。在起伏周折之中，在徘徊进退的过程中，总可以找到它的轨迹。对于曹禺来说，他的思索早已同现实人生紧扣在一起。他的苦闷，他的遭际，他的写诗，他的演戏，都和那个时代，那个令人懊恼、令人愤慨的时代联系一起。他的思想跃动的光点，尽管显得斑斓多彩，但却是循着一个方向，同那光怪陆离的社会相逆而行。

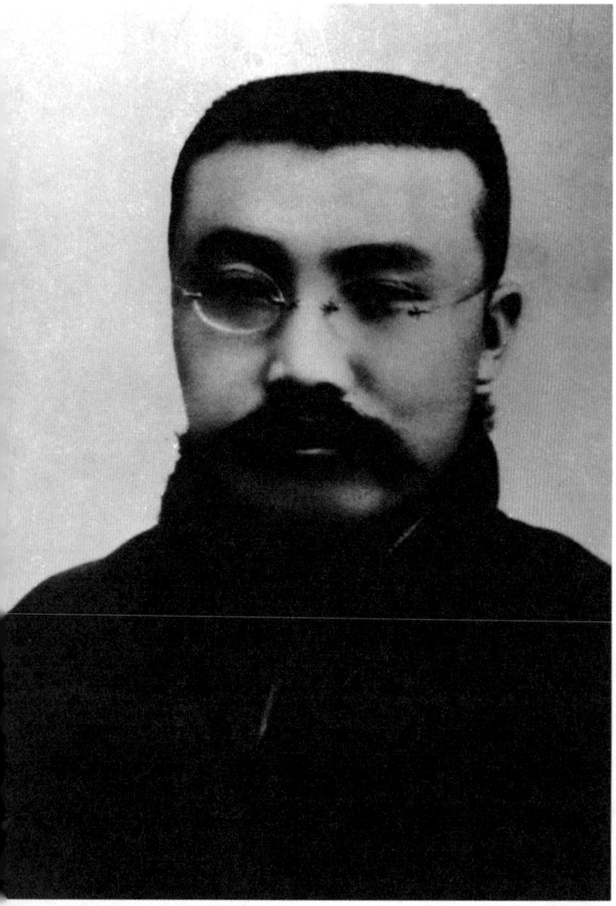

革命先烈李大钊

他还在高中二年级的时候，曾听过王芸生(后来任《大公报》主笔)讲工人运动史。正是在蒋介石叛变革命之后，他在课堂大骂蒋介石，激昂慷慨。曹禺说："这是我第一次接触革命理论，当时不甚了了，但思想上是受了影响的。"①

在高中时代，他虽然还不懂得革命是怎么回事，也不懂得共产党是怎么回事；但是，共产党所领导的革命斗争正在进行，共产党人英勇奋斗，献身牺牲的事迹，也曾给他留下深刻的印象。

他是很崇敬李大钊的，李大钊的英勇牺牲，使他悲愤不已。

他是北京《晨报》的忠实读者，他是从《晨报》上得知李大钊被捕和被害消息的。后来曹禺回顾说："在学生时代，有几件事对我以后的写作有些关系。一是李大钊的死。我记得清清楚楚，我是在《晨报》上看到这个消息的。第一页上印着特大的黑字标题，下面详细描写李大钊和他的同伴们从容就义的情景。那段新闻文章充满了崇高、哀痛的感情，使人感到一种不可抑制的悲愤。这件事给我的印象深刻极了。"②

再就是郭中鉴同学给他的影响了。

郭中鉴和曹禺是同班同学。他的功课，他的品行在全班都是佼佼者，大家都一致推举他当班长，是很有威信的。他平时

②张葆莘；《曹禺同志谈创作》，《文艺报》1957年第2期。

沉默寡言，经常一个人在那里埋头读书，待人诚恳，为人正直。突然，有一天，他在校外被特务抓了起来。这时，曹禺才听同学说，郭中鉴是个共产党。平时，他对郭中鉴就很佩服，他的被捕又不禁使他愕然了，心中激荡着不平。后来，他听说中鉴在军阀监狱，受到残酷拷打，但始终不屈服。在敌人的法庭上，他愤怒地把手铐朝着法官击去。他是在北伐革命的高潮中，被军阀杀害的。曹禺说："他使我永远难忘，到现在还忘不了他那沉默中的英气"。③

这些可怖的人事，使曹禺冥眩不安，死命地突击着地，灼热他的情绪，增强他的不平之感。他苦苦地思索，但却不能得出答案。

以他当时的思想和处境，都不可能使他奔向革命，但是，正义之感却总是充溢胸怀。

可是，如今他又对林肯热衷起来了。

在大学的生活中，他的思想更加活跃了，他的视野更加开阔了。他在探求新的知识，在追求新的道路。他读《林肯传》，使他对林肯产生一种发自内心的崇拜。也许是林肯的生平就带有传奇的色彩，他那荒野童年的艰苦岁月，他那从小就刻苦奋发的志气，都对曹禺有所吸引。但更重要的是，林肯以一个平民身份而投入政界，致力于解放黑奴的伟大事业，不屈不挠，英勇献身，直到他被敌人暗杀。像林肯这样一个伟大的民主自由的斗士，在青年曹禺的胸怀里燃烧起争取自由的火焰。

《林肯传》

他崇拜着林肯，他更崇拜林肯于1863年11月19日在美国葛底斯堡发表的一篇演说。特别是"民有、民治、民享"的目标，成为他的一个理想。他热爱这篇演说，直到晚年，他仍然可以用英文把它背诵出来。

他是在东撞西撞，但他的方向是没有错的。

③曹禺：《我的生活和创作道路》。

□ 曹禺在清华园荷花池畔。

十 深入戏剧的堂奥

1930年的暑假，曹禺决心离开南开大学，他的目标是考取清华大学的西洋文学系。

一放暑假，他就和孙毓棠到北京来准备考试了。他们住在孙毓棠外祖父的家里，这是一个落魄的官宦人家，宅子虽然已经破旧，但却清静，倒是个念书的好地方。这次考试是很顺利的，他和孙毓棠都被录取了。曹禺是作为西洋文学系二年级插班生而录取的，孙毓棠进了历史系。

清华，的确是美丽的，俨然一座“世外桃源”，和南开比起来，处处都显得更新鲜更动人了。

他满以为西洋文学系的课程，定会比南开的政治经济课程更有趣，更有吸引力，但他的希望却部分地落空了。但清华有一种很好的风气，每个教授上课都指定许多参考书，而书就放在图书馆阅览室的书架上，任学生自己去读。像王文显先生的戏剧课，就指定学生去阅读欧美的戏剧名著。曹禺得感谢王先生，因为那时学校每年都有一大笔钱买书，王先生是系主任，又是教戏剧的，他每年都要校方买不少戏剧书籍。从西洋戏剧理论到剧场艺术，从外国古代戏剧到近代戏剧作品，清华图书馆收藏得很多。正是这些戏剧藏书，为曹禺打开了一个广阔的戏剧天地。

清华大学的校门。

他除了学习英语外，还学德语和俄语，这自然要用去不少精力。而更多的时间是钻研戏剧。同以往不同了，不再是零零星星的阅读，而是从西方戏剧的发展历史中，去进行系统的欣赏和琢磨。读戏剧史，也读戏剧理论，从希腊悲剧到现代的奥尼尔，从莎士比亚到契诃夫、高尔基。他徜徉在希腊悲剧之中，埃斯库罗斯、索福克勒斯和欧里庇得斯这三大悲剧家的作品，使他倾倒。他未曾想到，两千多年前竟然会有这样的伟大杰作出现。他说："我喜欢艾斯吉勒斯(Aeschyles)那雄伟浑厚的感情，我企图学习他那观察现实的本领以及他的写实主义的表现方法，我很喜欢他的《美狄亚》(Medea)。"①

莎士比亚的浩瀚博大令其折服，而契诃夫戏剧于平淡中见深邃的风格也使他倾心。契诃夫把他迷住了。他觉得同易卜生、莎士比亚都不一样，契诃夫的戏剧感情深沉而不外露，在它那里看不到一丝雕琢的痕迹。凡是曹禺心爱的剧本，他总是喜欢反复地读。《三姊妹》，他不知看过多少遍了，但他仍然兴趣不减，有时一合上眼睛，眼前就展开一幅秋天的忧郁的图景。《三姊妹》抓牢了他的心灵，他暗下决心，要俯首贴耳地拜契诃夫为师，低声下气地做个劣等学徒。他把这个审美的追求深深地藏在心里。

他流连于世界戏剧艺术的长廊里，除了这些令他醉心的戏剧大师，其他如法国的博马舍、莫里哀、雨果、大仲马、小仲马、罗曼·罗兰……德国的莱辛、歌德、席勒……英国的王尔德、肖伯纳、高尔斯华绥，还有开现代派戏剧长河的斯特林堡、霍普特曼、梅特林克等人的剧作，都在他系

莎士比亚、契诃夫

①张葆莘：《曹禺同志谈剧作》，《文艺报》1957年第2期

统阅读之列。他在没有写《雷雨》之前，已经读了几百部中外剧作。

还在天津的时候，他就开始迷恋音乐了。来到清华，他对音乐就更喜爱了。学校有一个军乐队，有着各种乐器，大礼堂经常播放音乐唱片，供爱好音乐的学生欣赏。

他陶醉在贝多芬的乐曲中。再有就是莫扎特的乐曲，莫扎特一生的遭遇，使他对这位音乐家肃然起敬。他惊叹他的天才，他同情他，他愤恨那个摧残压制天才的时代。对巴赫的作品接触就更多了，无论是他的《受难曲》，还是《b小调弥撒曲》等，都能引起他对人生的思索。曹禺更进一层领会到巴赫作品中的哲理意味。其他如海顿、舒伯特、肖邦的乐曲，他都有所领略。古典音乐的庄严肃穆，常常把他带进一种不可言喻的冥想之中，是美好的憧憬，是人生的思索。而对交响乐，它那严整而复杂的结构，更使他感受到高度的和谐和完整，是整体的把握，是境界的感悟。

音乐对曹禺的影响是潜在的，对音乐的感受都渗透在他的艺术细胞之中。他自己说，这种音乐影响说不清楚，其实音乐对他的艺术的和谐感、节奏感、结构感都有着潜在的陶冶。可能，人们会想到他的《雷雨》的“序幕”和“尾声”，不仅可看到希腊悲剧中合唱队的影响和启示，还特意安排了巴赫的High Mass in B Miuor Benedietus gui Venait Domini Nomini，大风琴伴着合唱颂主歌，教堂外边的钟声从远处传来，使序幕具有浓郁的肃穆的氛围，把观众引入剧情之中。后来的《日出》的打夯号子，也是把音乐插入戏剧的尝试。但曹禺的音乐感是更深邃地渗透在他的戏剧情境、戏剧结构、戏剧节

清华图书馆一隅，上大学时曹禺时常逃课，坐在图书馆里阅读各种图书，或者沉浸在他的戏剧冥想之中。

在曹禺的精神世界里，他能感受到自我主宰的美妙。

奏和戏剧语言之中。这些，倒是只能意会而不好言传的。

当曹禺正在尽情享受着读书的欢乐时，他怎知道，清华园也并非是一座“世外桃源”。这座闻名于世的大学，历来就充满着斗争。国内政局的变化总是在清华反映出来，单是1911年到1928年，17年间，校长就十易其人。

对曹禺震动更大的是“九·一八”事变。

在这震惊中外的流血事件中，曹禺的爱国热情也越烧越旺。他对当时少数右派学生破坏抗日救亡运动深为痛恨。曹禺同孙毓棠、孙浩然、蒋恩钿等同学办起《救亡日报》。经费是他们自己筹划来的，印刷请清华印刷厂的工人印刷，说干就干，很快就同清华师生见面了。

那时，学生们的爱国热情非常之高，同仇敌忾，为了民族的尊严，抛头颅洒热血在所不惜。他曾作为宣传队小队长，带领同学到涿县、保定和定县宣传讲演。

在这次去保定的宣传活动中，在火车上他同一位工人坐在一起，于是便交谈起来。虽然是一次偶然的会面，却给他留下极为深刻的印象。他后来这样回忆说：“我们看见一个工人，年纪约三十岁左右，神色非常沉静、亲切。他问我们是做什么的，到哪里去？他对我们侃侃而谈，谈得又痛快又中肯。他的知识丰富得惊人，简直像个大教授一样。但他谈得平易浅显，像说家常一样对我们讲了很多时事道理。最后说：‘好好干吧!你们学生做得对’！他的一席话给我们很大的鼓舞……我们断定他大概是长辛店铁路工厂的工人。这个陌生的朋友，激起我一些思想情感，使我开始知道，在受苦、受压迫的劳苦大众中，有一种有头脑的了不起的人，这种人叫‘产业工人’。这些模糊却又深深印入脑内的认识和印象，在后来写《雷雨》的时候，给了我很大的帮助。” ①

在这民族危亡的历史关头，在他亲历的抗日救亡运动的高潮之中，使他本是不能冷静的个性，又更加鼓荡起满腔的热忱。黑暗的现实，又往往抑压着这热情的迸发，于是，在他内心所郁积的愤懑便越来越强烈了。这愤懑犹如积蓄着能量的火山，当这能量积蓄到一定的时候，它便会冲破岩壳，喷发出来。

①张葆莘：《曹禺同志谈剧作》，《文艺报》1957年第2期

1933年曹禺从清华大学毕业，获得学士学位。

十一 清华之“虎”

清华也有演剧的传统。

曹禺一进清华，同学们就传开了，从南开来了一个能演剧的万家宝。就在1930年冬天，他又排戏了。不过这次他不只是当演员，而且还要担任导演。排的是《娜拉》，仍然由他扮演娜拉，第二年春天在清华大礼堂公演。据李健吾回忆，这次曹禺扮演娜拉，可能是中国话剧史上最后一次男扮女角了。从此，同学们都亲昵地称他为“小宝贝儿”。既然名叫家宝，当然也就是大家的“小宝贝儿”。后来，清华又有“龙、虎、狗”三杰之说。“龙”指的是钱钟书，“虎”就是曹禺，而“狗”是对颜毓蘅的戏称。后来，颜毓蘅在南开大学外文系任教授，才学渊博，在南开又盛传着“狗尚如此，何况龙虎”之雅谑。可见，曹禺在清华时代的才学风貌非同凡响了。

“九·一八”事变之后，为配合抗日救亡宣传，又排了《马百计》，这是根据外国剧本改编的。写的是马百计足智多谋把日本侵略军搞得狼狈不堪的故事。由曹禺、马奉琛和孙毓棠等人演出。还排演了《日本狂言十种》中的《骨皮》。周作人最早把日本的狂言介绍过来，1929年出版了由他翻译的《日本狂言十种》。狂言是在日本民间流行的一种通俗喜剧，历史悠久，幽默而富于风趣。“骨皮”就是伞，说的是一个寺庙里的老方丈外表严肃正经，实则吝啬；小和尚口吃，为人善良。天正下雨，一个过路人来借伞，小和尚把伞借给过路人，对老和尚讲了，受到责备。老和尚嘱咐他，再来人借伞应当如何如何回答。恰好，曹禺演出《马百计》剧照。

又有人来借马，小和尚便按照老和尚嘱咐如何拒绝借伞的一套话对借马人说了，这自然引起许多笑话。回来，又受到老和尚的斥责。最后点出老和尚的庄重背后的自私和虚伪。这个戏由曹禺导演，孙浩然和马奉琛演出。孙浩然回忆说："我这个人口吃得厉害，家宝让我演老和尚，马奉琛演小和尚。我口吃演不口吃的老和尚，马奉琛不口吃却演口吃的小和尚，排演起来，真是笑话百出，那时，就把曹禺笑得满地打滚。《马百计》和《骨皮》演出后，轰动了全校。"①

1932年，排演高尔斯华绥的《罪》(又名《最先的与最后的》)，曹禺导演，孙浩然来担任舞美设计。这个戏人物不多，场景也少，便于排练。哥哥吉斯是一个律师，弟弟叫拉里，他们生活在一个名声显贵的家庭里。拉里爱上了汪达，汪达16岁时就被维廉霸占了，她一个人逃出来。维廉来找汪达，巧遇拉里，拉里失手打死了这个坏蛋。拉里把事情告诉哥哥，吉斯出于维护家庭的名声，找到汪达，让她断绝和拉里的关系，让拉里逃走。但拉里和汪达的爱情诚笃，不愿分开。忽然传来"凶手"已经抓到的消息，原来是误抓了一个无辜的老人。吉斯以为这样更可逃开罪名，让拉里暂避一时，拉里却不愿让无辜的老人替自己去死，而吉斯却偏偏要他们一起逃走。最后，拉里和汪达这一对恋人服毒而死。拉里在自杀前愤懑地说：我恨这个世界，我恨这个吉斯的世界，我恨这个强权黑暗的世界。

吉斯由孙毓棠扮演，拉里由曹禺本人扮演，女主角汪达由法律系的郑秀来演。由这次演出，曹禺结识了郑秀，并开始他充满罗曼蒂克的恋爱。

①孙浩然同笔者谈话记录，1982年5月24日。

在三幕剧《罪》的排演中，扮演主人公拉里的曹禺，爱上了戏里自己的恋人、汪达的扮演者郑秀。

郑秀是1932年由北平贝满女子中学考入清华大学法律系的。她出身于一个官宦家庭，父亲郑烈当时是南京最高法院的法官，舅舅林文是黄花冈七十二烈士之一，姨父沈璇庆曾在海军部任职。

还在贝满女中时，她就是个活跃的姑娘。个子不高，但身材苗条，面容清秀，很爱活动，也爱打扮，能讲一口流利的英语，是很有些风度的。正是在《罪》演出之后，曹禺开始了对郑秀的大胆追求。

曹禺的性格，本来就是罗曼蒂克型的，他那种耽于遐想的习性，在恋爱上也表现出来。也许是他缺乏人生的阅历，也许是出自青年人对爱情的天真烂漫的幻想，当他和郑秀相识，就一见钟情了。在一起排演《罪》的日子，那恋爱的情火便越烧越旺。一旦爱情迷住了他，他就像个充满稚气的孩子，也像他念书那样痴迷。他经常跑到女生宿舍——古月堂外边守候着郑秀，有时夜晚也徘徊在楼旁的小树林里。他爱得那么执著，那么天真。在爱情的火坑里打着昏迷的滚，一宿一宿地守在那里，望着郑秀宿舍的窗子。

当曹禺第一次向她倾吐爱情时，他把自己的一切都坦爽地倾诉给她了。他平时是那么沉默寡言，此刻却是滔滔江海了。他真像在做梦，夏天里的一个春梦：他所爱着的人，正是能同他在夏天的早晨，明亮的海空，乘着帆船向着天边的理想驶去的伴侣。他哪里知道，在爱情的历程中还有着潜伏的暗礁，此时此刻，他怎么也不会想到多少年后，他们还要痛苦地分手。他昏迷在热烈的初恋之中，自不必说花前月下的爱情絮语；他们也常

郑秀

结伴进城去访问朋友，也去天津看望继母。那时，人们都用羡慕的眼光看着他们。的确，那时他们都沉浸在爱情的幸福之中。

在清华的岁月，留下曹禺许多美好的回忆。

1932年的暑假，他有一次五台山和内蒙之行，也是他有生以来第一次外出远游。

一个德国教师叫葛瑞瓦什(或称葛瑞瓦)和一个美国女教师，她们想在暑假里到外省旅游，邀请曹禺一起去。

先去五台山。乘火车到达太原，便在那里住下来观光，太原给曹禺留下的最深印象是那些站在门口招揽嫖客的妓女，他看她们有的被关在笼子里，就好像牲畜一样，嫖客看中哪个，老鸨就把她从笼里拉出来，逼着她去接客。此时此刻，他真是义愤填膺，难以忍受。他说：

我在太原看到的妓院，那些妓女是被圈起来的，她们的脸从洞口露出，招徕嫖客。我是第一次看到这副惨相。在北京西直门一带，天津三不管、南市都有这样的妓院。像太原的这种妓院是最低级的，整天接客。那样，不到几个月就会死的。这是我最早见到的妓院惨状，那种惨相真是叫人难过极了。就是这次太原之行，看到妓女的惨状，才激我去写《日出》，是情感上逼得你不得不写。①

①曹禺同笔者谈话记录，1980年6月23日。

从五台山回到北平，稍事休整又开始了内蒙之行。先去张家口，而旅行的目标是百灵庙，搭乘货车去的。不知是什么原因，他们要到这个荒凉的地方来，百灵庙因当地盛产百灵鸟而得名。曹禺曾这样回忆说：

为什么我能写《原野》、《王昭君》，同这次百灵庙之行有些关系。虽然说有点风险，但内蒙的草原，那时就把我迷住了，真是“天苍苍，野茫茫”!但“风吹草低见牛羊”的情景却没有看到过。夏天，平原上的云彩真是好看极了，湛蓝的天空，朵朵白云飘过，时如朵朵

雪莲，时如座座雪山，时如海浪激起千堆雪；而傍晚的云彩更是变幻无穷，其色彩之艳，转换之快，真是诡谲神奇，美得不得了。草原上的气候，一日之间变化很大，中午还要脱光上身，晚间就得睡进皮口袋里。百灵庙之行是很辛苦的，有时住到骡马店里，有时就睡到老百姓的土炕上，有时日行百里，各种滋味都体验了一番。这对我后来写《原野》、《王昭君》是有启示的。②

②曹禺同笔者谈话记录，1982年5月21日。

对于一个作家来说，童年、少年和青年时代的生活经历是太重要了。他总是把那些不可磨灭的生活印象和感受加以生发想象，最后编织出他的艺术花朵来。

即将毕业的1933年上半年，不断传来令人焦虑的消息：1月，日本侵略军占领山海关；2月，占领朝阳，大举进攻热河；3月，热河省主席汤玉麟弃城南逃，日寇不战而轻取承德。紧接着便进占古北口等地，战火已烧到北平的大门口了。此刻传来二十九路军在喜峰口还击进犯的日本侵略军的消息。这胜利的消息，使得清华园又沸腾起来，同学们组织慰问团前往古北口慰问抗敌将士，曹禺也参加到慰问团中去。在古北口，他亲自看到士兵们同仇敌忾英勇抗敌的高昂士气。有一天，在道旁看到迎面抬来的一个年轻的伤兵，胸前满是黑红色的血迹。伤兵的牙紧咬着，紧皱着眉头，看上去十分痛苦。他忍耐着，不敢喘气，因为偶尔深深喘一口气，便压出更多的血从衣服上渗出来。他的脸几乎为泥沙涂满，看不清他的脸色，他只望着学生，不哼一声。曹禺回忆说："我们扶他起来，为他裹好伤口，倒水给他喝。虽然我们都没有学过看护，但同学们的殷勤和诚恳感动了他，他的眼里逐渐露出和善的光彩，但是他没有说话。这时，有一个医官过来了，我们请他给伤兵诊视，他诊视过后，低低告诉我们说：'流血过多，恐怕没有希望了！'伤兵紧握着拳头，已经觉到生命就要离开他了，手在空中摇摆着，忽然挣出几句最亲切的山东话：'洋学生，我不成了……你们待我太……太好

1934年冬曹禺（前右三）与郑秀（前左三）出席清华大学33级同学何汝辑与吴季班的婚礼，并担任男女傧相。

了，我……’这时他手摸着腰，困难地从破口袋里掏出一张破烂的票子，带着惭愧的神色，仿佛觉得拿不出的样子，说：‘我这里就……就剩下两角钱了，洋学生你们拿去洗个澡吧!’说完，就死了。”①那沾满胸前的血迹，那在空中摇着的手，那颗善良的心，使他一时沉浸在一个永恒的悲恸之中。这个伤兵的形象深深地镌刻在他的心中。他把这些难以磨灭的印象和感受都融入他后来写的《蜕变》之中。

最后一个春假来了。那时，清华毕业班的同学可享受公费资助去国外旅行。学校安排本届毕业同学去日本旅行，由钱稻孙先生带队。

在日本参观游览，虽然分明感到是异国的情调，但却有着一种似曾相识的感觉，这里的一切似乎都曾见过，而又未曾见过似的。譬如日本的建筑，日本人的衣着，日本人的风俗。对曹禺来说，最能引起这种似曾相识感觉的，就是日本的歌舞伎了。他第一次观赏到菊五郎演出，他扮着一个怀春的少年，在春雨如丝的日子里，在樱花树下，遇到一位长得非常美的少女，一见钟情，思恋不已。抒情的味道浓郁极了。那种凝炼的美，传神的态，使他看到日本的歌舞伎和中国艺术的相通之处。其实，歌舞伎就是从中国传到日本的。后来他才知道，他在日本看到的歌舞伎，正是在中国失传了的东西。

他也曾看到日本小剧场运动兴起的消息。到东京第三天，天正下着雨，他和孙浩然便跑

①《编剧术》，《战时戏剧讲座》，1940年正中书局出版。

到筑地小剧场去看演出。剧场里只有五、六十个观众，正演着一出北欧的戏，可能叫《好望号》，是讲航海的戏。

京都一行，留下美好的印象。阳光明媚，满眼盛开的樱花，每株樱花树下都有正在团聚的人们的野宴，席地而坐，弹着琴，唱着歌。清华同学们不会唱也跟着唱起来，整个世界都好像沉醉在梦一样的春光里。曹禺恍惚觉得又回到历史的情景之中去，好像生活在唐代的古风里。

奈良也给他以很深的记忆。那里也正是春雨丝丝，两层的楼，古朴的风俗，扩音器里播着日本的歌舞，是一种悲凉凄怆的调子，缠绵绵的。

一个多月的时间，他们跑了七个城市，东京的繁华，横滨的喧嚣，神户的港湾，大阪的工厂，固然都给他深刻的印象，但更难忘怀的是京都和奈良：京都的庙宇，奈良的山水，古朴的遗风，秀丽的风景。一衣带水，中日两国的文化有那么深的联系，日本的人民是那样善良纯朴，特别是他同日本青年用笔交谈的情景，是亲切的会面，是友谊的温暖。但是，为什么在中国的大地上又在进行着生和死、火和血的搏斗呢？！

一回到祖国，那令人心碎的消息又灌入耳中。日军已进到通县北运河边上，国民党政府和冈村宁次签定了出卖华北的《塘沽停战协议》。不久，日寇又侵入察哈尔省。这不禁又使曹禺陷入冥眩不安的困惑之中。他的愤懑积郁得更深更深了。

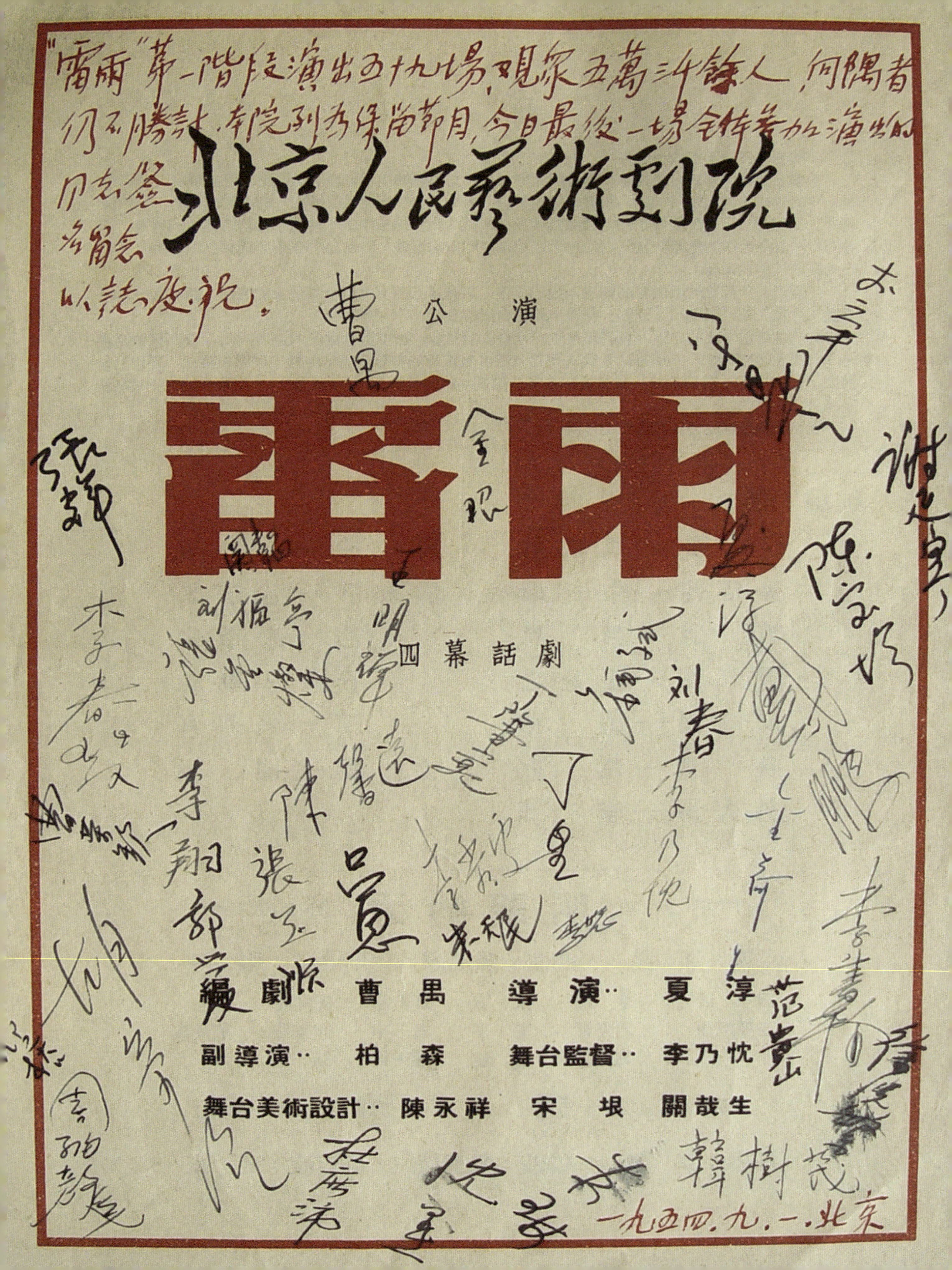
北京人民藝術劇院
公演
雷雨
四幕話劇
編劇：曹禺　導演：夏淳
副導演：柏森　舞台監督：李乃忱
舞台美術設計：陳永祥　宋垠　關哉生
一九五四.九.一.北京

十二 《雷雨》

知了在树丛中噪鸣着，树叶儿一动也不动。好闷热的天气！清华园里寂静得很，骄阳似火的日子，回家度假的人都走了。此刻曹禺却躲在图书馆二楼阅览室里写他的第一部剧作《雷雨》，已经到了最后杀青的时候，眼看这孕育了五年的小生命就要诞生了。

他写出《雷雨》时才23岁。这个岁数，对于一般人来说，也许正处在人生朦胧的阶段，而他却拿出了这样一个杰出的作品，这本身就给他的创作蒙上一层神秘莫测的色彩。曹禺，他究竟是怎样一个人，是什么力量推动着他的创作？他的生活积累又是从哪里来的？的确，对外界说来是有些神秘，其实又不是神秘的。

他从来不是冷静的人，而是一个情感十分敏感的人。一般看来，他的生活是很平凡的，从家门到校门，他从来没有为吃饭穿衣犯过愁，他的生活道路也似乎很平坦。但是，他的感受却不像是通常人所有的那样，他以为他的境遇是“光怪陆离”的。他的家庭，他的周围熟悉的人事，

◧ 1954年，北京人艺演出了《雷雨》。第一阶段演出59场，观众53000余人，向隅者仍不胜计，北京人民艺术剧院将其列为保留节目，在最后一场演出结束后，全体参加演出的同志签名留念，以致庆祝。

報公大　日九十月一年五十二國民華中　(張三第)

文藝　星期特刊

我如何寫「雷雨」

都引起他的不平和思索。他把一些人看成是“魔鬼”，把一些人看成是“不幸者”，激起他的愤怒，勾起他的同情，使他落泪。这些抑压的愤懑情绪在他心中激荡着，积累着，灼烤着他的情绪，增强着他的不安。他不是那种念了什么小说写法、剧作法之类的书，在那里刻意编织故事的写匠，也不是有着什么明确的匡正社会、扶救人心的目的，和有着高度自觉创作使命的人。他在《雷雨·序》中的回答是真实的：“现在回忆起三年前提笔的光景，我以为我不应该用欺骗来炫耀自己的见地，我并没有显明地意识着我是要匡正、讽刺或攻击些什么。也许写到末了，隐隐仿佛有一种情感的汹涌流来推动我，我在发泄着被抑压的愤懑，毁谤着中国的家庭和社会。然而在起首，我初次有了《雷雨》一个模糊的影象的时候，逗起我的兴趣的，只是一两段情节，几个人物，一种复杂而又原始的情绪。”

《雷雨·序》是一篇相当重要的文字，他处处说他不知道《雷雨》是怎样创作的，但又处处写着他是怎样创作的。这可以说他是第一次这样含糊而又明确地写出他的创作宣言，宣布着他的创作纲领。

但是，《雷雨·序》贯穿的一个主要点，是这样一句话：“写《雷雨》是一种情感的迫切需要。”是情感的汹涌激流推动他创作，是情感的潮水伴随着人物和场景的诞生，是情感酿成“对宇宙间许多神秘事物的一种不可言喻的憧憬”，是情感酿成戏剧中的氛围和情境。

据说，作家写的每个人物都有着他自已，这并不是说，某某人物就是作家本人的化身。但他的情绪、感情、爱憎是如此强烈而分明地折射在他笔下的人物性格上。曹禺也是这样。他的感情对他的创作是太重要了。所以，他说他写《雷雨》是在写一首诗。

他在《雷雨》创作中，最早想出，也感到最真切的是蘩漪。关于这个人物的原型，他曾说：“我有一个很要好的同学，我常到他家去玩。他有个嫂嫂，我和她虽然见过面，却没有说过几句话。她丈夫是一个相当好的人，她也很贤慧。后来，我听说她和我那个同学有了爱情关系。我很同情她。因为我知道，他是不会为这个爱情牺牲什么的。这个女人就像在我心中放了一把火，当我写《雷雨》时，就成了现在的蘩漪。”[①]生活中像蘩漪那样的女人，的确是不少的；但是有谁那么深刻地懂得她们的心灵。陈旧的道德观念早给这些人泼上污水，而曹禺却锐敏地感受着她们的痛苦和不幸，以及她们美丽的心灵。像周朴园逼着蘩漪喝药的场面，他见得多了，丈夫要妻子喝药也许是很平常的，但是他却敏感地发

①《曹禺同志谈创作》，《文艺报》1957年第2期）

现这其中的压制和专横，写出来是那么震撼人的灵魂。先是他自己被震撼了，才能写出那么使人惊心动魄的场面。

当然，人们也会像对蘩漪那样，提出周朴园、周萍、周冲、鲁大海、侍萍、鲁贵、四凤的原型是谁的问题。作家曾说过，周朴园身上有他父亲万德尊的影子，自然还有那个为他父亲做过祭礼的齐某某。鲁大海受到他去保定宣传时在火车上碰到的那位工人的启发。周萍也许多少有他的大哥身上的某些东西。关于鲁贵，他曾说："我家有个叫陈贵的，他会画菩萨，他画画时，总是把自己关在屋里，不让别人看见。他还能做一手好菜：烧羊肉胡萝卜。这个人很斯文，他就是鲁贵的模特儿。"[2]但是，剧本中的每个人物都要一一说出他们的模特儿，实际上是不可能的。或是他听人说的，或是他的回忆中来的，也十分可能是他从什么书本上读到的，当然更有他想象出来的，这一切都化合为他每个人物的血肉。哪些是真实的，哪些又是非真实的，那是难以像做化学实验似的把各种因素都能分析出来的。但有一点，他平时接触的人物，他对他们的观察和感受，是相当细致入微而又深入的。

他给他的人物都写过小传。说是小传，而实际上，他对每个人物都写了很多札记。这也许是笨功夫，但可看出他多么重视人物的塑造。在《雷雨》中，我们看到每个人物出场时，都有一段精彩的人物介绍，这不能不说是曹禺的发明，在他以前还没有人

②曹禺同笔者谈话记录，1982年11月30日。

2004年，为纪念《雷雨》发表70周年，北京人民艺术剧院重排话剧《雷雨》，导演夏淳，重排导演顾威。杨立新饰周朴园，龚丽君饰蘩漪，王斑饰周萍。

像他这样做过。

在编织《雷雨》的故事上，他费的功夫最多。他受了希腊悲剧、易卜生戏剧、甚至佳构剧的影响。由周朴园和鲁侍萍而繁衍下来的两个家庭的血缘纠葛和命运的巧合而结成的戏剧故事，是十分紧张而激动人心的。周朴园明知鲁大海是自己的儿子，但却不以亲子关系而放弃开除鲁大海的念头，残酷的阶级关系把骨肉之情抛之九霄云外。侍萍明知周萍是自己的儿子，却不能相认，而且她也深知周萍不会认她是母亲。当时的曹禺并不是阶级论者，但这种真实的描写，是把严酷的人生真实相当深刻地描绘出来。希腊悲剧中的命运巧合，深刻地反映着在那人类童年时代对命运的神秘感。而《雷雨》中命运的巧合性，从表面看来好像是“命运”在捉弄人。30年前鲁侍萍被周朴园糟踏了；30年后，她的女儿四凤又重蹈着她的命运。四凤为周朴园的儿子周萍玩弄着，而这个周萍不是别人，恰恰又是侍萍的儿子。这种命运的高度巧合性，都更深刻地揭示出人物命运的残酷性，他把日常生活中阶级压迫的残忍和冷酷戏剧化了。“命运”在《雷雨》中不再是希腊悲剧中那种不可知的神秘，也不是易卜生《群鬼》中“父亲造的孽，要在儿女身上遭到报应”的“自然法则”，而是体现了历史的必然性的东西。

《雷雨》中，繁漪哀求周萍不要抛弃自己。北京人民艺术剧院1954年演出。

对写过剧本的人来说，大概体验最深也觉得最困难的是搞戏剧的结构。特别是一出多幕剧的结构，真是谈何容易。《雷雨》那么复杂的人物关系，纠结着那么多矛盾，集聚着那么多内在的容量。一部《雷雨》都是巧合。没有多少拖泥带水的东西，一切又是顺乎自然的。看看“五四”以来的剧本创作，还没有一个人像曹禺一样写出这样一部杰出的多幕剧，在戏剧结构上这样高超，这样妙手天成。

如果说他在戏剧结构上，显示了他已经熟谙戏剧艺术的奥秘，那么，在人物塑造上，更倾注了他的全部心血。他一上手写剧本，就醉心于人物性格的刻画。这点，也是他较之他的前辈和同代人高明的地方。《雷雨》中八个人物，个个栩栩如生地站在人们面前。打开新文学的人物画廊，像蘩漪这样的典型，应当是属于曹禺的。她的形象像雕塑家手下的塑像，最明晰最细致的纹理，都显示着鲜明的性格。而更重要的，是她的复杂的心理，交织着错综矛盾的情感，被曹禺天才地刻画出来。在她的具有魅力却未免有些阴鸷可怖的性格中，折射出封建专制环境的沉重的压力，那种把一个女人心灵——美丽的心灵，扭曲得令人震惊的精神虐杀。她像是一把利刃，她的爱和恨都带着一道道的血痕和深重的创伤；她又是那么软弱无力，她对自由的渴望真像大旱之年盼着几滴雨露。但是，她终于逃不出那漆黑的残酷的井。

周朴园也是一个写得极好的典型。一个浸透着封建思想的资本家。最深刻反映出中国的资产阶级和封建文化意识形态的深刻联系。这点，是新文学作品中还少有人发现的一个方

蘩漪是曹禺最钟爱的人物，也是最具“雷雨”性格的形象。

悲剧总是不可避免的爆发，谁又奈何得了它！这是《雷雨》的结局。

面。他的不觉虚伪的虚伪，他的不觉自私的自私，都写得真实而又令人信服。其它诸如侍萍、四凤、周萍，哪怕连鲁贵这个串场人物，都写得无可挑剔。周冲是作家的一个视角，是带着浪漫主义气质的一个角色。作家的憧憬、理想、希望，作家的欢乐、痛苦、失望，都透过周冲去观察那个“雷雨”的世界。的确，“有了他才衬出《雷雨》的明暗”，他显示着现实的残忍和不公。鲁大海是时代亮色的化身，也是时代脉搏中跳动的强音。他的性格塑造，未免粗糙，但少了他，《雷雨》就失去了时代的支撑点，很可能被认为是一个旧的故事。鲁大海，同样是作家的一个视角，一个朦胧的视角，和侍萍、四凤结合一起，把奴隶的声音呼喊出来，这就使《雷雨》的现实主义带着一个新时代的辉煌曙色。

周冲是《雷雨》中惟一的亮色

《雷雨》的戏剧语言是迷人的。他创造了一种具有高度戏剧性的文学语言，而且是具有曹禺创作个性的戏剧语言。《雷雨》的语言给人一种耳目一新的感觉，几乎都是通常的口语，但却具有一种逗人的诱惑力。他从来不用那些华丽的辞藻，却让你感到它内在蕴蓄了丰富的潜台词，而且又是那么富于抒情性，它能把人物内心的隐秘都表现出来。他的每个人物的说话口气、身份、性格、分寸都刻画得细致入微。

当然，《雷雨》不是尽善尽美的。像曹禺自己说的，它“太像戏”了。在谈《日出》时，我们还要谈到。

当《雷雨》最后定稿时，他的心情是格外愉快的：

> 我爱看《雷雨》如喜欢在溶冰后的春天，看一个活泼泼的孩子在日光下跳跃，或如在野塘边偶然听得一声蛙鸣那样的欣悦。我会呼出这些小生命交付我有多少灵感，给我若何的兴奋。①

①曹禺：《雷雨.序》。

的确。他有着像母亲抚慰自己婴儿那般的一种单纯的喜悦心情。但当他把《雷雨》稿本交给了他童年好友靳以，他也就再没有过问此事了。

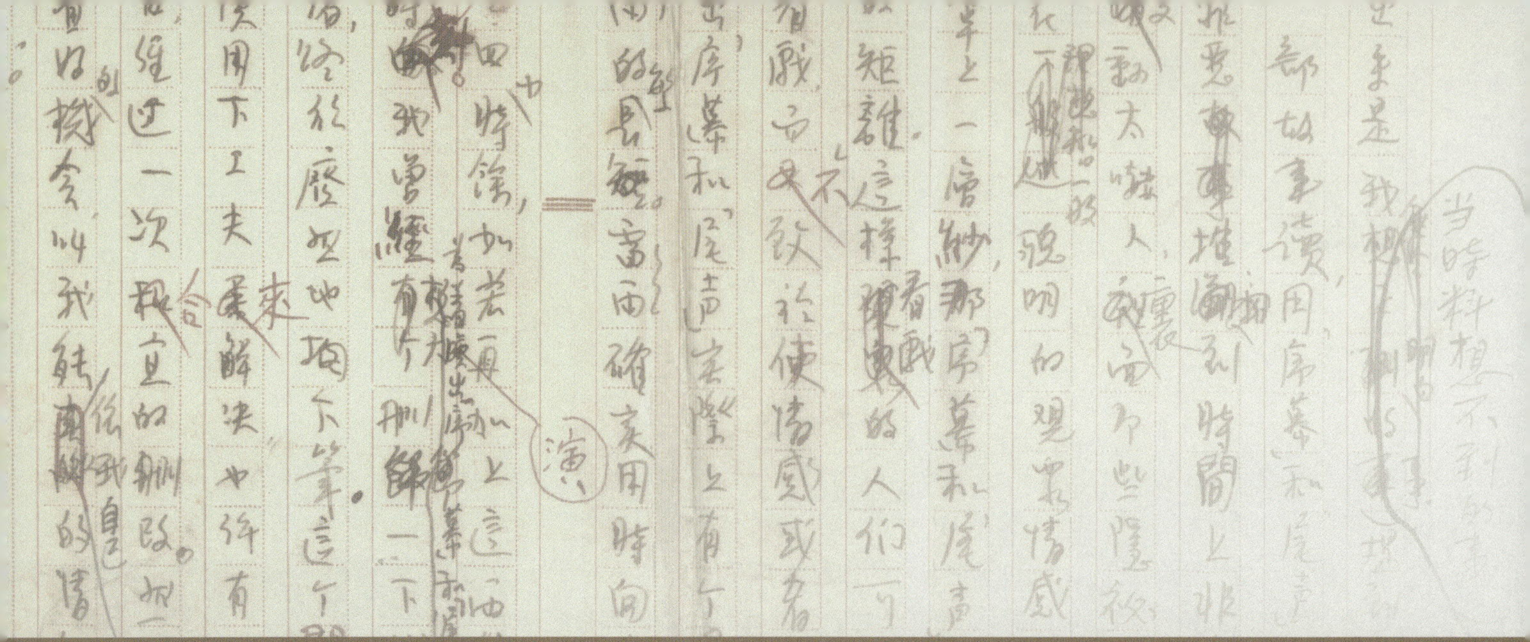

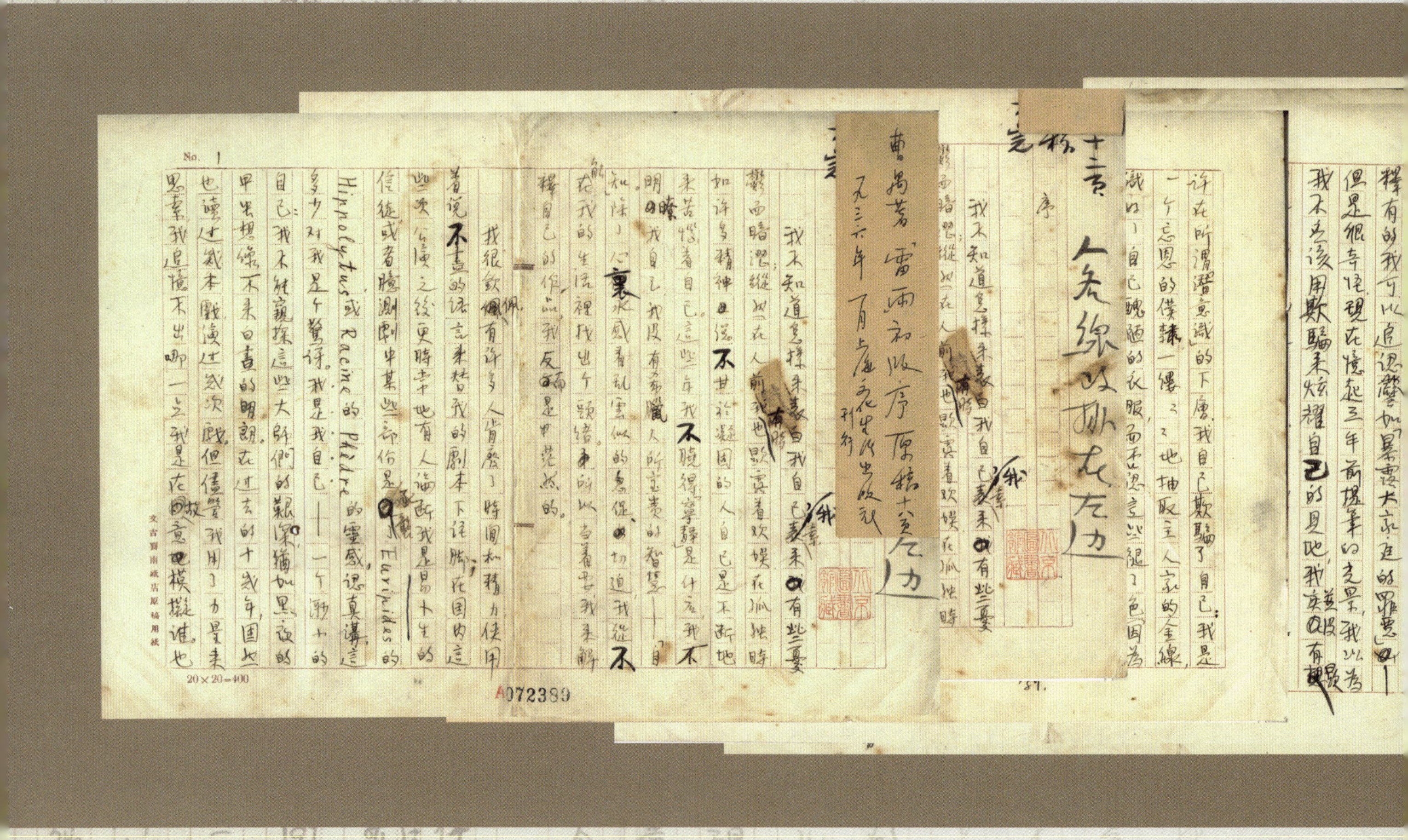

曹禺著《雷雨》初版序手稿，文化生活出版社1936年出版。

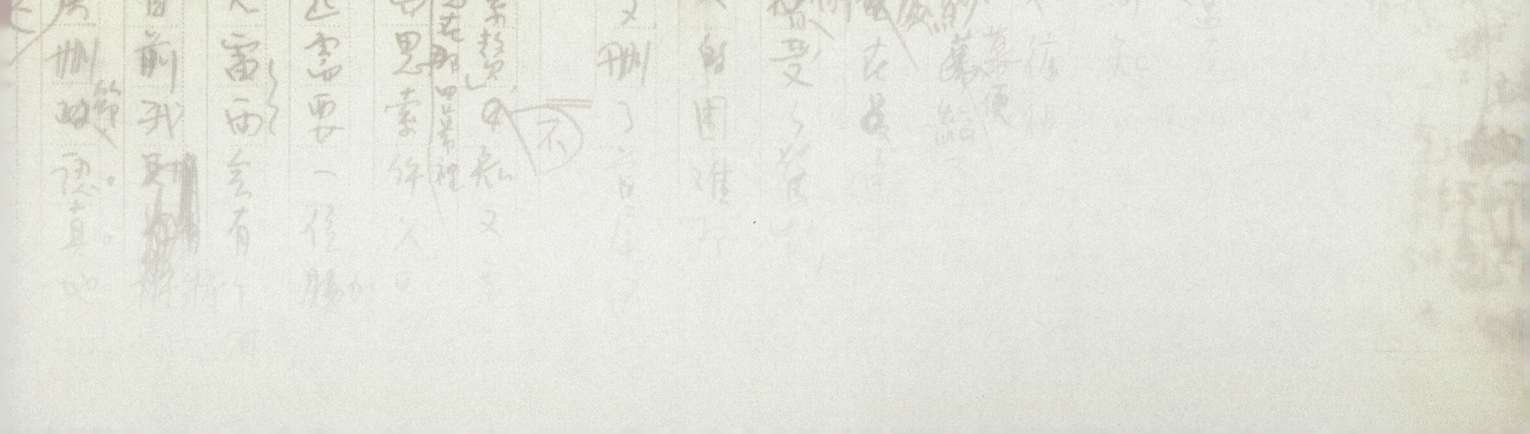

曹禺饰演周朴园

十三 中国剧坛升起的新星

在写作《雷雨》的同时，曹禺也完成了他的毕业论文，他选的题目是《论易卜生》。他说，他主要参考了肖伯纳的《易卜生主义的精华》，是用英文写的。就这样，结束了他清华大学西洋文学系的学业。

毕业前夕，又面临着抉择。他是很想出国深造的，清华每年都有公费留美考试，这当然是一些佼佼者竞争的阵地。他考了，但是没有考取。于是，便考清华研究院。这次，倒没有费劲，一考便考取了。在清华，人们把研究院看成是养老院，虽说每月有30块钱的生活费，真要是肯沉下心来做学问，也是一个很好的地方。但对曹禺来说，他怎么有那么大的耐心钻到故纸堆里搞研究呢？有一次，有人问他是否愿意到保定去教中学，那待遇是十分优厚的，每月大洋240元。他去了，但只教了两个月，便因拉痢疾跑回北平。

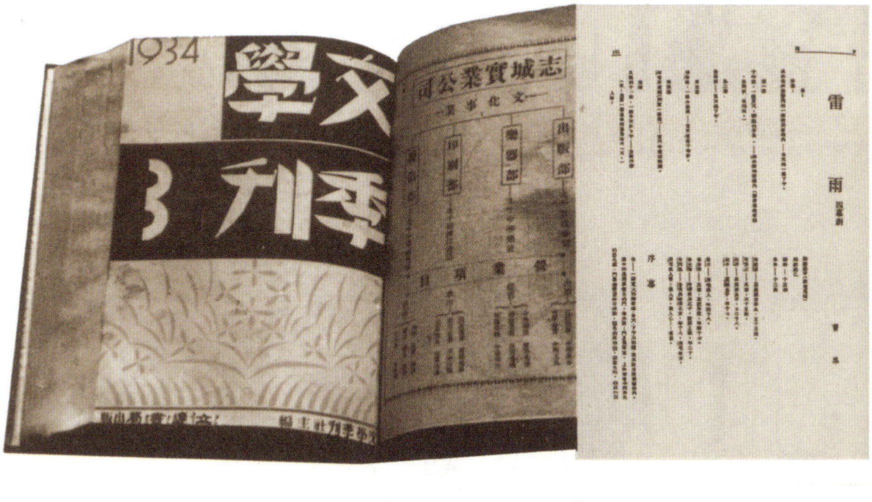

在北平法国医院治病的日子里，郑秀经常来医院照顾他，他的老同学杨善

①曹禺：《简谈〈雷雨〉》，《收获》1979年第2期。

②巴金《蜕变·后记》。

荃也来看望他。他是不想再回保定去了。

1933年9月，巴金从上海到北平来了。他和郑振铎、靳以正在筹办着一种大型文学刊物。在三座门14号找到一个僻静的小院，作为《文学季刊》的编辑部。

曹禺把《雷雨》早就放到脑后了。“靳以也许觉得我和他太近了，为了避嫌，把我的剧本暂时放在抽屉里。过了一段时间，他偶尔对巴金谈起，巴金从抽屉中翻出这个剧本，看完之后，主张马上发表，靳以当然欣然同意。”①

那时，巴金和曹禺并不熟悉，只是见过面罢了。但是，一当阅读这部稿子，就为它所吸引了。巴金回忆说：“我想起了六年前在北平三座门大街14号南屋中间用蓝纸糊壁的阴暗小屋里，翻读《雷雨》原稿的情形。我感动地一口气读完它，而且为它掉了泪。不错，我落了泪，但是流泪以后我却感到一阵舒畅，同时我还觉得一种渴望，一种力量在我身内产生了。我想做一件事情，一件帮助人的事情，我想找个机会不自私地献出我的微少的精力。”②正是巴金把《雷雨》发现了，他以他无私的真诚之心，发现了曹禺的才能。他决定把《雷雨》四幕剧一次刊登在《文学季刊》上。这对于一个文学上还没有名声的人，当然是破格的。巴金细心地做着文字上的修改，而且亲自阅读校样，这种对文学新人的热情，确像一个勤劳的园丁。巴金发现《雷雨》，发现曹禺这个天才，在中国现代文学史上传为佳话。

从1934年7月《雷雨》发表，过去将近一年了，突然，从日本传来在东京演出《雷雨》的消息。

1935年4月27日、28日、29日，《雷雨》以中华话剧同好会的名义，在东京神田一桥讲堂举行首次公演，导演为吴天、刘汝醴、杜宣，演员有贾秉文(饰周朴园)、陈倩君(饰蘩漪)、邢振铎(饰周萍)、邢振乾(饰周冲)、王威治(饰鲁贵)、

《雷雨》在日本首演的地点——东京神田一桥讲堂。

《雷雨》在日本首演剧照。

乔俊英(饰鲁侍萍)、吴玉良(饰鲁大海)、龙瑞茜(饰四凤)等。当时郭沫若正流亡日本，也应邀前来观看演出。在整个演出中，还得到日本左翼戏剧界秋田雨雀先生等人的帮助。

在演出前，吴天、杜宣等人曾写信给曹禺。信中说："为着太长的缘故，把序幕和尾声不得已删去了，真是不得已的事情。"曹禺当即写了回信，一方面表示欢迎他们演出，同时还就《雷雨》第一次谈了他的创作想法：

我写的是一首诗，一首叙事诗，……这诗不一定是美丽的，但是必须给读诗的一个不断的新的感觉。这固然有些实际的东西在内(如罢工……等)，但决非一个社会问题剧。……在许多幻想不能叫实际的观众接受的时候，……我的方法乃不能不推溯这件事，推，推到非常辽远的时候，叫观众如听神话似的，听故事似的，来看我这个剧，所以我不得已用了"序幕"和"尾声"。

天津孤松剧团演出《雷雨》。
天津河北女子师范学院外景。

1934年暑假，他应老同学杨善荃的邀请，到天津河北女子师范学院任教。

他平时就住在师院职工宿舍的楼上一间单身宿舍里，李霁野也住在这里。那时，天津的文坛相当寂寞，也没有多少人喜欢文艺。李霁野、黄佐临、曹禺，还有《大公报》的文艺编辑，常常在一起聚会，讨论文艺问题。

也就在这段时间里，天津市立师范的同学来找他来了。他们有一个业余的孤松剧团，准备把《雷雨》搬上舞台。一群年轻的学生把这样一出多幕剧搬上舞台，并不是一件容易的事情。他热忱地接待了他们。在他们排演中，他特意赶到现场，就《雷雨》的人物性格逐个做

20世纪30年代中国旅行剧团演出《雷雨》剧照。

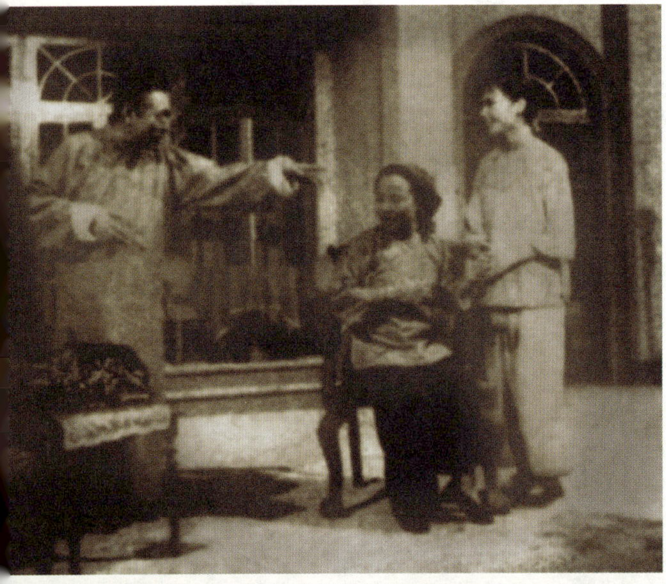

南开中学演出《新村正》。

了解释，并且提出如何把握这些人物的性格分寸。1934年8月17日、18日，孤松剧团在天津师范学院礼堂正式公演了《雷雨》，这是国内第一次公演《雷雨》。导演吕仰平，演员有：陶一(饰周朴园)、严如(饰蘩漪)、李琳(饰鲁侍萍)、佗皙(饰四凤)、吴天(饰周萍)、高朋(饰周冲)、陆迹(饰鲁贵)等。1935年8月24日到29日，《大公报》连载不凡的《〈雷雨〉演出》一文，对这次演出给予高度赞扬。他说，《雷雨》在发表之后一年又17天才在本国上演，又是本市的孤松剧团演出，他以为剧团的精神是值得尊敬的。的确，这是一次值得纪念的演出。此外，《大公报》还发表了冯俶的《〈雷雨〉的预演》、白梅的《〈雷雨〉的批判》，报道了演出情况。张彭春从美国回到了天津。他和他钟爱的弟子曹禺又聚会一起了。张彭春酝酿于1934年校庆纪念时，再度演出《新村正》，请曹禺合作，同他一起改编《新村正》。这次改编，虽说是合作，但主要是由曹禺执笔。经过改编的《新村正》于10月17日在南开中学瑞廷礼堂演出。

但从这次《新村正》改编，可看出曹禺的编剧技巧已经是相当熟练了。无论从思想或是艺术来说，较之1916年的旧本，是更为精湛而深化了。曹禺在这次演出中扮演吴仲寅(吴二爷)。也许是他自己改编的，演来更能得心应手。

曹禺由于《雷雨》的发表和演出，他的影响逐渐扩展开来，接触文学界和戏剧界的朋友多了，自然，活动范围也大了。他和何其芳、李尧林、萧乾、毕焕午、沈从文等，都已成为十分熟悉的朋友。

中国旅行剧团早已决定排演《雷雨》了。唐槐秋领导的这个中国现代话剧的第一个职业演出团体，聚合了一批有志于话剧艺术的表演人才，得到这么一个好本子，真是如鱼得水。《雷雨》先在北平演出，受到观众的欢迎；秋天又到天津演出。唐槐秋和几个扮演主要角色的演员住在惠中饭店，演出就在中国大戏院。上座率是相当高的，曹禺颇为振奋，亲自到场看演出效果，他有时就在演出时躲在后台为演员们提词。戏散场晚了，有时就住到惠中饭店里。唐槐秋对曹禺说："万先生，《雷雨》这个戏真叫座，我演了不少新戏，再没有你的《雷雨》这样咬住观众的。老实说，有这样的戏，才能把剧团维持下去。"

就在这个期间，李健吾写了一篇《雷雨》的评论，刊登在1935年8月24日的《大公报》上，这是第一篇很有分量的评论。他说："曹禺原即万家宝先生，《雷雨》是一个内行人的制作，虽说是处女作，立即抓住了一般人的注意。《雷雨》现在可以说是甚嚣尘上。"称誉它是"一出动人的戏，一部具有伟大性质的长剧。"

不久，《雷雨》开始在上海也逐渐产生影响，先是由上海复旦剧社演出了《雷雨》，欧阳予倩导演，凤子、李丽莲、吴铁翼等主演。1936年，"中旅"到上海演出了《雷雨》，在卡尔登大戏院，轰动了上海。曹聚仁在他的《文坛五十年续编》①中说，《雷雨》的演出，使它与"各阶层小市民发生关联，从老妪到少女，都在替这群不幸的孩子们流泪。而且，每一种戏曲，无论昆曲、越剧或文明戏，都有了他们所扮演的《雷雨》。"他说，1935年"从戏剧史上看，应该说进入'雷雨'时代。"茅盾后来也有"当年海上惊雷雨"之赞，说的也是30年代中期《雷雨》轰动上海的情形。

张彭春又一次邀请曹禺合作。

这次的计划，是要把莫里哀的《悭吝人》搬上舞台。张彭春和曹禺共同商定了改编方案，由曹禺执笔。

上世纪30、40年代，不同演出团体演出的《雷雨》

①曹聚仁：《文坛五十年续编·戏剧的新阶段》，香港新文化出版社1976年版

①《冬赈筹款〈财狂〉公演》，《南开校友》1935年第1卷第3期。
②《南开校友》1935年第1卷第3期。

似乎，曹禺旺盛的力量是永远施放不尽的。他以高度的创造性，把这个剧本中国化了，完全是中国人的姓名、地点、习俗、语言，把全部《悭吝人》都改造了，改名《财狂》。导演仍然是张彭春，由曹禺扮演主人公韩伯康(阿巴公)，鹿笃桐扮演韩绮丽，舞台主任华午睛，化装吕仰平，布景设计林徽因女士。其它参加演出的还有徐兴让、房德奎、侯广弼、王守媛、张国才、严仁颖、李若兰等人。

《财狂》于1935年12月7日、8日在南开中学瑞廷礼堂公演。据报道，此次演出“观众甚为拥挤，演毕甚受社会人士之好评”，[①]郑振铎、靳以特地从北平赶来观看演出。演出结束，郑振铎到后台表示祝贺，称赞不已。他对曹禺说：“家宝，在舞台上你的眼睛真亮，好像闪着光，真是神了。”曹禺对朋友的称赞感到无限的欣慰。

为配合这次《财狂》公演，天津的《大公报》“艺术周刊”，于12月7日刊出《财狂公演特刊》，其中有宋山的《关于莫里哀》、李健吾的《L′　Arae的第四幕第四场》、常风的《莫里哀全集》。《益世报》也陆续发表文章，有《〈财狂〉演员介绍——万家宝》、水波的《〈财狂〉的演出》、伯克的《〈财狂〉评》、岚岚的《看了〈财狂〉之后》等。

《南开校友》发表了巩思文的《〈财狂〉改编本的贡献》，[②]文中说，“这次改编，对于原剧本不是盲目的全盘接受，却也不是折衷派，打折扣，要半盘，而是满足此时此地的新创造。”

曹禺继《雷雨》之后，接连改编了《新村正》和《财狂》两剧，无疑对他进一步把握戏剧创作的奥秘，熟练编剧技巧是有所裨益的。特别是《财狂》的改编，其中对金钱的憎恶和认识，或许对他即将创作的《日出》起到某种催生助产的作用。

曹禺在《财狂》中扮演的韩伯康，从灵魂中透出一副悭吝相。

曹禺扮演的韩伯康的形象获得了巨大的成功。说明他不但善于饰演悲剧、正剧角色，也具有表演喜剧角色的杰出才能。萧乾对他的演出有很高的评价："这一出性格戏，……全剧的成败大事由这主角支撑着。这里，我们不能遏止对万家宝先生表演才能的称许。许多人把演戏本事置诸口才、动作、情神上，但万君所显示的却不是任何局部的努力，他运用的是想象。他简直把整个自我投入了韩伯康的灵魂中。灯光一明，我们看到的一个为悭吝附了体的人，一声低浊的嘘喘，一个尖锐的哼，一阵格格的骷髅的笑，这一切都来得那么和谐，谁还能剖析地观察局部呵。他的声音不再为pitch所管辖。当他睁大眼睛说'拉咱们的马车'时，落在我们心中的却只是一种骄矜，一种鄙陋的情绪。在他初见木兰小姐，搜索枯肠地想说几句情话，而为女人冷落时，他那种传达狼狈心情的繁复表演，在喜剧角色中，远了使我们想到贾波林(卓别林——引者注)，近了应是花果山上的郝振基，那么慷慨地把每条神经纤维都交托所饰的角色。失败以后那段著名的'有贼呀'的独白，已为万君血肉活灵的表演，将那悲喜交集的情绪都传染给我们整个感官了。"[3]曹禺到《财狂》演出时，已进入他戏剧表演的巅峰状态。他的表演为当时那些新剧的戏迷留下深深的印象。

《财狂》演员合影。

③《〈财狂〉之演出》，《南开校友》1935年第1卷第3期。

日出
編劇 曹
導演 歐陽山尊
北京人民藝術劇院演出

十四　《日出》

惠中饭店，坐落在天津绿牌和黄牌电车道交叉的十字路口上，斜对面便是劝业场。这是一座相当豪华的饭店。

曹禺间或到这里来，和“中旅”的朋友们谈戏聊天，偶尔也住在这里。这样，他就有机会得以观察麇集在这个大饭店的人群。这里，他曾看见像陈白露那样的交际花，在她的周围吸引着一群形形色色的人物，连饭店的老板对这样的交际花也是另眼看待的，靠着她们来招徕“大人物”。据说，有一个交际花，因为她的靠山破产无法还债而服毒自杀了。这样的事，也并不奇怪。

有钱的大老爷在这里挥金如土，玩着交际花，花天酒地，金迷纸醉。这里有各种各样的人物：洋教授，银行经理，买办，军官，投机商……他们贪馋地向女人扑来。卖淫如同瘟疫一样，成为这畸形的半殖民地都市社会的普遍现象。与此同时，到处都是衣不蔽体的穷苦百姓，在那里受苦受罪，挣扎在死亡线上。这一切，都使得曹禺冥眩不安。

他说：

我应该告罪的是我还年轻，我有着一般年轻人按耐不住的习性，问题临在头上，恨不

▯ 1937年6月，《日出》由中国旅行剧团在上海卡尔登大戏院演出，欧阳予倩导演，唐若青饰演陈白露。

①曹禺：《日出．跋》

得立刻搜索出一个答案：苦思不得的时候便冥眩不安。流着汗，急躁地捶击着自己，如同肚内错投了一副致命的药剂。这些年在这光怪陆离的社会流荡中，我看见多少梦魇一般的可怖的人事，这些印象我至死也不会忘却：它们化成多少严重的问题，死命地突击着我，这些问题灼热我的情绪，增强我的不平之感，有如一个热病患者。我整日觉得身旁有一个催命的鬼低低地在耳边催促我，折磨我，使我得不到片刻的宁帖。①

在惠中饭店看到的交际花，以及听到交际花服毒自杀的事件，给了他一个强烈的印象。不知是怎样一种偶合，他又想到艾霞之死，想到阮玲玉之死，还有一个长得很漂亮的王小姐。这些构成了陈白露最初的形象。

1935年3月8日，在上海发生了一起震惊社会的事件，红极一时的著名电影演员阮玲玉，在恶毒的谣言和卑鄙的诽谤中服毒自杀了。鲁迅曾为此写了《论人言可畏》，揭露反动谣诼，为阮玲玉鸣不平。当她的葬仪进行时，沿途数十万人为她送葬。曹禺说：

我写陈白露自然有各种各样的生活影子，但创作决不是生活的照抄。我看见过舞女，我看见过交际花，但写出来就和这些见过的东西有很大区别。但是艾霞的自杀，阮玲玉的自杀，这些事却往往触动着

▯ 20世纪30年代中国旅行剧团演出《日出》剧照。

我，陈白露之死，就同这些有着关联。当时关于阮玲玉的报道那么多，她演的电影我看过，她的自杀激起有良心的中国人的不平，阮玲玉是触发写《日出》的一个因素。[2]

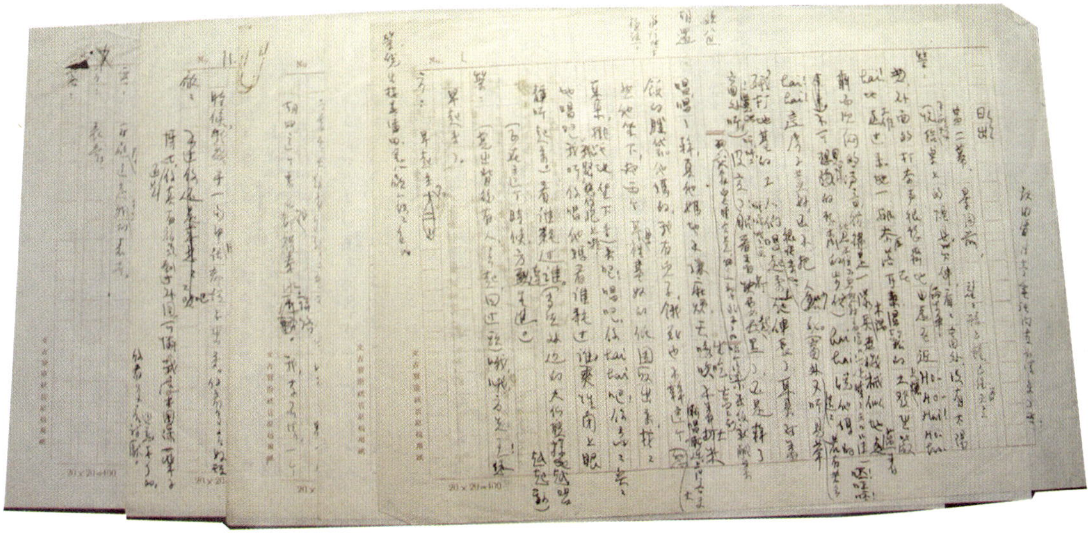

②曹禺同笔者谈话记录，1982年5月26日。

1936年曹禺写作的《日出》手稿。

在太原看到的妓女的惨状，总是萦绕在他的心中，这些，又和交际花的生活影子连成一片。但是，只是从外面看到，他对妓院的真实情状却是毫无所知的，他还从来没有去过那种地方。天津的三不管、侯家后、富贵胡同这些地方有妓院，只不过是听人说的。但他渴望探知其中的秘密，一定要把这社会痈疽暴露出来。这种心情使他变得勇敢起来。关于他搜集《日出》第三幕素材的经历，很像是一出生动而惊险的戏剧。

他到妓院聚集的地方去调查，开始，心中还未免怯怯的。像他这样的教授到那种见不得人的地方，且不说让熟人看见会丢面子，就是他自己也觉得难为情。进到那狭窄的胡同里，夜晚，胡同里灯光暗淡，一股刺鼻的气息迎面扑来。在昏暗的光线里，各种嘈杂的声音，要饭的，卖报的，卖糖卖豆的。妓院的大门口上都贴着“南国生就美佳人，北国天然红胭脂”这样一些低级庸俗的对联，门前站着两三个妓女在那里挤眉弄眼地拉着嫖客。墙上贴着的乌光红油纸上，歪歪斜斜地写着“赶早×角，住客×元，大铺×角；随便×角”。

1981年北京人民艺术剧院演出的《日出》，欧阳山尊导演，严敏求饰陈白露，李廷栋饰潘月亭。

走进院里，只见一排排鸽笼子似的小屋子，从这个门洞到那个门洞，川流不息来往着各种各样的人。在灯光下，他看见从鸽笼里走出来的妓女，一个个脸色蜡黄惨白，没有一丝血色。只听伙计一喊“见客啦!见客!”这些女人便随着点叫，依次走上前去，让嫖客们挑选。在他看来，这些女人就像锁在这人间地狱里的可怜的动物。

在那些寝食不安的日子，他混在里面，和妓女们面对面地交谈，终于使他有了一种惊人的发现。在这最黑暗的角落里，在那些污秽掩盖着的“可怜的动物”身上，发现了人间美好的心灵。

他一定要把他亲眼见到的写出来，他的勇气与日俱增。不入虎穴焉得虎子，他要熟悉这黑暗角落的一切。为了学数来宝，在严寒的三九天，半夜里在一片荒凉的贫民区去等候两个吸食毒品的乞丐。这是事先约好，并且要给赏钱的。可能是赏钱给多了，他们猜疑他是个侦缉队之流，便没有来。他冒着刺骨的寒冷，瑟缩着到一个“鸡毛店”里去找他们，也许因为找的次数太多了，被一个罪犯样的落魄英雄误会了，这个家伙大打出手，险些打瞎了他的一只眼睛。曹禺还不死心，有了经验，不再独自讨险。或是托人介绍，或是乔装打扮，改头换面跑到“土药店”里，同那些像黑三一样的人物讲交情。

他在调查时，被一位朋友看见了。于是便有谣言散布出去，弄得他无法解释。但他硬是把调查坚持下来，尽管遭受不少折磨、伤害，甚至是侮辱，但却使他获得

1956年北京人民艺术剧院演出的《日出》剧照。欧阳山尊导演，杨薇饰陈白露，方琯德饰潘月亭。

2000年北京人民艺术剧院演出《日出》，任鸣导演，顾威饰演潘月亭，郑天玮饰演陈白露。

①曹禺：《日出·跋》
②曹禺：《日出·跋》

了最宝贵的第一手材料。

他写《日出》较之写《雷雨》，更是憋满了一腔愤懑之情，更强烈，更深沉。

他写《日出》与《雷雨》有所不同。巴金和靳以知道了他的计划，就催促着他交稿，就像写章回小说一样，写一幕刊登一幕，采取连载的形式。《雷雨》他前后酝酿五年，而《日出》却像个急就章。

他原先计划，把《日出》写成契诃夫那种平淡中见深邃的风格。“很想平铺直叙地写点东西，想敲碎了我从前拾得那一点点浅薄的技巧，老老实实重新学一点较为深刻的。”①他的确想学着契诃夫的剧本，以虔诚的拜师心情，做一个契诃夫的学徒。他那样写了，但他觉得失败了，他把这些底稿烧掉了。他心中在想着，这样写也可学得契诃夫的“半分神味”，但观众是否肯看，确是个问题。他觉得中国的观众，“他们要故事，要穿插，要紧张的场面”，②这是他多年来在演剧实践中对观众心理、观众的欣赏趣味和习惯，进行观察和体验所得出来的。正因为这样，他写剧本，总是想着观众，把观众的需求放到了一个重要的位置上。事实证明，他是对的。

在《雷雨》中已经显示着他的诗的兴奋，诗的激情，在《日出》中就有了更深入的发展。他把诗意的发现和现实的揭示有机地熔铸起来。他不仅仅是把那个“漆黑的世界”的图画描绘出来，就他对那个社会的揭露来看，它的污秽、混乱，还使人感到那发散着腐尸的恶浊气息的社会，确是一座人间的地狱；但是，《日出》的迷人之处，却是在“漆黑的世界”里又透出满天大红的天色；在冷酷中，蕴蓄着温热；在地狱里，有着

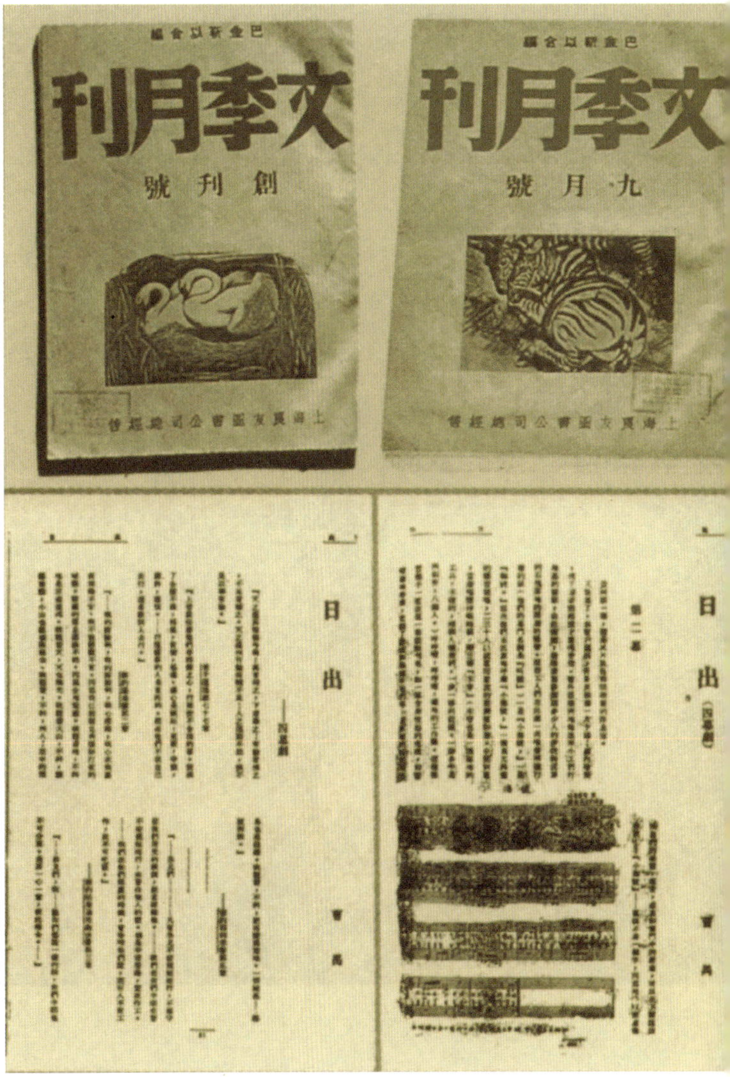

1936年6月《日出》在《文季月刊》第1期上开始连载，立即受到文艺界的广泛重视。

1956年北京人民艺术剧院演出的《日出》剧照。欧阳山尊导演，叶子（右）饰翠喜，刘华饰小东西。

金子的闪光；在腐尸臭气下，潜藏着牵动人心的诗意力量。《日出》的现实主义注入了新的血液，融入作家理想的温暖和浪漫的诗情。

诗意的灵魂，渗透在戏剧结构的血肉之中，处处是充满诗意的对比。激扬着愤慨的深刻揭露和喜剧的嘲讽，同犹如发现新大陆那样对美的心灵的揭示和美的毁灭的悲剧，是那样交织着激荡着。作家的崇高的人道主义，在他的剧里，汇成对旧世界强烈的控诉。听听翠喜的心声吧：

有钱的大爷们玩够了，取了乐了，走了，可是谁心里的委屈谁知道，半夜里想想：哪个不是父母养活的？哪个小的时候不是亲的热的妈妈的小宝贝？哪个大了不是生儿育女，在家里当老的？哼，都是人，谁生下就这么贱骨头，愿意吃这碗老虎嘴里的饭？

是啊！“都是人”，谁愿意堕入非人的生活境地？这真实的心灵自白，是对罪恶社会制度的控诉。对人的价值、人的精神遭到摧残和蹂躏的无比愤慨，使他为恢复人和发现人的价值而进行斗争。他以为，像翠喜这些“可怜的动物”，她们的心灵一样，不能不使人想：究竟是什么毁灭着她们的美。

再听听陈白露的痛苦的申辩吧：

我没有故意害过人，我没有把人家吃的饭硬抢到自己的碗里，我同他们一样爱钱，想法子弄钱，但我弄到的是我牺牲我最宝贵的东西换来的。我没有费着脑子骗过人，我没有用着方法抢过人，我的生活是别人甘心愿意来维持，因为我牺牲过自己。我对男人尽过女子最可怜的义务，我享着女人应该享的权利!

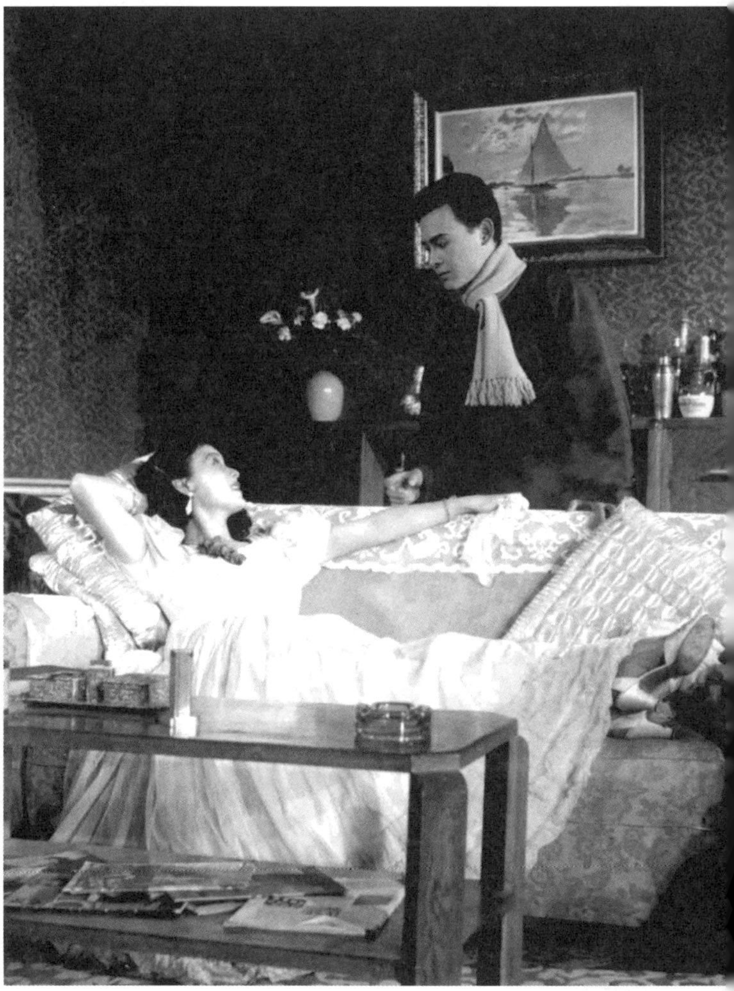

1956年北京人民艺术剧院在首都剧场演出《日出》。欧阳山尊导演，杨薇饰陈白露，周正饰方达生。

这是做了交际花的陈白露对她少年时代朋友方达生的申辩。这个辩词貌似倔强，却又是何等软弱，又包含着多少痛苦!在这里深刻地反映着陈白露内心世界的复杂矛盾，以及她的精神危机。一个曾经有着美妙青春，漂亮、能干的少女，一旦堕入那种醉生梦死的生活里，就不得自拔。她明知太阳出来，但又清醒地看到太阳不属于她。大的黑暗势力吞噬了她，她精神崩溃了，结束了年轻的生命。

在《日出》中，他不是写陈白露、翠喜堕落的悲剧，而是写她们这样一些纯洁善良的女人是怎样走进悲剧深渊的，他穷追猛打的正是那个社会制度。曹禺要写的是诗意的真实，翠喜、陈白露都是严峻而残酷的真实的涛。陈白露，是继蘩漪之后，作家贡献给新文学的第二个杰出的典型形象，她是属于曹禺自己画廊中的人物。

最费曹禺思索的是《日出》的结构。他决心舍弃《雷雨》所用的结构，不再集中于几个人物上。用他的话说："我想用片断的方法写《日出》，用多少人生的零碎来阐明一个观念，如若中间有一点我们所谓的'结构'，那'结构'的联系正是那个基本观念，即第一段引文内'人之道损不足以奉有余'。所谓'结构的统一'也就藏在这一句话里。《日出》希望献给观众的应是一个鲜血滴滴的印象，深深刻在人们心里的，也应是这'损不足以奉有余'的社会，因为挑选的题材比较庞大，用几件故事做线索，一两个人物为中心也自然比较烦难。无数的沙砾

2008年5月，王延松新解读并导演的《日出》，由总政话剧团在国家大剧院演出，陈数扮演的陈白露面对着无边的黑暗。

积成一座山丘，每粒沙都有同等造山的功绩。在《日出》每个角色都应占有相当的轻重，合起来他们造成了印象的一致。”①

这种所谓片断的方法，正是同《日出》的内容相适应的。结构的方法总是对象的适应性的产物，从来没有固定的格式。它的构架特点，即以陈白露的休息厅为活动地点，展开上层腐败混乱的社会相，同以翠喜所在的宝和下处为活动地点，展开下层的地狱般的生活对照起来，交织起来。他加上一个第三幕，即宝和下处的妓女的生活片断，这就加强了他对现实的抨击力量，加深了对社会人生相的深刻概括。这是曹禺的艺术独创之处。正是在这里，显示着他那富于艺术胆识和打破陈规、超越自我的创新力。他说，他是在“试探一次新路”，这试探，并非只是结构上的，而是探索对现实生活做更深刻更广泛的概括。因之，他把自己的创作又向前推进了一步。

如果说，在《雷雨》中，他还对充满斗争的残酷和血腥的现实，有一种困惑，他以为那社会的真实相太大太复杂，“没有能力形容它的真实相”，未免带有一种神秘莫测的感觉；那么，在《日出》中，他比较明确表述了“自己的哲学”，不再是不可捉摸的“宇宙里的斗争”，而是对人吃人的社会真实相的粗略的概括。他说：“目前的社会固然是黑暗，人心却未必今不若古，堕落到若何田地，症结还归在整个制度的窳败。”他还说，“若果读完了《日出》，有人肯愤然地疑问一下：为什么有许多人还要过这种‘鬼’似的生活呢？难道这世界必须这样维持下去么？什么原因造成这不公平的禽兽世界？是不是这局面应该改造或者根本推翻呢？如果真地有人肯这样问两次，那已经是超过了一个作者的奢望了”。②这些，大体上代表着曹禺创作《日出》时的思想情状。

①曹禺：《日出·跋》。

②曹禺：《日出·跋》附注。

南京国立戏剧专科学校

十五　在南京国立剧校

1936年1月，《雷雨》由上海文化生活出版社出版了，此为巴金主编的《文学丛刊》第一集。

1936年2月，《雷雨》日译本，由日本汽笛社出版。日译本出版的经过令曹禺格外感动。他特别感谢秋田雨雀、影山三郎和郑振铎三位的支持和热情。

《雷雨》日译本，有曹禺为此书写的序，还收有秋田雨雀、郭沫若的文章。

这里应该介绍一下郭沫若的文章，他对《雷雨》给予很高的评价。他说："《雷雨》的确是一篇难得的优秀力作。作者于全剧的构造，剧情的进行，宾白的运用，电影手法之向舞台艺术之输入，的确是费了莫大的苦心，而都很自然紧凑，没有出现十分苦心的痕迹。作者于精神病理学、精神分析术等，似乎也有相当的造诣。以我们学医学的人看来，即使用心地要去吹毛求疵，也找不出什么破绽。在这些地方，作者在中国作家中应该是杰出的一个。他的这篇作品受到同时代人的相当地欢迎，是可以令人首肯的。"此文，后来收到《沫若文集》第11卷中。当时，鲁迅先生也在关注着曹禺。《鲁迅日记》1936年2月15日记载，他在书店购得日译本《雷雨》，4月22日，收到曹禺寄赠的日译本《雷雨》。就在这年4月份，鲁迅同美国记者埃德加·斯诺谈话中，介绍中国剧作家时说："最好的戏剧家有郭沫若、田汉、洪深和一个新出现的左翼戏剧家曹禺。"[①]在鲁迅心目中，曹禺是个左翼戏剧家，这倒是很值得注意的。

①尼姆·威尔士：《现代中国文学运动》，《新文学史料》1979年第2辑。

曹禺来南京正是1936年的初秋季节。他作为国立南京戏剧学校的教授，应聘到这里来教书。

余上沅刚把戏剧学校创立起来，急需教授，张骏祥向余上沅推荐曹禺。于是，余上沅便一封封书信和电报催促曹禺南下，他终于把曹禺邀请来了。

国立戏剧学校是1935年10月18日创办的，校长余上沅是位热心戏剧事业和戏剧教育的戏剧家。但是，国立剧校的背景是复杂的，它直属国民党中央宣传部，同时又属教育部。支持剧校的后台老板，是国民党中宣部的负责人张道藩。他对戏剧有所爱好，也曾编过《自救》、《自悟》等一些不像样子的剧本。他搞戏剧是为国民党做宣传的，正是他的主意才办起剧校来。他是校务委员会的主任，从背后控制了剧校。他不允许学生参加政治活动，曾经对学生训话："我们这个学校很复杂，有CC分子，有 CY，你们是学戏剧的，不能参加政治活动。"但是，张道藩不准的事并不等于不能做。而这里偏偏又有共产党人在进行活动，最出名的是石蕴华(杨帆)，校务委员会的秘书。张道藩没料到在他眼皮底下还有共产党人在活动。

曹禺来到剧校，最难使他忘怀的，也是对他的人生道路产生过影响的人物，大概要算石蕴华了。

20世纪30年代的曹禺。

石蕴华，就是全国解放之后，最有名的所谓"潘杨反党集团"事件中的上海市公安局局长杨帆，"潘"，就是潘汉年。这是一起大冤案，自然现在已得到昭雪。潘汉年早已冤死狱中，杨帆出狱后已成为一个身染重疴的废人。杨帆未来剧校之前，就在北京大学从事学生运动，并曾被捕入狱，释放后，奉党组织之指示到剧校开展党的工作。他为人机智干练，待人热诚，很善于团结老师和学生。他常让学生去听抗日的演讲，鼓动激发同学的抗日热忱；他还组织学生搞读书会，成为学生的知心朋友。

很快，他就和曹禺成为十分熟识的朋友了。一天，他俩在操场上散步，石蕴华以低沉的声音唱起歌来，他唱得格外严肃，那悲壮的歌声把曹禺吸引住了。唱完便问曹禺："家宝，你说这首歌好听不好听？"曹禺答道："好听。"他说："这就是《国际歌》。"这是曹禺第一次听到伟大的《国际歌》。他还常对曹禺讲些社会主义的道理，说："现在常讲社会主义，可是你要分清不同的社会主义，德国的纳粹党也讲社会主义，你要分清楚。"他还语重心长地对曹禺说："你现在写东西，不讲明阶级，至少也要讲明阶层啊!"他们成为很要好的朋友，虽不能说无话不谈，但他不避讳曹禺。他常到曹禺的住所去玩，或吃饭谈天，或抨击时政，有时还情不自禁地大骂张道藩。那时，白色恐怖是相当厉害的。但他对曹禺无所顾忌，赤诚相见。这种坦白的襟怀和对人的热诚，使曹禺每回忆起他来都很激动。

1936年暑假，郑秀在清华大学法律系毕业了，她的父亲在南京工作，希望女儿回到自己的身边。就在他们到南京不久，于1936年10月27日在南京平仓巷德奥瑞同学会举行了订婚仪式。

这个订婚仪式很热烈，但是，在热闹中也正在孕育着痛苦的种子。曹禺对郑秀的追求充满了幻想，那种热烈的劲头，随着时间的推移，不是更加深沉而是逐渐冷却。性格的歧异已经显示出来，订婚后，连剧校的一些同曹禺接近的同事和同学都有所察觉。石蕴华就看到这门婚事中所蕴藏的潜在危机。一个同学回忆说："当时我们觉得曹禺有一种内心的痛苦，是因为已经恋爱好久了，就不好再改变，就不得不订婚。"有一次，石蕴华非常爽快地问曹禺："家宝，你是不是觉得很痛苦？"这似乎真的触到了他的痛处，他不吭一声，默默地坐在那里不愿回答。曹禺就是这样一种性格，他能用沉默，久久的沉默来对待生活中的挑战，很少把内心的苦痛和辩解倾诉出来，而把它封锁在自己内心的深处。

曹禺在剧校的生活是愉快的。在学生中享有很高的威信。剧校学生绝大多数都是话剧的爱好者，他们都曾或多或少地参加过演剧活动，是有事业心的。像现在影剧界一些著名的导演和演员如凌子风、石联星、项堃、叶子等，都是当时剧校的学员。正因为这些学生热爱新剧，所以对曹禺来剧校执教抱着深切的期望。

他在事业上是一个从来不敷衍的人，他的热情不但贯注在创作上，同样，也渗透在教学里。他教世界戏剧名著选读，是经过精心设计的，而且剧目也经过精心挑选。他从不做抽象的说教，而是采取边朗诵、边表演、边分析的方法，绘声绘色地把同学带入戏剧情境之中，深入到人物的内心世界。即使剧本上的一句台词、一个停顿，他都能讲出它内在的底蕴。他把渊博的知识、舞台的实践和具体入微的艺术感受融合在一起，这就把学生迷住了。所以，每次上课，课堂里都挤得满满的，连外班的学生也来听他的课。

他指导学生排戏，更是煞费苦心。为了收到较好的教学效果，他特意把法国剧作家腊比希的二幕剧《迷眼的砂子》翻译出来，并改编为独幕剧供学生排练。他所以挑选这个剧本，是因为他觉得法国19世纪的喜剧家腊比希(Eugene Labiche)同萨都一样，都多少承袭了佳构剧的传统。在他看来，由斯克利布所开创的佳构剧，它的舞台和编剧技巧对易卜生这些大师都有影响，对初学编剧和表演的人是会有帮助的。他后来回忆说："我尽量使《镀金》成为当时(1936年)如小仲马说的'有用的剧本'。因为我认为《镀金》容易有舞台效果，可以使初学表演的人尝尝初次面对观众是什么滋味。在这个戏演出时，舞台效果很好，证明了这个戏可以训练学生有舞台感，但应注意学生片面追求舞台效果。其次，我认为这个戏的演出风格的高低，会因演员的修养水平的高低而大不一样。一个成熟的好演员，可以把它演成有风度、有幽默、有趣味的好戏，决不会轻薄鄙俗。但遇到格调低的演员，完全可能把这个戏降低为'文明戏'。这个独幕剧很能考验演员与导师的修养水平。"①由此，可看出他的教学是十分用心的；同时，也看出他的戏剧见地。

①曹禺：《镀金·后记》，《小剧本》1981年第11期。

1985年，国立剧专在中央戏剧学院举行50周年校庆，曹禺（右二）与凌子风（左三）等出席庆祝活动。

南京的进步戏剧运动正在兴起。曹禺在这里结识了许多戏剧界的朋友。中学时代就知道田汉的大名，如今相识了。马彦祥可以说是老朋友了，他既是一位戏剧理论家，也是位表演家。戴涯也来南京了。曹禺来南京不久，便同马彦祥、戴涯等一起组织起"中国戏剧学会"，他们"为适应新兴演剧艺术职业化的要求”，组织了这个学会，强调通过演剧来研究话剧艺术。他们第一次便筹备了《雷雨》的演出，由曹禺扮演周朴园，马彦祥扮演鲁贵，戴涯扮演周萍，郑挹梅扮演蘩漪，李虹扮演四凤。这是曹禺第一次扮演自己剧本中的角色，他以极大的热情和创造力投入这次演出之中。当《雷雨》在南京世界大戏院公演时，一下子便打响了，可以说轰动了南京城。特别是剧校的同学看到老师们的示范演出，真使他们大开眼界。马彦祥后来回忆说：

> 我看过不下十几个周朴园，但曹禺演得最好。这可能因为他懂得自己的人物，他是个好演员，他懂得生活，不是那种空中楼阁式的。我觉得演周朴园没有比他演得更好的了。[2]

与此同时，他还把米尔恩的《戏》翻译出来，由马彦祥导演，于1936年10月29日起，在南京香铺营中正堂演出三场。11月6日，在镇江大舞台也演出过两场。由他亲自导演的《镀金》，也曾在中正堂演出四场。

来南京只有半年，除了教学，他改编、翻译剧本两部，导演一出戏，还参加演出一出戏，还有那么多的社交活动，可以想见他那种充沛的精力和旺盛的工作热忱了。

曹禺饰演周朴园

②马彦祥同笔者谈话记录，1982年4月27日

在南京国立戏剧学校只有一年的时间，而这一年也可以说是他享受创作的愉悦和欢欣的一年。《雷雨》仍在继续上演，一篇又一篇的评论发表出来，赞美之声淹没了对弱点的批评。更值得称道的，是《日出》的发表，它所引起的反响较之《雷雨》更为热烈也更为迅速。这里，不能不提到萧乾，这个独具艺术卓识的文艺编辑，以很大的气魄和无私的精神，在他负责的《大公报》文艺副刊栏内，组织国内著名的作家笔谈《日出》，他选择了最好的时间，正是1937年元旦即将来临之际，以三个整版的篇幅刊出笔谈文章。参加这次讨论的有：茅盾、叶圣陶、巴金、朱光潜(朱孟实)、沈从文、黎烈文、靳以、李广田、荒煤、李

蕤、杨刚以及燕京大学外文系美籍教授谢迪克等。

1937年2月28日，曹禺在《大公报》上发表了《我怎样写<日出>》(后收入《日出》单行本，作为《跋》)，这既是一篇激扬着感情对《日出》进行自我剖析的文章，又是回答批评的文字。此文文采飞扬，坦爽真诚，直抒胸臆。不苟同，敢论辩，独具胆识。

欧阳予倩决定把《日出》搬上舞台，专程从上海到南京征求作者的意见。他有一个看法，以为《日出》第三幕似乎同其它三幕有所游离，决定割去第三幕。但曹禺不同意这种看法，他向欧阳予倩陈述了自己的见解。1937年2月，由欧阳予倩导演的没有第三幕的《日出》在上海卡尔登大戏院公演，由凤子扮演陈白露，曹禺专程赴上海观看演出，靳以陪着他。演出结束后同演员和舞台工作人员晤面时，曹禺仍然直率地说，把第三幕删去是太令人遗憾了。他在《我如何写<日出>》一文中以很长的篇幅就此谈了他的想法：

1937年2月2日至5日，上海戏剧工作社在卡尔登大戏院演出《日出》，欧阳予倩导演，凤子饰演陈白露。

《日出》不演则已，演了，第三幕无论如何应该有。挖了它，等于挖去《日出》的心脏，任它惨亡。如若为着某种原因，必须肢解这个剧本，才能把一些罪恶暴露在观众面前，那么就砍掉其余的三幕吧，请演出的人们容许这帮“可怜的动物”在饱食暖衣，有余暇能看戏的先生面前哀诉一下，使人们睁开自己昏聩的眼，想想人把人逼到什么田地。我将致无限的敬意于那演翠喜的演员，我料想她会有圆熟的演技，丰厚的人生经验，和更深沉的同情，她必和我一样地不忍再把那些动物锁闭在黑暗里，才来担任这个困难的角色。

他把他的痛苦、烦难都和盘托出。他的良心、他的艺术

直感，都使他把心窝子里的话掏了出来。既是自我辩护，更是祈求人们的理解。

> 最使我感到烦难的便是第三幕，现在偶尔想起当时写这段戏，多少天那种寝食不安的情况，而目前被人轻轻地删去了，这回忆诚然有着无限的酸楚的。

的确，他像一位多子的母亲，溺爱着每一个儿子。他甚至说："不肯多体贴作者执笔时的苦心，便轻率删除，这确实是残忍的。"于是，他决定自己来导演《日出》，组织剧校的学生来排练。翠喜这个角色是很难物色的，最大的困难是女同学不愿演这个角色。叶子对曹禺说："万老师，您排这个戏，谁敢演翠喜这个下三烂？"曹禺说："翠喜可不是个下三烂，她是被人尊敬的，她有一颗金子般的心。"在排演《日出》时，张彭春来南京了。曹禺请老师指导排第三幕。张彭春也不熟悉妓女的生活，但他很会抓戏，懂得怎样把"戏"排出来。也许是由于演员的阵容较弱，排得不够理想。但是，曹禺那种执意把四幕《日出》全部排出来的艺术信念始终未曾动摇过，表现了他高度的艺术自信心。后来的艺术实践证明，曹禺所坚持的是有道理的。

一个敢于独创的作家，对自己所追求的美学目标应该充满自信心，这也是一个艺术家内心自由的境界。对曹禺来说，这是十分难能可贵的。

1937年4月，南京国立戏剧学校在南京香铺营演出《日出》，曹禺亲任导演，叶仲寅饰演陈白露。

“感时花溅泪，恨别鸟惊心”，曹禺照片。

十六 《原野》

靳以正在主编《文丛》，又找曹禺索稿了。他正在构思《原野》。

南京同样使他不能宁帖，偌大的中国哪里有一片乐土呢？他住在四牌楼，斜对面就是国民党的“第一模范监狱”。在这里囚禁着许多革命志士和共产党人。陈独秀也关押在里边。每当夜深人静，或是白天没有喧嚣的时刻，常听到犯人痛苦的惨叫声音，有时还会看到里边的犯人做苦工的惨状。这使他清醒地意识到，南京并不比天津更好些，情势更为险恶。

打开报纸，映入眼帘的大字标题，除了那些刺激性的桃色新闻，就都是一些不祥的消息：剿匪讨赤、兵祸、水灾……都显示着农民问题越来越突出了。

段妈给他讲过的故事，一幕幕又展现在眼前了：她公公的死，婆婆的死，丈夫的死，儿子的死，那些惨象，如同他亲眼看见过似的。

宣化，他所看到的拷打农民的悲惨情景又浮现在他

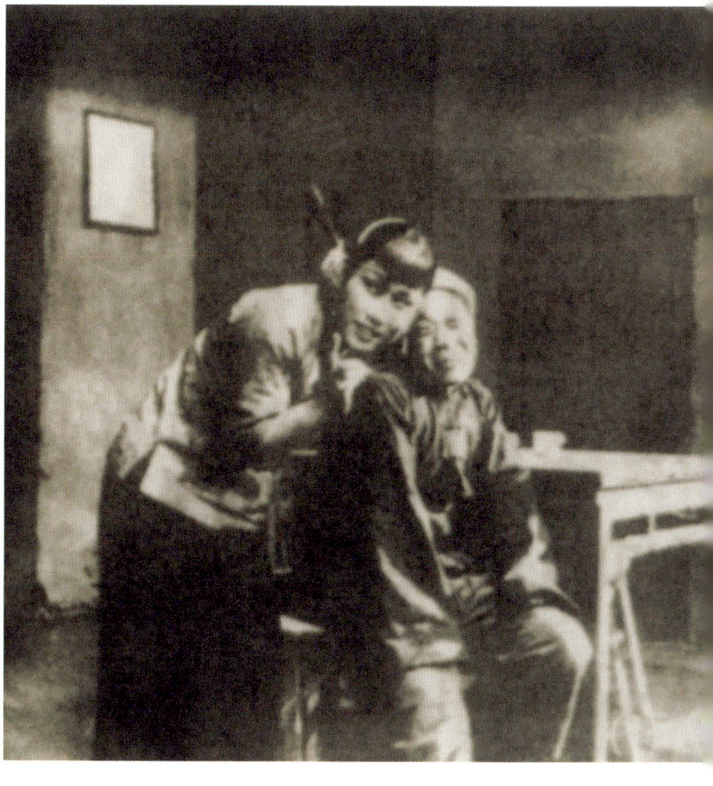

中国旅行剧团演出《原野》剧照。

1984年，中国青年艺术剧院演出的《原野》，张奇虹导演。

脑海之中：那宣化府的大堂，东岳庙阎罗殿的景象，以及打得皮开肉绽的血腥，都涌来了。

还有童年时代，在老龙头车站，望着火车远去的“吐突吐突”的声音，无际的原野，那天边外的地方，是不尽的遐想。

高大而神秘的“神树”，鬼气森森，童年望着它而引起毛骨悚然的感受，也膨胀起来，化为莽苍苍的原野、沉郁的大地。

种种的印象，在他飞扬的想象中化合着，交融着，铸造着。现实的形象在奇妙的想象中变幻着。最初还是模糊的，逐渐变得清晰起来。情感的精灵伴着形象，凝聚着，重叠着，交错着，逐渐映出最明晰的场景和氛围。曹禺说：

《原野》的写作是又一种路子。当时偶然有一个想法，写这么一个艺术形象，一个脸黑的人不一定心“黑”。我曾经见过一个人，脸黑得像煤球一样，但是心地非常之好，他一生辛苦，可死得凄惨。我的思想境界又有了变化，一旦写成仇虎和原来的想法又完全不一样了。①

或许他受过雨果的《巴黎圣母院》的启示，那个敲钟人丑八怪卡西莫多，就是一个长得很丑而心地十分美好的人物。但是，最深刻的创作动因，还是来自现实的激发。他说：

我不熟悉农民，但是，我的那个奶妈给我讲了许多农村的故事，公公、婆婆都上吊死了，丈夫死了，儿子死了，只一个女儿也没带出来，很惨啊!这是有原型的。仇、焦、花家，这三家原来是差不多的，很要好的。可能焦家宽裕些，等焦阎王在外做了军阀的什么连长、营长回来，就霸占仇虎家的土地。我是写这样

2000年北京人民艺术剧院演出的小剧场实验戏剧《原野》，李六乙导演。

①曹禺：《我的生活和创作道路》

三种类型：一种是焦阎王变坏了；一种是白傻子，他还能活下去；一种是仇虎他就活不下去了，没有他的路。②

我们不得不佩服作家的超群的想象力，那种惊人的创造的想象力。他不是魔术师，但却具有魔术师那种奇异而诡谲的变幻术。他写了奇异的人物，奇异的背景，织成奇异的冲突，演绎成一个奇异而诱人的故事。十分有趣的，是这出戏的命运，较之《雷雨》、《日出》也多少带有奇异的色彩。自它诞生之后，几十年来一直争论不休。

还是先把曹禺自己的创作企图和阐述做些介绍。他说："写作《原野》时，和《日出》一样，像登章回小说，先有大致的意思脉络，然后就陆陆续续地写，边写边交稿，赶着发稿，有时就整夜整夜地写，从天黑写到晨曦，七八天就写出一幕来，写得非常顺利。南京很热，写累了就外出到街上，夜晚有卖葡萄汁、甘蔗汁的，喝上一杯。《日出》之后，我似乎就觉得没有什么办法了，总得要搞出些新鲜意思，新鲜招数来。我是有这种想法，一个戏要和一个戏不一样。人物、背景、氛围都不能重复过去的东西。《原野》是写你死我活的斗争，仇虎有那么深的仇恨，要复仇。应当说，杨帆对我谈的一些道理对我是有影响的。"③

他对《原野》的种种说明，前后不尽相同，是有些差别的。他回答赵浩生的采访时说："《原野》不算成功，原想写农民，写恶霸欺负人。"赵浩生问他："《原野》的主题是什么？是仇恨吗？"回答说："对，是仇恨，恨那个恶

1984年4月，中国青年艺术剧院演出《原野》剧照。

②曹禺同笔者谈话记录，1981年7月28日。

③曹禺同笔者谈话记录，1982年3月17日。

1999年，歌剧《原野》，中国歌剧舞剧院演出（张美才摄影）

①曹禺：《我的生活和创作道路》

霸，想报仇。”但是，稍后又做了修正，他曾对我说：“《原野》不是一部以复仇为主题的作品，它是要暴露受尽封建压迫的农民的一生和逐渐觉醒。仇虎有一颗火一样复仇的心。”①如何来概括《原野》的主题，这是可以讨论的，但他要写仇虎的仇恨和复仇却是符合实际的。写农民复仇的故事，可以说是太多了。问题在于曹禺是怎样开掘这个故事的，《原野》的新意在哪里？

如果说，《原野》只是写了仇虎的复仇过程，那不过是重复了一个陈旧而又陈旧的故事。曹禺的独创之处，也就是说，他所谓的“另一种路子”，就是把这个复仇过程着重地写成是仇虎的心理，甚至他的潜意识的演变过程。这方面，他把性格发展同心理过程演变交织起来，是相当深入而细腻的。而这些，就深刻地写出仇虎那种很强烈很原始的复仇观念，这就从仇虎的内心冲突、激化、演变中反映出千百年来封建文化，是怎样沉积在一个农民身上的。当然，也有农民的狭隘的意识，是怎样在啃啮着他的灵魂。仇虎的强烈仇恨，无疑有着他的现实的根由。焦阎王把他的父亲活埋了，土地霸占了，心爱的人被夺去了，妹妹被拐进妓院。这被压抑的灵魂，以扭曲的形态出现了。当他最初出现在人们面前，就是一个奇异的人物，给人很深的印象。仇虎的奇异的色彩，奇异的性格，奇异的肖像，是他强烈的仇恨和扭曲的灵魂的外化，透视出环境的折磨和压迫，把人变成了“鬼”，连那种复仇的强大的力量也是奇异的。他写仇虎不像他刻画蘩漪、陈白露的心理那样，是一种现实主义的描写。他是用某种程度的夸张、象征，既像是雨果描绘卡西莫多那样具有一种浪漫主义色彩，同时也融合了表现主义、象征主义的手法。

不但仇虎的性格是奇异的，那个瞎老婆子焦母也是一个令人感到既可憎又可怕的人物。“使人猜不透那一对失了眸子的眼里藏匿着什么神秘，她有着失了瞳仁的人的猜疑，性情急躁，敏锐的耳朵四面八方都谛听着。”花金子，也有着诡谲的诱惑力，“眉头藏着泼野，耳上的镀金环子铿铿地乱颤。女人长得很妖冶。”“一对明亮亮的黑眼睛里蓄满着魅惑和强悍。”“走起路来，顾盼自得，自来一种风流。”说得不好听，也多少有些淫荡。那个白傻子，也是人们平时在舞台上不多见的稀罕人物，还有一个性格怯弱的焦大星，他害怕老婆又畏惧母亲。他们的性格色彩、心理意识都迥然不同于曹禺笔下的其它人物。

他为这些人物所设计的活动环境、舞台气氛也是奇异而诡谲的，甚至说是恐怖而神秘的。奇异的人物就在这奇异的环境里活动着。如果按照《雷雨》、《日出》来衡量它，就觉得它不是原来那种写实的路子。

就是这样一些奇异的人物在这样奇异的环境里展开着种种冲突。人物之间纠葛的色彩也是奇异的。仇虎和焦母，一个要报仇，焦阎王死了，偏偏不杀焦母，而杀她的儿子；一个在那里警惕着恶狠狠地追寻扑打。焦母和金子，婆媳间犹如仇家。仇虎和金子的关系也是奇异的，强烈的爱伴着强烈的恨。连爱的表现方式都是奇异的。金子逼仇虎捡花的一场戏，她那种一反常态的泼野，就是常五来打门，也非要他捡不可。当仇虎说：“我要不起你”时，她那强烈的爱，就像火一样燃烧起来。她一边捶击着仇虎的胸膛，一边骂着：“你不要我？可你为什么不要我？你这丑八怪，活妖精，一条腿，短命的猴崽子，骂不死的强盗。野地里找不出第二个隼鸟，外国鸡……”每一句狠狠的骂，都表现了她那强烈的泼野的爱。这是在一种爱的扭曲的变态心理支配下，演出的一场令人奇异而目眩的戏，你说它真实也罢，不真实也罢，但却抓牢了观众的心灵。作家就是这样波谲云诡地展开他那奇异

2000年北京人民艺术剧院演出的小剧场实验戏剧《原野》。

2006年天津人民艺术剧院演出的《原野》中的最后一幕戏，王延松导演。

的想象力，写出一场场奇异变幻的戏。

最后一幕，也是最能显示《原野》奇异色彩的一幕。写仇虎杀人之后，所出现的种种幻想，他所安排的黑林子是带有象征性的，同时也是现实的。他突出的是仇虎的恐惧、惊慌、悔恨。“恐怖抓牢他的心灵，他忽而也如他的祖先——那原始的猿人，对夜半的森林震颤着，他的神色显出极端的不安。希望、追忆、恐怖、仇恨连绵不断地袭击他的想象，使他的幻觉突然异乎常态地活动起来。在黑的原野里，我们寻不出他一丝的‘丑’，反之，逐渐发现他是美的，值得人的高贵的同情。他代表一种被重重压迫的真人，在林中重演他所遭受的不公。在序幕中那种狡恶、讥诈的性质逐渐消失，正如花氏在这半夜的折磨里由对仇虎肉体的爱恋而升华为灵性的。”这可以看出是作家构思第三幕的企图，也是他所做出的人物的阐述。

《原野》于1937年4月在广州出版的《文丛》第1卷第2期开始连载，至8月第1卷第5期续完。同年8月，由上海文化生活出版社出版。在此期间，上海业余实验剧团准备把它搬上舞台，由应云卫导演。他们请曹禺到上海来，向全体演职员谈了《原野》的创作情况，以及演出中应注意的问题。那时，他就指出，对一个普通的专业剧团来说，演《雷雨》会获得成

功，演《日出》会轰动，演《原野》会失败，因为它太难演了。一是因为角色很难物色，几个角色的戏都很重，尤以焦氏最不易，而每个角色的心理上的展开，每人的长处，是很费思索的。二是灯火、布景也都十分繁重。外景多，又需要很快更换，特别是第三幕，连续五个景。他对应云卫导演这出戏，满怀期望。1937年8月7日到14日，《原野》在上海卡尔登大戏院举行首次公演，演员阵容相当不错，赵曙、魏鹤龄饰仇虎，范莱、吕复饰焦大星，舒绣文、英茵饰花金子，王萍、章曼萍饰焦母，钱千里、王为一饰白傻子，黄田、顾而已饰常五。

当《原野》公演时，曹禺已不在南京，此刻已是“七·七”事变爆发，那时，人们已顾不得对它的评论了。所以说，《原野》未免有些“生不逢时”。在当时也未能引起什么反响，就淹没在抗日热潮之中了。

抗战时期的曹禺面容消瘦却精神旺盛。

十七　投身抗日洪流

一列火车正在原野上奔驰，穿过徐州、兖州、济南、德州，向着天津驶去。本来，日益迫近的战争局势已使曹禺心情不安了，如今接到继母打来的电报，得知家修病故的消息，便不得宁静了。他惦着继母，怕她承受不住这样的打击，很快便决定赶回天津看望继母。

他回到天津的这天，是1937年7月6 日。迎接他的是脸色苍白的继母、满脸泪痕的寡嫂和两个失去父亲的侄儿。这个已经破败的官僚家庭，是彻底地破落了。

他虽感到战事的紧迫，但却没想到来得这么快，这样突然。就在到达天津的第二天，就传来日军无端炮轰宛平城，卢沟桥事变爆发的消息。

紧接着天津的日本侵略军也开火了。

早在5月间，日本驻守天津的军队就强迫中国工人修筑各种工事，工事修完随即枪杀，投尸海河，海河浮尸百余具。如今，侵华战争全面爆发，日军横虐恣肆，坦克车在马路上横冲直撞，枪声炮声终日不绝。如今，他眼看着日本侵略军在祖国的大地肆意践踏，心中蒸腾着仇恨的火。

他回忆说：

那时，我的家在意租界还好，但我亲眼看到河东一带被炸得到处都是断壁残垣，到处都是死尸，那种惨状令人目不忍睹。我心中憋着满肚子怒火，有时就跑到罗隆基那里，尽抒我的愤恨。①

①曹禺同笔者谈话记录，1982年5月30日。

1937年8月，曹禺绕道香港，经武汉抵长沙，这是他与国立剧专第一、二届师生在长沙合影，前排右三为曹禺。

①参看1937年10月8日《全民日报》。

②《国立戏剧学校一览：历届公演剧目表》

日军不断采取镇压措施，查封报馆，逮捕杀害知名爱国人士，曹禺也受到日本特务的注意和追踪，他再也不能住下去了。他得知日寇于8月13日大肆轰炸上海和南京之后，国立剧专西迁长沙的消息，便化妆成一名商人，乘英国太古公司的轮船，秘密离津，绕道香港再去长沙。

"七·七"事变之后，郑秀的继母带着一家人去上海避难，只有郑秀和她的父亲留在南京。父亲担心着女儿，把郑秀送到芜湖。在芜湖收到曹禺的电报，约好到武昌会面。

曹禺于9月间到达武昌，郑秀已先到达，去车站迎接曹禺，在逃难中得又重逢，别是一番滋味。他们就住在曹禺的外婆家，其时，外婆、舅舅、舅母都在。他们在武昌只住了两周，就赶往长沙去了。

抗战初期的长沙，蒸腾着工农兵学商的抗日热潮，犹如长沙的暑热，滚烫火热，到处都有抗日的演出活动，到处都看到抗日演讲和游行，满街张贴着抗战的标语口号。曹禺一到长沙剧校报到，便投入这股抗战的民众运动之中。一方面，他参加剧校的工作，一方面投入剧校抵长沙后公演筹备活动之中。他浑身有一种前所未有的热情和劲头。他挑选了三个戏——《毁家纾难》、《炸药》、《反正》，组织师生排练，他亲自担任导演，于10月8日到10日在长沙又一村民众大会堂公演。每天日夜两场，共演出六场。当时，在长沙出版的《全民日报》对这次演出做了报道。①也在10月间，由他导演的街头剧《疯了的母亲》(骆文作)，在湘鄂川进行了旅行公演，共演出40余场。②在长沙，使曹禺最难忘记的是12月11日这一天。他听说长沙来了一个老头儿，抗日演讲讲得极好，他就赶到长沙银宫电影院去听演讲。闻讯赶去的听众约三四千人，把电影院里里外外挤得水泄不通。这个演讲的老头儿，就是徐特立同志，演讲抗日救国十大纲领。

徐特立的演讲既鼓舞了他的抗日热情，又点燃了他创作抗战剧作的灵感。

在长沙，在抗战初期的热潮中，曹禺和郑秀结婚了。

应当说，在曹禺和郑秀的恋爱过程中，就有着阴影，到郑秀和曹禺订婚后，郑秀的父亲还不同意他们结婚。曹禺对这位岳父也颇有反感。的确，他们之间在性格、志趣、脾气上也有所不同，时而也有争执，但他们终于在困难中结合了。

结婚的仪式是在长沙青年会举行的。

婚后，他们住在两间临时租用的民房里，新房里的布置也是再简单不过了，两把藤椅，两张帆布床，一个书桌。

即使这样简朴的新婚生活也不能安定下来，战火不断地向内地蔓延，连长沙都得撤退了。国立剧校奉令向重庆转移。剧校人多，决定集体走水路，曹禺随剧校一块走，而郑秀则单独走，先去重庆，他们又不得不分手了。

1938年的元旦，剧校的师生都来到湘江边的码头上，五只木船停泊在江岸上。此时，曹禺已是剧校的教务主任了，他总得照料着学生。

这一次长途跋涉，走湘江，入洞庭，到宜昌，再沿长江西去重庆。他的学生回忆说："万先生可是变了个样子，他仍然穿着旧棉袍子，只要船泊码头，哪怕只有几个小时，他也亲自把锣拿上，招呼着同学上岸。在街上，他打着锣，招呼着群众，来看我们的演出。几乎每次，都是他敲着锣，吆喝着，真想不到他这个大教授，没有一点架子。万先生的抗战热忱至今仍深深留在我们的记忆之中。"那时，他不到30岁，在学生心目中是可尊敬的老师、教授；可他的心同年轻学生一样，是高昂的热情，是一腔报国的赤诚。

船到宜昌，他们要换乘江轮去渝。在候船的日子里，曹禺就带领着学生投入紧张的抗日宣传活动之中。一天，正在演出的时候，六架飞机临空，他们还以为是自己的飞机，但顷刻间，便投弹轮番轰炸起来。只见曹禺依然穿着那件棉袍，喊着同学赶快疏散隐蔽，日机的轰炸目标是飞机场，没有造成伤亡，真是万幸。

1938年2月，曹禺到达重庆。郑秀先期到来，去码头迎接曹禺。剧校校址安排在上清寺，他们在枣子南垭临时找了一个住处。

剧校迁到重庆，他作为教务主任是有许多工作要做的，但最重要的事是聘请教师。他得知黄佐临、金韵芝(丹尼)夫妇从英国留学归来，便写信请他们到剧校任教。张骏祥也刚刚从美国留学回来，曹禺也把这位校友约来。那时，许多教授、学者都到了重庆，剧校聘请了一大批名人前来执教：陈鲤庭、梁实秋、方令孺、张平群、戈宝权、陈白尘、孙增爵等都被请来了。一时间剧校人才济济，剧校师生把这段时间称之谓“黄金时代”。“黄金”也有暗喻黄佐临、金韵芝夫妇的意思。

黄佐临、张骏祥在艺术上很有抱负，他们都想排些戏，曹禺同他们一样，也很想在戏剧事业上干出一番成绩来。他早就喜欢奥尼尔的戏，很想把奥尼尔的《悲悼》三部曲排出来。据叶子回忆说：“曹禺要把《悲悼》搞出来，他一边翻译成中文，一边叫我抄写下来。这出戏共13幕，很长，得演9个小时。但是人凑不齐，排不出来，他也就没有兴趣了。”[1]人手不齐，固然是《悲悼》未能排成的原因，另外，这出戏同当时的战争氛围不大协调。不过，从曹禺急于把《悲悼》翻译出来，并决心把它搬上舞台，却可窥见他对奥尼尔的戏剧已是十分迷恋了。由《原野》接受奥尼尔剧作的影响，而探索着“另外一种写法”，到准备排演《悲悼》，在那种战争气氛中仍然衷情于奥尼尔，可多少看出他在艺术上所探寻的线索。如果，没有抗战的割断，曹禺的戏剧艺术探索，又该是怎样的一种路子，又向哪个方向发展呢?

他想要排演的戏没有排成，但他是渴望着创作和演出的。这机会终于来了。

在抗战初期，国民党和共产党合作的气氛中，抗战成为压倒一切的主题。为了迎接第一次戏剧节，曹禺和宋之的接受了创作一出反映抗战的多幕剧的任务，作为这次戏剧节的重点剧目。

在重庆聚拢了一大批著名的影剧演员，如白杨、赵丹、魏鹤龄、舒绣文、王为一、张瑞芳、章曼苹、顾而已、江村、高占非等，都从上海等地到后方来了。“当时舞台上的优秀演员大部分都集中在重庆。这些演员参加戏剧节的热诚，是无法比拟的。因为在全国，这是我们戏剧界的第一次戏剧节，所以在写作之初，我们便从演出委员会接受了那么奢侈的一个演员名单。”他们就是根据“这样奢侈的演员名单来写剧本”的。这的确“不是容易的事”。[2]而《全民总动员》(出版时，更名为《黑字二十八》)

①叶子同笔者谈话记录，1981年4月13日。

②《黑字二十八·序》

1941年“黑字二十八”国立剧专41届公演宣传单

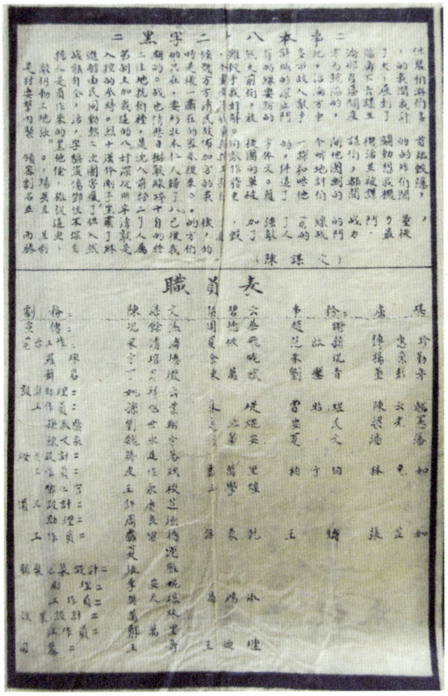

黑字二十八本事

職員表

1941年“黑字二十八”国立剧专41届公演宣传单

就是在这样一种客观条件下开始创作的。这需要他们根据演员名单来设计人物和剧情。由宋之的负责第一、二、四幕的编写，曹禺执笔第三幕。

《全民总动员》的创作和演出，其意义倒不在戏剧上，更主要的是通过演出把戏剧界人士团结起来。由于那么多著名作家、导演、演员共同合作，同台演出，在重庆所形成的政治影响是十分强烈的。

曹禺是满腔热忱投入到这一工作中来了。他不但参加剧本第三幕的写作，而且是导演团的成员之一，在演出时，他亲自扮演了夏晓仓(侯凤元)这个人物。

经过紧张排练，《全民总动员》于1938年10月29日在重庆国泰大戏院公演。它的公演成为轰动雾都的盛举，导演团由张道藩、曹禺、宋之的、沈西苓、应云卫组成，执行导演应云卫。白杨饰侯莉莉，王为一饰陈云甫，赵丹饰邓疯子，沈蔚德饰吴妈，江村饰谢柏青，舒绣文饰彭朗，张瑞芳饰芳姑，章曼萍饰丁明。剧校校长余上沅，还有张道藩、宋之的都分别担任了不同的角色。曹禺的精彩表演，受到导演应云卫的称赞：“毕竟是万家宝，老经验，连一点子戏总被挤足了出来，抓得住观众。”③

此剧公演后，重庆的《新华日报》、《时事新报》、《国民公报》和《中央日报》等都发表了评论，充分肯定此剧公演在“政治上的成功”。

他写戏、排戏、演戏的同时，也在注视和思考抗战戏剧创作中的一些问题。这不单是为了教学的需要，也是为他的创作进行准备。

应南渝中学怒潮剧社的邀请，他发表了题名《关于话剧的写作问题》的讲话，批评了戏剧创作中的不严肃的态度，脱离现实的倾向，以及公式化、类型化的毛病。如果说这篇东西还比较简要，而他写的《编剧术》一文，则比较全面地体现了他的创作思想。

《编剧术》也是根据他的讲演稿整理而成的。这篇讲话，可以说是他从事话剧创作以来，最重要的一次理性的总结，谈的都是一些人所共知的题目，但却蕴含着他的甘苦和经验。对戏剧创作的条件、创作的过程，诸如材料的积累、选择、撰写剧本大纲、人物塑造、结构等都提出十分中肯的见解。这篇关于编剧方法的讲演，于1940年1月，作为《战时戏剧讲座》，由重庆正中书局出版，题名《编剧术》。

③汤家庄：《抗战期间剧界的盛举》，《和平日报》1946年9月4日。

抗战时期的曹禺总是一袭长袍加身，国难当头之时，他以自己的方式表达对于民族传统文化的衷情。

十八　在江安的日子里

由于日寇加紧了对重庆的轰炸，国立剧校又奉令疏散。刚刚在重庆稳定下来，才一年多，现在又要来一次大搬迁，到一个偏远的小县城去。

长江自四川宜宾到湖北宜昌的一段，人们习惯称之谓川江。他们要去的江安，距重庆300多里，位于川江的南岸。

江安显得太小了，真是个巴掌大的地方。有东西南北的大街，在城中心的十字路口，可看到四周的城墙。剧校就设在城西紧靠城墙的文庙里，曹禺的家安置在东街廼庐。

虽说是个偏远的小城，但却有着光荣的革命传统，江安的老百姓也很喜欢看话剧。中共江安县委对国立剧校迁来十分重视，他们以江安戏剧协社的名义组织欢迎大会，演出曹禺的剧作《原野》。

江安老县城鸟瞰。

1939年国立剧专辗转来到江安，受到当地群众的欢迎，此为剧专师生与江安县戏剧协社的同仁合影。

国立剧专在江安的主要演出场地——文庙的屋宇

演出的地点，就在剧校所在地——文庙。文庙中的正面是大成殿，供奉着孔夫子的牌位，东西厢房是七十二弟子的牌位。大殿前面就是舞台。演出时，舞台上汽灯高悬，白炽的灯光把舞台照得格外明亮。观众席地而坐。当大幕一拉开，眼前出现了原始森林的布景。那森林是用新鲜的树枝装制起来的，富有生气，这使曹禺感到新鲜。他没料到这里的人们竟然有这样的创造性。而演员一出场，一念台词，也使他感到欣喜惊异，他们竟然把《原野》的台词都改为四川方言了。虽然演员的演技不够老练圆熟，但是，那富有强烈节奏感的方言和朴素的动作，令人感到分外亲切。

曹禺的家就安置在中共江安县委代理书记张安国的家里。郑秀还留在重庆，他们的大女儿万黛出生不久，不便同曹禺同来江安。

廼庐，是一个四合院，有一个天井，门外还有些树木，环境清幽。为了使曹禺更好的写作，好客的主人特意把大门楼上的一间阳光曹禺在“犕庐”的居室和他写作时用过的书桌。

曹禺在江安的住所“犕庐”，二楼左一窗即曹禺居室兼写作室。

充足，但很清静的房间腾出来，楼上还有一间大厅，郑秀来了，住在楼下。

犕庐的主人，张犕赓老先生是江安的一位名士，清朝末年的中学生，参加过辛亥革命，参加过中华革命党、同盟会，曾在杨森部下当过团长、旅长。他和朱德早年相识，朱德任护国军混成旅长，曾在泸州、江安一带驻防。而张犕赓正在杨森部下任少校副团长。大革命时期，他当过杨森20军的党代表。后来，回到家乡，被选为江安县参议会的议长。这位老先生对曹禺十分尊重，把家里的好房子让给曹禺住，帮助曹禺找佣人，每逢年节总是把曹禺请到家里吃饭，有什么好吃的也送给曹禺。曹禺在江安的日子，一直得到张犕赓和他的儿子安国的照顾。

刚到江安，在大城市住久了的人，自然生活上不大习惯，可是师生们的情绪比较高昂，组织宣传，开办训练班，搞得十分活跃。据张安国说：“在这期间，办过戏剧短训班，曹禺亲自任课，举行了开学和结业典礼，我也去参加过，还讲了话。学员有些是地下党员，我的爱人曹继照，还有雷兰、曹永蕾(继照的妹妹，地下党员)、王德勋(也是党员)都参加了这个训练班、县委特地派他们去学习，受过训练就下乡搞巡回演出。万先生上课给大家留下深刻印象，像雷兰就考上剧校了，他们不少人都是慕曹禺的名去参加学习的。”但是，未过多久，师生的情绪就低落下来，剧校里有少数人打牌酗酒、做生意，每当曹禺到教务处上班，就碰到这种令人困扰的现象，他内心里很愤懑。

战争的灾难并没有磨去他锋利的锐敏感，也没有消却他的热情血性，他那种对现实的愤懑和对未来充满幻想的浪漫情愫，依然像过去一样。他有时未免有些天真，他写《蜕变》，既对国统区的现实表示深恶痛绝，同时，又渴望着它“蜕变”。不仅是这样，他真盼着在战

抗战时期《蜕变》演出剧照。

争的烈火中爆出一个新的中国。

关于《蜕变》的材料，他曾这样对我说过：

我写《蜕变》的材料，主要是在长沙调查得来的。那时，我曾调查了几个伤兵医院，其腐败的内幕是听人介绍的，报纸上也做过揭露。丁大夫的材料，是那时就看到过关于白求恩的报道，在长沙报纸上曾介绍过白求恩，而且像丁大夫这样的爱国的知识分子，我见过很多。至于医院那种腐败的情形，在江安看得太多了。剧校里就有。有些事情如楼上打牌楼下办公，我就见过。我当教务主任，但是办公人员中就有二陈(指CC派的头目陈立夫、陈果夫)的人，做国难生意的人也有。[1]

在另一次谈话中，他谈到丁大夫的创造。

我写丁大夫的形象，又从丹尼身上取了不少东西。佐临和丹尼夫妇，他们都出身于很阔气的家庭，在上海，他们住在颇讲究的花园洋房里，条件十分优裕，但是他们在抗战爆发后，毅然离开上海到大后方，宁可住在潮湿的地下室里。当时，丹尼那种爱国热忱，至今仍鲜明地留在我的记忆之中。[2]

从天津逃出，辗转武汉、长沙，又从长沙到重庆，到江安，在这不到两年的时间里，他既看到像徐特立那样令人敬佩的共产党人，也看到了在抗战的大变动中的“动摇分子，腐朽人物”。他既被抗战这伟大事业感奋着，激励着，同时，也被那些反动腐败的现实所煎熬着，气闷着。他希望在这抗日的大变动中产生一种“蜕变”，像生物界的昆虫一样“在生长过程中需要硬狠狠地把昔日老腐的躯壳蜕掉，然后新嫩的生命才逐渐长成”。“只有忍痛蜕掉那一层层腐旧的躯壳，新的愉快的生命才能降生。”他渴望着“新的力量、新的生命由艰苦的斗争酝酿着、孕育着，欣欣然发出来美丽的嫩芽”。他希望写出“在我们民族在抗战中

①曹禺同笔者谈话记录，1982年5月26日。

②曹禺同笔者谈话记录，1983年9月5日。

③曹禺：《关于"蜕变"二字》，《蜕变》，文化生活出版社1940年1月。

一种'蜕'旧'变'新的气象"。③

江南的雨季是令人厌烦的。连绵的阴雨，墙纸都发了霉，木器家具上都是潮腻腻的。曹禺的胃病犯得很重，有时疼得难以忍受，他用手按住胃部，仍伏在案上写作。一边写，一面油印，一面排练。曹禺在写，张骏祥就组织师生排演。一旦他投入写作，他就又什么都置诸脑后了，间或休息一下，透过窗子望去，溟溟濛濛的天空斜吹着清冷的细雨，凄厉的风声过后，树枝瑟瑟发抖，一串雨滴急速地流下来，他的胃疼得更加厉害了。

为了减轻病痛，他就躺在藤椅上写。他的一个学生季紫剑专为他做了一个可倚在躺椅上写字的写字台。他怕耽误排演的进度，就干脆把季紫剑同学请来，同他住在一个屋里。他一面口授，季紫剑一边记录整理，一面便刻写油印。写《蜕变》真像是一场战斗。张骏祥以他那善于科学组织的才能拼着劲地工作着。曹禺写完了，他也排完了。在这期间，他和张骏祥建立了深厚的友谊。

《蜕变》同他过去写的几部戏有所不同。他的《雷雨》、《日出》和《原野》都是悲剧，而《蜕变》则不是悲剧。在人物塑造上，过去的几部戏里有他同情的人物和鞭笞的人物，但却没有他歌颂的英雄人物，而《蜕变》可以说有他倾力歌颂的英雄形象。故事发生在一个小县城内撤退到后方的省立医院里。从第一幕开始，作家展现的是这所医院的腐败而杂乱的景象，院长等同当地士绅鬼混，打牌酗酒，互相勾结做"国难生意"。奉迎拍马的便得信任，否则，就只能混吃等死。谁要认真负责，反而遭到申斥。坏人为非作歹，好人情绪消沉。因循懈怠，苟且偷

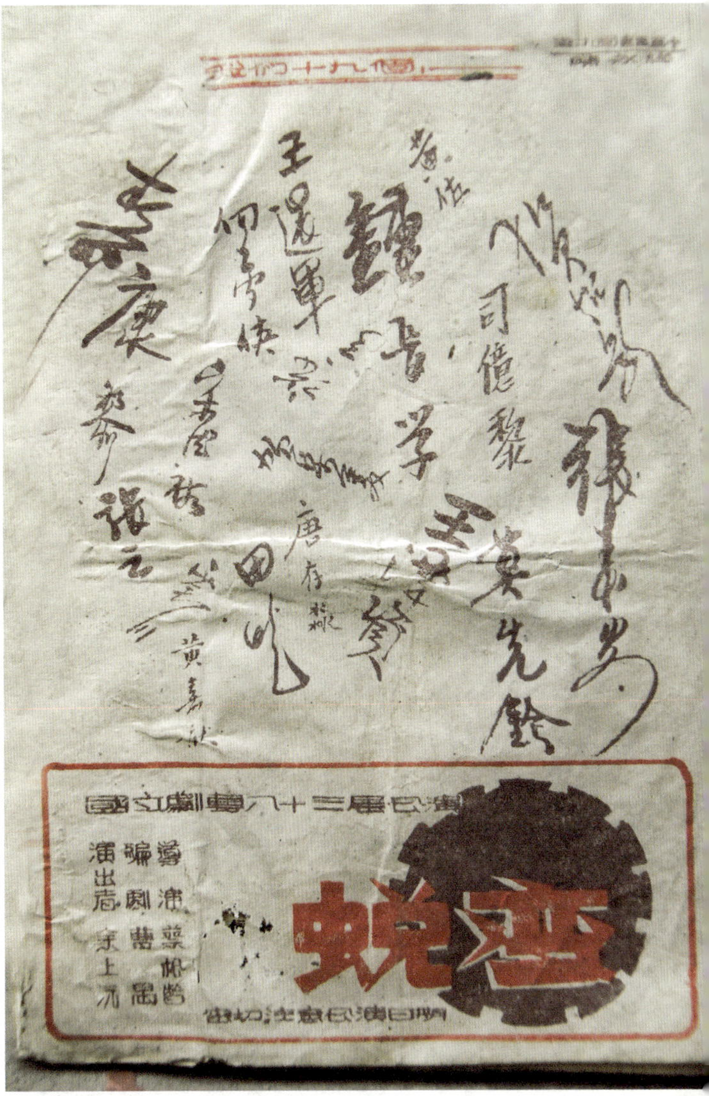

抗战时期，国立剧专八十三届学员公演《蜕变》手册。

安。就在这时，上级派来一位“贤明官吏”、视察专员梁公仰。他暗地查访了三天，发现了医院的弊端。他把官僚院长秦仲宜赶跑了，把胡作非为的庶务主任马登科下了狱，来了个彻底改革。不到三年的时间，使它成为一所规模宏大的伤兵医院。爱国的丁大夫，本来不满这里的腐败而执意离去，但在梁公仰的感召下坚定地留下来，忘我地为抢救伤员而工作。她既是一个忘我献身的医生，又是一位伟大的母亲。这是一部揭露腐朽，催促新生，鼓舞人们抗战的戏。

《蜕变》的遭遇，是曹禺所未能料到的。他满以为写一部鼓舞抗战的剧本，公开上演是不会有什么问题的。但是，《蜕变》的演出却受到国民党当局的百般刁难。

位于四川江安县的国立戏剧专科学校旧址。

由曹禺、张骏祥带着剧组到重庆去演出。但是，一到重庆却遭到冷遇。好不容易把戏院租定了，海报也贴出去了，国民党当局却提出要审查。张骏祥回忆说："《蜕变》公演，国民党图书杂志审查委员会不许演出，戏票已经卖出去了，余上沅奔走，还是要审查。提出十几个地方要修改，曹禺不干。最后由余上沅改了几个地方，才勉强让演出了。图书杂志审查委员会此后大显淫威，就是由《蜕变》开始的。"①

《蜕变》是抗战初期涌现出来的一部比较成功的剧作，它被许多剧团演出，既有专业剧团，又有业余剧团，它的演出效果是极好的。1941年，上海苦干剧团的演出尤为激动人心。据记载："第一场演出，就引起全场爱国热情的高涨，台词不断为雷动的掌声所中断。剧终以后，连续谢幕三次，很多演员和工作人员都在后台激动得流了泪。《蜕变》的演出，经过整整一个月连续满座以后，到11月12 日孙中山先生诞辰这天，观众的爱国热情出现了新的高潮：当结尾剧中人丁大夫向抗日战士讲话时说到'中国，中国，你是应该强的'时候，池座里大声地喊出了爱国口号，一时整个剧场都沸腾起来。闭幕以后，观众还不断鼓掌，许久都不愿意离开剧场。这种情形，当然不能不引起租界当局的注意，到第二天，工部局就横暴地对《蜕变》发出了禁演令。"②由此可见，《蜕变》是多么真挚地反映了广大群众的爱国心声，又是怎样热烈地鼓起群众的爱国热情。

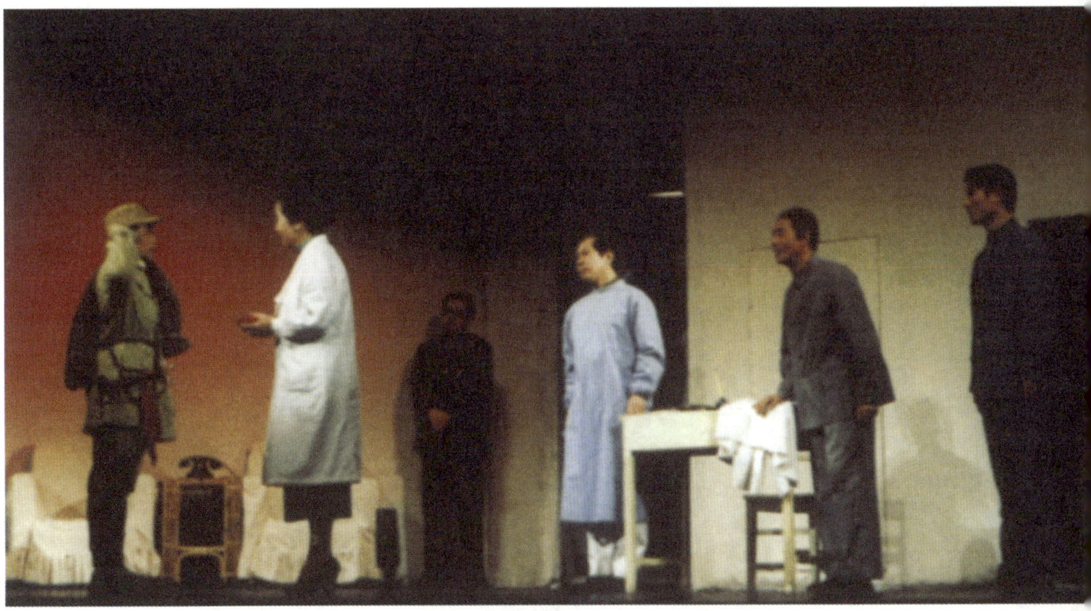

1987年1月北京人民艺术剧院演出的《蜕变》，导演方琯德，主演王德立、严敏求、孙俊峰、张瞳、杨立新等。

①张骏祥同笔者谈话记录，1982年5月30日。

②柯灵、杨英梧：《回忆"苦干"》，《中国话剧运动五十年史料集》第2辑第350页。

曹禺憧憬着中华民族能够在战火中凤凰涅槃，实现真正的蜕变。

十九 方瑞的到来

抗日战争进入了相持阶段。

国立剧校，尽管远离重庆，国民党还是没有放过这个小小的学校。他们把一个叫张秉钧的人派来做训育主任，此人是陈立夫、陈果夫所谓CC派的特务。剧校早就有共产党的支部，如方瑄德、蔡松龄、刘厚生都是党员，迁到江安，剧校党支部归由江安县委领导。这些热血青年，一方面领着学生同国民党进行斗争，同时，也爱护着老师，遵照党的指示，团结老师，帮助老师。曹禺正是他们所敬爱的老师，也是他们保护的对象。

学生们经常跑到他的家里，吃着泡菜、腊肠、糖果，听着曹禺海阔天空地谈文学、戏剧。曹禺，在学生眼里，是一个很随便很随便的人。剧校没有什么篮球场，一个小小的场地，有时一、二十人玩一个篮球，大家争啊抢啊! 曹禺也脱下他的长袍，和学生们一起去抢去争，搞得浑身是土，玩得开心极了。在生活中，学生从来不怕他，因为他个子矮，还叫他“万Dwarf”。

他是很疼爱学生的，他自己年轻，也更能体贴年轻人。有一次，学生闹起风潮来，有个学生把训育主任张秉钧打了。这个学生叫张正安，是班长，打了张秉钧一个嘴巴，学校要开除他。曹禺很同情他，就和陈治策一起为他说情，终于免去了开除的处分。张正安现在已经是70岁的老人了，他写信给曹禺说，“幸亏万老师陈治策老师帮助弄了个留校察看”，“几十年来，我没有忘记过万老师一天。一则是万老师的教诲，再就是对我的爱护。”

曹禺最感兴趣的，是江安的茶楼。坐在茶楼里，要上一壶茶，在那里观察着茶楼里进进出出的形形色色的人物，还有在街上过往的人们。

观察生活是他的习惯。他怀中总是揣着一个小本子，随时把观察到的种种生活景象，人物的言谈动作用笔记下来。每逢江安县城赶集的日子，他就到茶馆里去，这样的机会，他是从不放过的。有一次，他看到一个打扮得衣冠楚楚的人物，使他发生了兴趣，就尾随在这个人的后边。这个人原来是江安的一个大地主，叫黄久安。黄久安发现有人在后面盯住他，人又不认识，很奇怪，有点害怕了，就钻进一个小巷子里，跑到他的一个亲戚家躲藏起来。黄久安的亲戚认识曹禺，就告诉黄久安说："那是剧专的教授万家宝先生，他在观察人物呢！"这才使黄久安放下心来。有一次，他对西街一位做豆腐的老婆婆发生了兴趣，看她怎样推磨，怎么做浆，又怎样点卤，怎样把豆腐压出来。这样，接连观察了三天，天天在那里细细地看着、琢磨着，有时还问问这位老婆婆。似乎连他自己都觉得不好意思了。临走时，他给了老婆婆一些钱作为酬谢。

▫ 正在拆迁中的江安老茶楼，当年曹禺经常在这里观察生活，构思创作。

他对人物是最有兴趣的，只要引起他的兴趣，他就设法了解和接近。张安国回忆说："《北京人》中的人物是有模特儿的，江安有个知名人物，叫赵子钊，在北京当过国会议员，抗战时回到江安。他的女婿周宝韩，是个留德的学生，什么本事也没有，好吃懒做，就住在老丈人家里。周宝韩的祖父是李鸿章手下的一员提督，太平天国时，在清朝军队里。周宝韩是个公子哥，他留学是学工程的，学的也不怎么样，连个职业也找不到。可是，他那种

①张安国同笔者谈话记录，1984年11月。

公子哥的脾气习性却依然保留着，后来，才通过同学关系在昆明空军军官学校当了一个总务处的小科员。他很像江泰。还有一个清朝的秀才，也是江安的士绅，他叫黄荃斋，是个廪生。他和我父亲相识，曹禺就通过我的父亲找到他，向他打听旧式婚姻的礼仪、习俗，问得十分仔细，订婚是怎么一个规矩，结婚仪式又是怎么样啊！怎么闹洞房啊！这恐怕同他准备《家》的创作有些关系。他把这些都记到他的本子上。至今，江安的一些老人中间还流传着曹禺的一些故事。”①

在江安，最使曹禺感到厌恶的是耗子。四川的老鼠是很有名的，人称“川耗子”。江安的耗子是够厉害的，一是个大，二是多，到处都有。在办公室，在家里，都有耗子出没，可谓无孔不入。吴祖光曾专门写过一篇曹禺和耗子的故事，他说：“曹禺最憎恶、最怕的是什么？是耗子。”“耗子给他这么大的刺激不是没有原因的。前两年在一个小城里教书的时候，曹禺已在着手汇集他的历史剧《三人行》的材料，足足有一个厚本子。可是有一天他偶尔打开抽屉时，那本册子被耗子啃得粉碎了。只要我们懂得一个作家怎样珍惜自己的心血，我们自然也会担负一半对耗子的忿恨吧？”“又一回，很冷的一天，早晨在路上碰到曹禺，便一同到学校去。他说胃病又犯了，犯得特别凶，右肩上时时发抖，这病象的确是不寻常的。下了课我回到休息室，他已经坐在那里，说肩上抖得很凶，心里也不好过。所以告诉学生说胃病犯了，早点下了课。说着说着又抖起来了。他用力一按——‘哎呀!’他脸白了，大喊：‘耗子!’不用说我们有多么惊奇!他匆忙把棉袍脱下扔在地上，掩着脸，一溜烟跑到墙犄角。棉袍里子上爬着一只大耗子，已经精神不振，近乎瘫痪状态。当然是因为天气冷，耗子钻进棉袍里去取暖；因为棉袍里子破了，耗子一直钻到棉花里出不来，却不巧被曹

抗战时期的曹禺，神态冷静中透着坚韧，或许他正苦苦思考中国人的现代命运。

禺穿在身上了。”①

吴祖光对曹禺的性格是十分了解的，他曾这样回忆说：“家宝这个人，你同他谈话，他时常出神，心不在焉，你问他，他说他没听见，他让你再说一遍。他根本没听你讲话，他在想他个人的心事，可能正想着戏里的情节。他有一个动作，他右耳上有一个小肉瘤，俗名子耳，他经常摸着这个肉瘤，一出神就去摸它，张瑞芳曾说，这是曹禺的‘灵感包’，一摸它，灵感就来了。他有时还把一张纸叠起来，把顶部揪掉，展开来纸上有一个小洞，他便用这个小孔去套那个‘灵感包’，可笑极了。还有，他在平地上走路也摔跤，是因为他的左腿绊了右腿才摔倒的，可能也是心不在焉的缘故。他看戏的时候，也许他就没看，好戏还是吸引他的。他脑子里总是想他自己的事，他总是‘心有专注’。他胆小，拘谨，怕得罪人。”②

①吴祖光：《鼠祟》，《吴祖光论剧》。

②吴祖光同笔者谈话记录，1982年4月28日。

郑秀的性格和曹禺是不同的，脾气急躁，爱清洁，处处都要干干净净，不大爱看戏。曹禺却是个不修边幅的人，生活上的小事很随便，郑秀常逼着他换衣服、洗澡，他却说：“你要讲卫生嘛，我偏不讲。”郑秀就把水、肥皂、毛巾、换的衣服都准备得好好的，把他推进浴室里，把门反锁上。可是曹禺却偷偷地带了一本书进去，一边看书，一边拨弄着水，发出哗哗的水声。郑秀以为他洗澡了，放心了，就去做别的事情，等到回来，看他还没有洗完出来，打开门一看，原来他抱着书本睡着了。他根本就没有洗澡，这自然使郑秀很生气。但是，你要他改变他的习

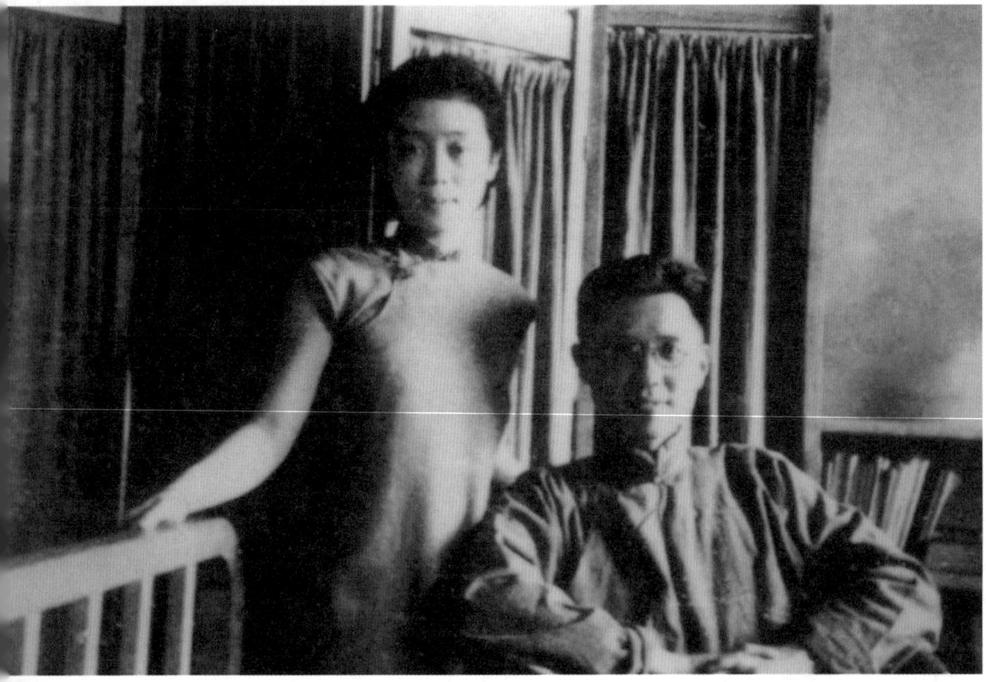

抗战时期的曹禺与方瑞。

抗战时期，曹禺与张瑞芳（左）和方瑞（下）合影。

惯，那也是很难的，他就是这么一个人。

曹禺和郑秀的结合，已经蕴藏着危机，在他们的共同生活中，由于性格、脾气、爱好、情趣的不同，矛盾就逐渐突出起来，感情上也出现了裂痕，对于双方来说，都感到了不愉快。而曹禺的内心痛苦显得更深些，他不会吵架，甚至不说出来，但却是十分苦闷的。大约在这样的时刻，一个年轻的姑娘悄悄地进入曹禺的生活之中。她就是邓译生，又叫方瑞。1940年的夏天，她到江安来看望妹妹，妹妹邓宛生就在剧专学习，表弟方琯德也在这里。方瑞的父亲是个医生，她的叔叔，以及父亲的朋友都是一些教授和学者，像著名的作家杨振声，还有赵太侔等。她没有读过大学，但有着很好的文化教养，练得一笔好字，也善于绘画。据说赵太侔、杨振声这些教授都向她的父亲提出建议，不要送她上大学，就让她在家里读书，似乎是要把她培养成为中国最后一名精谙国学的闺秀。她长相清秀，性格娇柔温厚，不爱说话。她同她的妹妹宛生迥然不同，宛生长得又粗又胖，性格活泼，一刻也不安宁。她一来到江安，就住在方琯德的家里，吴祖光也同他们住在一个大院里，对门便是曹禺的住家。

方琯德、宛生，还有一些学生，常到曹禺家去，译生也跟着他们一起去。这样，便结识了曹禺。

译生的到来，在交往中，她给了他以深刻的印象。在不知不觉、不声不响中，他们在心中相爱了。《北京人》中的愫方，就有着译生性格的投影。曹禺是这样描写愫方的：

抗战时期《北京人》演出剧照。

见过她的人第一个印象便是她的“哀静”。苍白的脸上宛若一片明静的秋水，里面莹然可见清深藻丽的河床。她的心灵是深深埋着丰富的宝藏的。在心地坦白人的眼前，那丰富的宝藏也坦白无余的流露出来，从不加一点修饰。她时常忧郁地望着天，诗画驱不走眼底的沉滞。像整日笼罩在一片迷离的秋雾里，谁也猜不透她心底压抑着多少苦痛的愿望与哀思，她是异常的缄默。

……一种惊人的耐性，……她温厚而慷慨，时常忘却自己的幸福和健康，抚爱着和她同样不幸的人们。然而她并不懦弱，她的固执在她无尽的耐性中时常倔强地表露出来。

她的服饰十分淡雅。她穿一身深蓝哔叽织着淡灰斑点的旧旗袍，宽大适体。她人瘦小，圆脸，大眼睛，蓦看怯怯的，十分动人矜惜。她已过三十，依然保持着昔日闺秀的幽丽，谈话声音温婉动听，但多半在无言的微笑中静聆旁人的话语。

曹禺把他对译生的爱，对译生的一片痴情，还有译生的音容笑貌都写进去了，都写进愫方的性格血肉之中。愫方不等于译生，但可以说，没有译生就没有愫方的形象。

创作是奇妙的，也是不奇妙的；是偶然的，也是不偶然的；是写实的，也是不写实的。许多的因素汇合一起，曹禺又在酝酿着一部新的剧作了。这部新的剧作就是著名的《北京人》。

《北京人》，在曹禺的创作历程中是一个高峰，是他经过很长时间的思索才写出来的。许多人物，许多情景，早就在他的心里孕育着，浮现着。在这出戏里，更深刻地蕴蓄着他对现实的历史的沉思，更真挚地透露着他的希望，也更深邃地体现着他对戏剧美学的追求。

曹禺说："写《北京人》时，我的诅咒比较明确些了，那种封建主义、资产阶级是早晚要进棺材的!他们在争抢着棺木。而这个人世，需要更新的血液和生命。"[①]他还说："也许在写《北京人》的时候，我朦胧地知道革命在什么地方了，但严格地说，那时我仍还根本不懂得革命。"[②]他的回顾是符合他的思想实际的。

战前，他曾经接触过一些共产党人。抗战爆发后，他所结识的戏剧界的朋友也有些人是共产党人，他同他们共事，给了他以深刻的印象。徐特立自不必说了，即使他的学生，那些他所热爱的学生，那些年轻的共产党人，在民族面临生死关头而坚持奋斗的表现，也给他以鼓舞和力量。特别使他难以忘怀的，是周恩来给予他的关怀和教育。还在1938年的冬天，他就收到周恩来亲自写给他的一封长信。周恩来以老学友的身分，用十分亲切的口吻同他谈到抗战的形势和前途，谈到戏剧，并且邀请他到八路军办事处去做客。

周恩来一直关心着和爱护着这个年轻而有才华的剧作家。周恩来，是曹禺的革命引路人。

他隐约地感到，是共产党真正在关心着他，那些年轻的共产党人在热爱着他、守护着他，使他在那暗夜中感到温暖和力量。

《北京人》既蕴含着作家的希望和憧憬，又体现着他的对一种戏剧审美境界的追求和向往。他写《日出》时，就想追求契诃夫那样的戏剧风格；如今，他那种久沉心底的美学向往又涌出来了，他要学点平铺直叙的东西，但又要有着深邃的艺术底蕴。

可以说，《北京人》是曹禺写得最好的剧本了，它的确是一部传世的杰作。

①《曹禺选集·后记》人民文学出版社1978年版。
②《曹禺选集·后记》人民文学出版社1978年版。

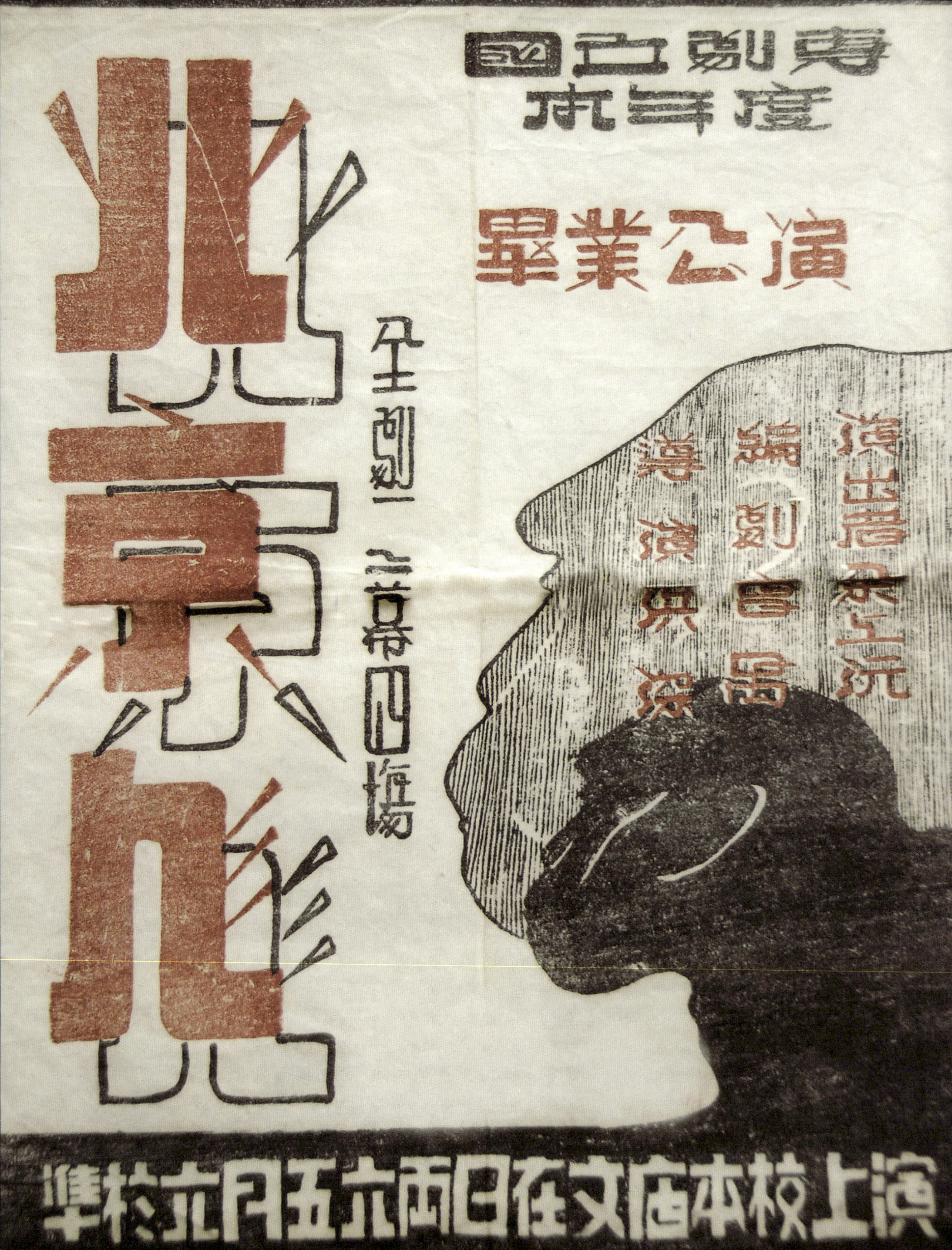
國立劇專
卅年度
畢業公演
北京人
全劇三幕四場
演出者余上沅
編劇曹禺
導演
準於九月五六兩日在文廟本校上演

二十 《北京人》

一部杰作的诞生，决不是一时感情冲动的产物，更不是对现实进行即兴速写的结果。愈是优秀的作品，愈是经过长年的积累、观察、思考和孕育，《北京人》就是这样。

关于《北京人》的素材来源，曾有过种种猜测。曹禺就此也陆陆续续地回答过我所提出的一些问题。他说：

> 我写《北京人》主要取自我的老同学孙毓棠的外祖父徐家。1930年暑假，我和孙毓棠一起参加清华大学的考试，就住在他的外祖父家里。毓棠的外祖父也可以说是清朝的遗老，那时他做着中山公园的董事。每天，他都去中山公园喝茶、聊天，过着清闲的生活。徐家的少爷、小姐不少，但是，家都破败了，夜晚，经常有人把家里的东西偷出去卖。虽然，已经失去了徐家祖辈的荣华富贵和家运旺盛的繁荣，但是徐家的陈设，仍然是十分讲究的，处处都是古色古香，即使房屋的构造、格局，都能看出昔日的威严，栋梁上也留着过去金碧辉煌的痕迹，就像我在《北京人》中所写的。当然，也不都是取自徐家，像曾皓，就有我父亲的影子。①

①曹禺同笔者谈话记录，1982年5月26日。

《北京人》的写作，也可以说是"杂取种种人"。不过，他一向最醉心的还是写出人物性格，特别是写出人物的灵魂。《北京人》就是要写"活人，有灵魂的活人"，能"抓牢"

1942年国立剧专在江安文庙演出《北京人》，此为当时演出时所用的宣传海报。

1957年北京人民艺术剧院演出的《北京人》。

读者观众灵魂的活人。他是这样说的：

你问我《北京人》是怎么写出来的?这是很难用几句话说清楚的，甚至连我自己也说不清楚。不过那时有一种想法，还是要写人。一切戏剧都离不开写人物，而我倾心追求的是把人的灵魂、人的心理、人的内心隐秘、内心世界的细微的感情写出来。这个戏中的人物，大都在生活中有着他们的原型，或者说影子吧。我说曾皓就有我父亲的影子，也有别的人的。我曾看到一位教授，他和一个年轻的姑娘有一些感情上的瓜葛；我看了他是在剥夺别人的感情，这件事曾经使我感触很深。我就是由他的灵魂，引起联想，开掘了曾皓的卑鄙的灵魂，把他内心深处的卑鄙自私挖出来。这个教授并没有多少故事，也没有什么惊险热闹的东西。那时，我碰到一个女孩子，年龄稍大些了，没有出嫁，住在姨夫家里。当然，这个姑娘不像愫方那样，但有些相似吧!就这样把曾皓和愫方连在一起了。

我曾对你说过徐家，那的确是一个大家庭，他家的宅院是一个套院连着一个套院，真是深宅大院。但的确败落了，不知怎么就又和耗子连起来了。这个家就是被耗子咬空了。徐家的少爷、小姐赌博，抽鸦片烟，把家中的东西、古董玩物拿出去变卖，这些少爷就有曾文清的影子，他懒得要死，成天无所事事。守着家，吃，偷、拿、玩，是废物，典型的废物，真像耗子。但是，这些少爷，没有曾文清那样的文雅。对这些人之所以印象深刻，这同我的大哥也多少有些关系，曾文清身上也有我那位大哥的影子。我那位大哥，是学法律的，抽鸦片烟，一辈子什么事也没做成。大概我的父亲也是恨铁不成钢，有一次，父子冲突起来，父亲把大哥的腿踢断了。结果，大哥出走了，从天津跑到东北哈尔滨，过了一冬天，又回到天津来了。他大概也是混不出什么名堂又回来的。但是他又不敢回家。后来，还是母亲把他找回家里。大哥依然故我，恶习未改，他有一次抽鸦片烟又被父亲看到了，父亲就跪倒在他面前说："我是你的儿子，你是我的父亲，我求你再也别抽了！"这些，我都写进去了。①

①曹禺同笔者谈话记录，1982年5月28日

还有一次曹禺带着很沉深的感情，谈到愫方的塑造：

愫方是《北京人》的主要人物。我是用了全副的力量，也可以说是用我的心灵塑造成的。我是根据我死去的爱人方瑞来写愫方的。为什么起名叫愫方，"愫"是她取了她母亲的名字"方素悌"中的"愫"；方，是她母亲的姓，她母亲是方苞的后代。方瑞也出身于一个有名望的家庭里，她是安徽著名书法家邓石如先生的重孙女，能写一手好字，能画山水画，这都和她的家教有关。她是很文静的，这点已融入愫方的性格之中。她不像愫方那样的具有一种坚强的耐性，也没有愫方那么痛苦。但方瑞的个性，是我写愫方的依据，我是把我对她的感情、思恋都写进了

20世纪40年代末方瑞在上海。

愫方的形象里，我是想着方瑞而写愫方的。我把她放到曾家那样一个环境来写，这样，愫方就既像方瑞又不像方瑞了。方瑞的家庭和愫方的家庭不完全相同，她的妹妹邓宛生和她性格不一样，是很开朗的活泼的，当时是一个很进步的学生。袁圆的性格也有她妹妹的影子。没有方瑞，是写不出来愫方的。①

①曹禺同笔者谈话记录，1982年5月24日。
②曹禺同笔者谈话记录，1983年9月14日。

曹禺的剧作，有他独到的艺术经验。但是，倾心于人物，也可以说是历来剧作家所关心的。在生活中，他留心的是人，引起爱憎的也是人。他不是冷静地客观地去写人，他的爱憎，他的痛苦和苦闷都揉进他的人物里。他对方瑞的爱，写成他的愫方，但是，愫方中也有他自己的时代的苦痛。愫方的孤独，也凝聚着他的孤独感，那从小就有的孤独感。他说：

《北京人》中的号声，是我在宣化生活中得来的，那时天天听到号声。每听到这种号声，说是产生一种悲凉感，不是；感伤，也不是；是一种孤独感。我童年常有这种孤独感，这种印象是太深太深了，就写进愫方的感受之中，写到戏的情境之中。②

1957年北京人民艺术剧院演出的《北京人》。

不知是谁说的，作家笔下的人物都有着他自己，他写的每个人物，写的是别人，也是写着他自己，曹禺也是这样。他谈到江泰时说：

江泰是根据我在抗战时在四川的一个小城里，遇到的一个法国留学生作为原型而写出来的。这个法国留学生和他爱人住在他老丈人家里，是一个乐天派。每次见到我，都是东拉西扯，谈得兴高采烈，不像江泰那样满腹牢骚。我父亲还认识一个法国留学生，是研究科学的。在那个时代，搞科学的人是很不得志的，他不会做官，很失意，常常和我父亲在一起穷聊。江泰这个人物就是取材于这些生活中的人物，其中当然也包括我的某些幻想。

思懿这个人物在生活中也有原型，这种人我见得很多。印象最深的是某个学校的校长夫人，嘴很刻薄，但不是那么凶残。剧中其他人物如瑞贞和曾霆也是我在生活中见到的人物。我有一个朋友，他的哥哥三十六、七岁，就有一对十七、八岁的儿子和儿媳，他们叫我叔叔，这对小夫妻缺乏爱情，儿媳经常回娘家去，后来，我听说一个自杀了，一个病死了。我

1957年北京人民艺术剧院演出的《北京人》。

没有把瑞贞和曾霆写成这样，因为我不忍心这样写他们，那样写就太残忍了。我写瑞贞，让她从那个大家庭挣扎出来。①

他说，他的人物都有原型，并不等于他全然按照这些原型去写。他很讲究人物的孕育，讲究人物的创造。他曾说：

一谈到自己的创作，有时觉得自己不是什么都能说得很清楚的。你说神秘也好，你说有点灵气也好，的确是只能意会不好言传的，连自己也不知道这些人物是怎样就活起来。从种种人得来的印象，加上联想，各种各样的东西在头脑中撞击着、化合着、孕育着，从不清晰到清晰，从一两点印象联成一片又扩展开来，人物就逐渐活起来了。我的确讲不出什么大道理来。写《北京人》，开始的时候，也是先有几个人物，愫方、江泰、文清、曾皓这么几个人物，也不是一下子就清楚这些人物有什么深刻的意义，但写着写着就明晰起来。但是，我这点很清楚，一定得把人物写透、写深，让他活起来，有着活人的灵魂。而且，写《北京人》，我有一种想法，就是把人物的灵魂深挖一下，把人物性格的复杂性挖一下。如果说《北京人》和以前几部戏有什么不同，我以为不同之点就在这里。当时，就觉得这些人物的性格有一种吸引人的魅力。是人物性格使我入了迷，吸引着我，像磁石一样吸引着我，不由得使你要按照他们的性格来写他们的感情和行动。这些活动起来的人物，就引着你去写，这才是最有趣味的，但又是复杂的，说不清楚的。②

①曹禺同笔者谈话记录，1983年9月14日。

②曹禺同笔者谈话记录，1982年5月26日。

他不是强调他对自己的创作"说不清楚"，而是一说到时便自然而然地说，他很难说清楚他作品中的一切。这并不是他故意谦逊，也不是故作神秘，事实上，一个作家真正投入创造性的想象思维状态之中而写出来的一切，的确是他本人很难说清楚的。

你很难说清楚，为什么会写出那么一些场景和细节来，会探索出它们的来源。在生活中往往有许多印象，有许多憧憬，等写到那个节骨眼儿上，就冒了出来。所以，你让我把一切都能说个明白，不但现在不可能，我想，即使在写《北京人》时，我也不见得都能说清楚。③

谈到《北京人》的时代背景时，他谈到的戏的"神"和"味"，这就属于艺术的直觉了。他常爱说，如果那么写就"走神"了，就没有"味道"了，他似乎就凭这样一种"神"、"味"的艺术感觉和判断，确定他应该怎么写或不应该怎么写。他说：

《北京人》中，瑞贞觉悟了，最后愫方也醒悟了，她们都从"棺材"里挣脱逃出去了。我清楚地知道她们逃到什么地方，那就是延安。那时是由袁任敢带她们到天津，正是在日本人统治下，检查很严，但是，我不能把日本侵略军写到剧本里去。我明明知道，但不能写，只要一把日本联上，这部戏就走神了。古老的感觉没有了，味道也没有了，非抽掉不可。现实主义的东西，不能那么现实。当然是有日本人的，但戏不能那么去写，一写那些具体的东西，这个戏的味道就不同了。就这点，我和有些人的主张是不一样的。现实主义写时代，不一定把那个时代的事都写上去，时代的感

2006年，李六乙为北京人民艺术剧院导演的《北京人》。

③曹禺同笔者谈话记录，1982年5月26日。

党，表现的方法是不同的。我很佩服茅公，他把他的作品的时代写得那么准确，政治是什么，经济是什么，情况都写上去了，这是茅公的路子。我在江安写这个戏，写的是沦陷区的北平，袁任敢带她们去延安是有路子的。实际上，袁任敢这个人，同我们党是有关系的，他自己是接近共产党或者说是共产党的外围也可以，他装得很受气的样子，我那时就是这么想的，但我不愿这么写出来。袁任敢像戏中那样的表现，也不奇怪。江泰还接受过革命党的影响，他不是也喊打倒一切吗?他也知道瑞贞接近共产党。我不愿把日本人搞到戏里去；否则，戏就变味了。要不就又写成《蜕变》了。[1]

[1]曹禺同笔者谈话记录，1982年5月26日。

我以为，自他写《雷雨》以来，他的《日出》、《原野》，都一直追求戏剧的神韵、味道，或者说是韵味、境界。用他的话来说，既是写实主义的，又不是那么写实的。在这方面，不但体现着他的戏剧美的独特追求，而且积淀着传统艺术的审美文化心理。这些凝聚在他的审美个性之中，是很牢很牢的。《蜕变》是个例外。《北京人》又回到他原来的审美个性追求的轨道上。一个作家的选择和创造，总是有他的一个创造天地，或者说是“基地”，这个基地既有着作家的现实制约，又有着历史的(包括传统的美学影响等等)积累，从而成为这基地的构成的错综复杂的因素，他正是带着这些历史的和现实的血液和乳汁而进行创造的。作家要实现自我超越，都不能不从他自己的基地出发，这其中是隐含着一种必然性的。《北京人》之所以取得成功，在很大程度上体现了这种必然性。他又把他的美学超越目标，审美价值的取向，题材的选择，置根在这个基地之中了。他的那些“感觉”，那种特有的戏剧神味追求，都又为自己再次调动起来，做了淋漓尽致的发挥。不可忽视作家这种潜在的美学素质、美感经验，具体地说，就是中国古典文学艺术中体现的美学传统，在作家的文化心理结构和素质中的积淀。看来，这似乎说不清楚，但却是渗透在他的血液和乳汁之中的。

◫《北京人》书影（1941年，由文化生活出版社出版）

他对《北京人》究竟是喜剧、悲剧还是悲喜剧的看法，最初同颜振奋谈起时，说到过《北京人》的“喜剧空气”，那是他自己顺便谈到的。稍过些时候，他又同张葆莘谈到这个问题：“《北京人》可能是喜剧，不是悲剧，里边有些人物也是喜剧的，应当让观众老笑。在生活中，老子死了，是悲剧；但如果导演处理成为舞台上的喜剧的话，台上在哭老子，观众也会笑。”②

我曾经同他直截了当地讨论过这个问题。他谈得也很爽快：

① 北京人艺《北京人》演出说明书，1990年

《北京人》，我认为是出喜剧。我写的时候是很清楚的，写的就是喜剧。有什么可悲的呢？该死的死了，该跑的跑了。杜家把棺材抢到手里，他家的那个老头子也死了。曾皓还说等到明年开春如何如何，用不着等到明年开春，他也就该死了，他不会活了。应当死的死了，有什么可悲的呢?好人活着，坏人死去，这不是喜剧又是什么呢?当然，它的情调比较低沉。这是时代给的低沉，但是从整个戏剧的基调来看，这是个喜剧。当然不能按照莫里哀的喜剧来衡量它，有各种喜剧，有各种对喜剧的说法。好人得好报，坏人得坏报，恶有恶报，善有善终，这是好事，这也是喜剧。何况在戏中有不少喜剧的资料。它不像《雷雨》那样严肃正经，开玩笑的地方很多。江泰、袁圆都带来许多笑声。曾霆夫妇的离婚，这一对小夫妻很悲

②《曹禺同志谈剧作》，《文艺报》1957年第2期

2006年北京人民艺术剧院演出的《北京人》舞台景照。

哀，但是不离婚，岂不更糟糕!思懿是地道的喜剧人物，她很正经地演出她的喜剧。这个人物在旧社会也不是没有值得同情的地方。但是，她为人很坏，品质不好。如果没有她，这个家早就完了。……这个人一辈子是很可笑的。那么大的年纪还要生个小孩，看来似乎滑稽，但人生往往如此离奇。所以说，人生是复杂的，人物性格也是复杂的。文清那么恨思懿，爱愫方，但是他出走之前，又使思懿怀了孕。如果说过去生曾霆，那还是可以理解的，怎么又要添第二个孩子呢?这怎么解释?看来是很奇怪的。世上的事就是这么复杂。有所谓"怨偶"，夫妻天天吵架，甚至到互相仇视的地步，但是，又在一起生上多少个孩子。

我觉得《北京人》是一出喜剧，正如我认为《罗密欧与朱丽叶》是喜剧一样。《罗》剧中不少人死了，但却给人一种生气勃勃的青春气息，所以是喜剧。我觉得喜剧是多种多样的。莎士比亚的喜剧是浪漫的喜剧，针对社会的现实，又在幻想中对人性进行描写或做善意的嘲讽。莫里哀的喜剧是针对当时的社会和宗教，针对当时贵族人物和暴发户的丑态进行讽刺，从中找出许多可笑的地方加以对比，成为喜剧。果戈理的喜剧带有沙俄时代的风味，只有沙俄时代才会产生《钦差大臣》这样的喜剧，他对沙俄时代的官僚政治进行辛辣的尖锐的讽刺。总之，喜剧都是使人发笑的，使人感到人性的可笑，行为的乖谬和愚蠢。我说《北京人》是喜剧，因为剧中人物该死的都死了，不该死的继续活下去，找到了生路，这难道不是喜剧吗？①

①曹禺：《我的生活和创作道路》。

曹禺自己对《北京人》是喜剧的看法，既有他当时创作时的审美感受，又有着后来的思索，但是，学术界、戏剧界却对此有所争论。这是可以理解的。然而，作家对自己创作的审美感受，却是值得令人探索的，起码它可以启示人们去揭开《北京人》戏剧内涵的丰富性和复杂性，去把握它的创作特色，更好地理解它的戏剧创作历程中的发展变化。

1941年10月24日，《北京人》在重庆抗建礼堂首次公演，导演张骏祥，张瑞芳饰愫方，江村饰曾文清，沈扬饰曾皓，赵蕴如饰曾思懿，耿震饰江泰，邓宛生饰袁圆，傅慧珍饰陈奶妈，蒋韵笙饰曾文彩，张雁饰袁任敢。这出戏公演之后，轰动了重庆，接连演了三四十场。

《新华日报》最早刊登了柳亚子先生的《<北京人>礼赞》(1941年12月13日)，这是一篇用诗歌写的剧评。他对《北京人》的主题做了富于诗意的概括和发挥。

旧社会，已崩溃；新世界，要起来!只有你，伟大的北京人呀，继承着祖宗的光荣，还展开着时代的未来。

破碎的大家庭，已面对着不可避免的摧残!老耄的白发翁，还依恋着古旧的棺材！长舌的媳妇，自杀的懦夫，都表现着旧社会的不才!只有伟大的北京人呀!一分力，一分光，正胚胎着时代的未来!

多情的小姐，洗净她过去的悲哀!被压迫的小媳妇儿，冲破了礼教的范围!跟着你，伟大的北京人呀!指点着光明的道路，好走向时代的未来。

茅盾没有看到演出，他读到这个剧本便写了一篇简短的剧评，他的看法是颇有见地的。

北京人民藝術劇院演出

三幕四場話劇

作劇 曹禺

導演 田冲

設計 王文冲

①茅盾：《读<北京人>》，1941年12月6日《大公报》（香港）

他以为《北京人》“作者又回到从来一贯的作风。这是可喜的”。他还说，曾皓、曾文清、江泰等“这一群人物，写得非常出色，每人的思想意识情感，都刻写得非常细腻，非常鲜明。他们是有血有肉的人物，无疑问的，这是作者极大的成功。”“曾家一家人的无色彩的贫血的生活，就像一个槌子，将打击了观众的心灵，使他们战栗，当然亦将促起他们猛省，用更深刻的一点眼光看看他们周围的社会和人生。不，绝不能低估《北京人》的价值，低估它的社会意义。”①大概，这是最早对《北京人》的评论了。当然，茅盾也提出了问题，一是袁家父女，“他们的思想意识，在我们这个社会里，相当于哪一类人？”二是“究竟在养心斋以外的世界是怎样一个世界，是什么变化在进行着？我们还不能得到一个明晰的印象。”三是“‘北京人’既是象征，他象征了什么？”

出现评论较多的时候是在1942年再度公演之后。此次再演，同首演间隔不久，只有两个多月，即在1942年2月，它依然“轰动着重庆爱好戏剧的观众”。据张瑞芳回忆说：“周恩来同志几次去看了演出，他很喜欢这出戏，印象很好。记得他还对曹禺说过：‘你还在向往原始共产主义哪，我们现在已有了延安了。’他虽然提出了意见，却并没有要求曹禺修改。”②《新华日报》发表了茜萍的《关于<北京人>》，似乎是针对抗战八股式的批评，着重肯定了《北京人》的社会意义：“抗战期间固然应该多写活生生的英勇战绩和抗战人物，但也不妨写些暴露旧社会黑暗面的剧本，去惊醒那些被旧社会底桎梏束缚得喘不过气来的人们，助之走向太阳，走向光明，走向新的生活。”③

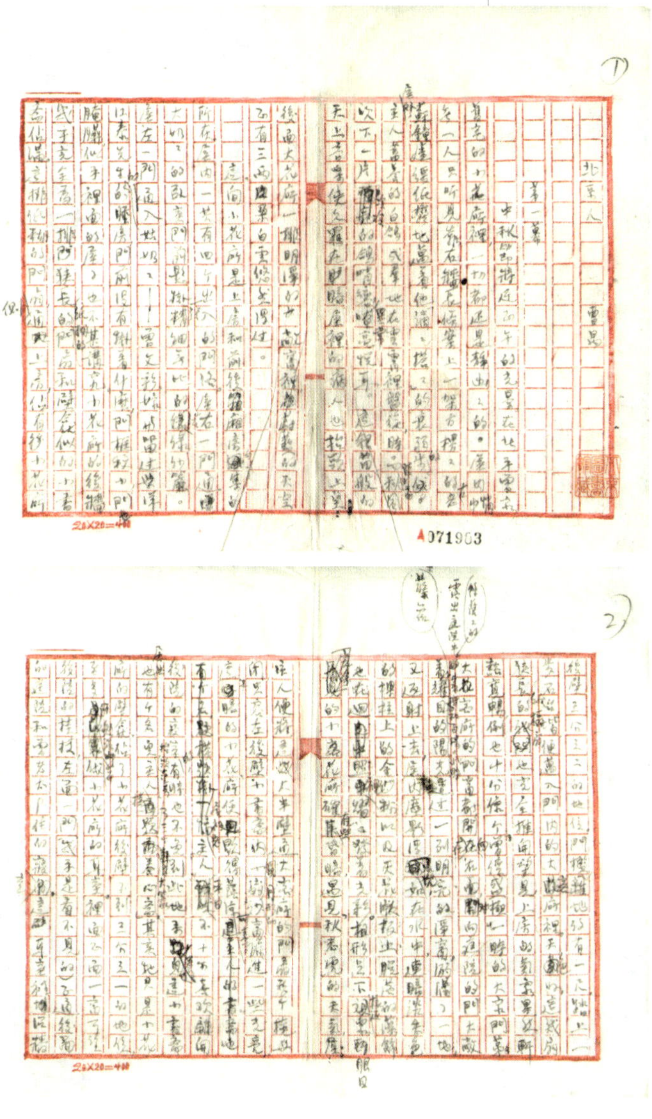

《北京人》手稿

②张瑞芳谈话记录，1983年2月17日。

③《关于<北京人>》，《新华日报》1942年2月6日。

曹禺与巴金是灵性相惜、魂魄相通的挚友，从相识到离世，他们的友谊一直延续。这是两人晚年时的合影。

二十一　改编巴金的《家》

江安的生活是清苦而单调的，眼看着黄佐临、金韵芝夫妇走了，张骏祥走了，同他朝夕相处的朋友一一离去，曹禺的孤独和寂寞是可想而知的，因而家庭生活带来的痛苦便显得格外突出了。他有着爱的慰藉，但却藏在心里，这种爱近在咫尺，但又隔着万水千山。

也许可告慰于他的，是创作。《蜕变》出版了，这是抗战以来出版的第一部剧作，好不容易啊!在那纸张匮乏，出版业凋零的情况下，他的老朋友巴金把《蜕变》印了出来，这已使他感激莫名了。但更使他感动的，是巴金亲自为《蜕变》写了《后记》。这《后记》凝聚着巴金真挚的友情，真像一团火，温暖着曹禺的心。

1988年4月，曹禺与挚友巴金在上海的寓所。

1940年11月初，江安的冬天是很冷很冷的。巴金来了，曹禺知道他从上海到重庆，就约这位老朋友到江安来玩玩。几年不见了，好像都发现对方又苍老了些似的。巴金一路风尘仆仆，特地跑到这个偏远的小县城，看望这个他尊重而亲爱的老

20世纪40年代年演出的《家》。

20世纪40年代年演出的《家》。

弟，他们有说不完的话。从战争开始，他们就没再见面了，三年的光景，比30年还要漫长。战时的兵荒马乱，凄怆逃亡，每过一天，都使他们带着深重的忧虑和不安。忧国忧民的焦虑，呕心沥血的呐喊，分分秒秒都未曾偷闲。他们不是在前线浴血奋战的士兵，却像士兵那样在战斗着。

在曹禺写作的小房间里，在幽暗的灯光下，在夜色的朦胧中，谈着，不停地谈着。这大概是人生中最高的享受了。巴金把吴天改编的《家》的剧本带来了，曹禺读过感到不满足，便谈到了《家》的改编，他要亲自改编一版，大概曹禺是想以此为他们的友谊再添上一把火。对巴金来说，这自然也是最快慰的。如果说，巴金这次来江安有什么收获，那就是他又催促着一部新的剧作的诞生。曹禺谈到这次同巴金的会面时说：

巴金到我家来了，把吴天改编的《家》带来了。我看过，觉得它太“忠实”于原著了。我和巴金是多年的老朋友了，我心想应该由我来改编，不能说是他请我来改编，我也意识到这是朋友间油然而生的责任，我说我试试看，巴金是支持我的。他的小说《家》我早就读完，但我不懂得觉慧，巴金跟我谈了他写《家》的情形。谈了觉慧、觉新、觉民这些兄弟，还告诉我该怎么改。

巴金这次来江安，我们谈得太投机了。每天都谈得很晚很晚，虽然是冬天，小屋里只有清油灯的微光，但是每次想起来，总觉得那小屋里很暖很暖，也很光亮。①

①曹禺同笔者谈话记录，1982年5月26日。

巴金的到来，给曹禺带来友谊的温暖和关怀，也给他带来新的创作课题，开始了他对《家》的改编的酝酿。但是，江安的环境是越来越险恶了。

“皖南事变”不久，中共川南地下党组织就遭到破坏，国立剧专也成为国民党特务监视的重点。

一天，江安的宪兵队突然闯入曹禺的家中，搜走了他的所有信件，检查了他的书籍、杂物。此后一个30岁左右，身材干瘦，穿中山装的人，每天都到曹禺家里来，老是和曹禺闲扯，问东问西，古今中外，亲戚朋友，什么都打听。曹禺外出，这个人也总是跟随着他。过了几天，他的几个学生就被捕了。那时，曹禺自以为是个“不问政治，不惹是非”的人，但他竟然遭到搜查追踪，对这种黑暗

1941年延安鲁迅艺术学院演出《日出》剧照。

延安演出《日出》剧照，陈白露由李丽莲扮演。

①钟敬之：《延安鲁迅艺术学院概貌侧记》，《新文学史料》1982年第2期。

统治更深恶痛绝了。他不知道因为什么来搜他的家，后来才知道，是江安宪兵队截获了延安鲁迅艺术学院给他发来的一份电报，祝贺《日出》在延安公演成功。

1940年，毛泽东同志找到鲁迅艺术学院的负责人张庚，同他说，延安也应该演出国统区著名剧作家的剧作，认为《日出》就可以演，并且提出这个戏应该集中延安的一些优秀演员来演，要把戏演好，还应当在剧组建立临时党支部，参加演出的党员都要在这个支部里过组织生活，以保证把《日出》演好。

经过一段紧张的筹备排演，《日出》在延安上演了，演出的效果是很好的。①于是，以鲁迅艺术学院的名义给曹禺发了贺电。江安宪兵队截获到这份电报后，便以此作为“通匪罪证”，搜查了曹禺的家。搜家时，恰好曹禺不在江安。宪兵队是不可能发现什么的，但这件事却使他感到江安是不便久住了。

曹禺所热爱亲近的学生逃的逃了，被捕的被捕了。他所亲近的朋友也都陆续离开了江安。他感到江安的肃杀，感到剧专的萧条，终于于1942年初辞退剧专的职务，到重庆去了。

自然，重庆迎接他的也并非是一个安乐的世界，依然是昏沉的夜，恼人的雾。为了生计，他应复旦大学之聘，去那里讲“外国戏剧”，也讲授英文。

曹禺的生活是更加清苦了。除了上课，把主要精力都投入《家》的改编的准备之中。他既然向巴金做出承诺，就想一定把它改编好。一次，他遇到张瑞芳，说：“我要给你写个角色!”那时，他已想好了，瑞珏得由张瑞芳来演。因为，在《北京人》的演出中，他对张瑞芳扮演的愫方是十分满意的，他以为她具有一种塑造性格的艺术气质和表演才能。

重庆的夏季闷热得令人难耐。曹禺从小就怕炎热的天气，一到夏天，就光着上身。重庆的夏季像蒸笼一样，坐在哪里都要流汗，这种气候是无法写作的。张骏祥知道他正在写《家》，就为他找了一个适宜写作的地方。

在重庆东边十多公里的地方，长江边上的一个小码头——唐家沱，这里停泊着一艘轮船。张骏祥同船长说好，为曹禺在船上找了一个空房间，并嘱咐船长照顾好曹禺。就这样，曹禺就搬到这艘江轮上来住。

唐家沱，确是一个幽静的地方。长江两岸高山耸立，江水汩汩地流着，清爽的江风阵阵吹来，有时，使人忘却正是炎热的夏季。从山上不时传来杜鹃的啼叫声，愈显得这里的静谧和安适。特别是清晨和夜晚，更是出奇的宁静。而在月夜中，一轮皓月当空，映着长江流水，真是一个诗的境界。

在江轮上，大约住了三个月，度过了整整一个夏天。他沉浸在写作中，就觉得日子过得很快，好像一天没有写出多少，就匆匆过去了。偶尔，张骏祥、吴祖光、张瑞芳、余克稷来看望他，朋友聚在一起，热闹一番，使他得以松弛一下。但最能给他以慰藉的就是方瑞的来信了。那时，方瑞已成为他“所爱的朋友”。还在写《北京人》时，方瑞就为他抄写稿件了，间或也做些小小的改动。看到那清秀的笔迹，就像看到她的人一样。方瑞的信来了，

1984年4月北京人民艺术剧院演出的《家》。

抗战时期中华剧艺社演出《家》时的宣传册。

抗战时期新中国剧社演出《家》时的宣传册。

厚厚的一叠稿纸，把抄好的《家》的片断寄来，当然，还有她的关怀和友爱。曹禺把《家》写出一个段落，就把手稿寄给她，由她抄好再寄回来，这大概就是他们借以互相鼓励、互相爱慕的一种方式了。一封又一封的信，给他带来的是春天的气息，温柔的暖意。每当他坐在餐桌上，进入写作的情景之中，这种爱的芳馨也渗入剧作中来，特别是瑞珏的形象和他“所爱的朋友”粘连在一起了。

这次改编《家》，他是颇费踌躇的。他喜欢巴金的小说，但是，又该怎样改编呢？他说：

吴天那个本子不怎么好，一点也不改，完全按照原小说的样子。我反复读小说，都读得烂熟了。我写时，发现并不懂得觉慧，巴金也曾告诉我该怎么改，很想把觉慧这个形象写好。最后，觉慧反倒不重要了，瑞珏、觉新成为主要的了。重要的是，我得写我感受最深的东西，而我读小说《家》给我感受最深的是对封建婚姻的反抗，不幸的婚姻给青年带来的痛苦。所以，我写觉新、瑞珏、梅表姐这三个人在婚姻上的不幸和痛苦，但是，我写剧本总不愿意写得那么现实，写痛苦不幸就只写痛苦不幸，总得写出对美好希望的憧憬和追求。改编《家》时也是这样一种心情。①

巴金的《家》，内容是丰富的，但逗起他兴趣的却是那些年轻人爱情的挫折和婚姻的不

①曹禺同笔者谈话记录，1982年5月26日。

幸。梅表姐和觉新的纯洁的爱情，为封建的孽障葬送了，梅表姐的抑郁而死牵动着他的心。他觉得瑞珏是最无辜的，嫁到这个大家庭来，她的心地是那么美好，她爱着觉新，又同情觉新的不幸，但她也不能逃脱封建的魔爪而悲惨死去了。于是，觉新、瑞珏和梅表姐这三个人物的命运及其间的纠葛，使作家找到一个倾吐他内心深切感受的泉口。他不得不割舍了小说《家》中的一些内容，像觉慧所参加的斗争、学潮、兵灾等都只能退到背景中去了。

《家》是由中国艺术剧社首演的，时间在1943年4月8日，地点是重庆银社，导演章泯，由金山饰演觉新，张瑞芳饰演瑞珏，凌琯如饰钱梅芬，舒强饰觉慧，沙蒙饰高老太爷。该剧接连上演两个月，可谓盛况空前。《家》以其迷人的艺术力量征服了观众。

张瑞芳和金山主演的《家》。

1941年曹禺与两岁长女万黛在江安。

二十二 最后一次登上舞台

大约在改编《家》的时候，张骏祥就约他翻译莎士比亚的名剧《罗密欧与朱丽叶》，曹禺欣然接受了这个任务。

也许，你很难找到曹禺哪部剧作直接而明显地受到莎士比亚的影响，但是，可以说他的每部剧作都渗透着这位伟大剧作家的艺术精髓。像莎士比亚的诗情，那是曹禺在创作中所追求的，在《雷雨》、《日出》和《北京人》中都可看到这种一贯的追求。像《日出》中对金钱社会的鞭挞，难道不闪烁着莎士比亚的《雅典的泰门》中那种诗情!而话剧《家》更可看到莎士比亚诗剧的影响。莎士比亚对复杂人性的探索更吸引着曹禺。在这次翻译中，显示了他对《罗密欧与朱丽叶》的独特的感受和见地，他说："我以为这个悲剧充满了乐观主义的情绪，并不使人悲伤。只是像4月的天，忽晴忽雨；像一个女孩子一会儿放声大笑，一会儿又倚在你的肩膀上低低地哭泣起来。"[①]他是以他的诗人的心灵去感受着这位伟大剧作家的作品的，因此，他独具慧眼，从中把握着这出悲剧中的美学的特色。他在翻译中，把他的这种感受也融入整体戏剧气氛和具体的文字之中。

翻译文学作品，并不是一件轻而易举的事情；优秀的译作，如同创作一样。《罗密欧与朱丽叶》的翻译，闪现着曹禺的才华和诗情，他译笔优美流畅，独具一格。柯尔律治曾说"莎士比亚有意使《罗密欧与朱丽叶》接近于一首诗，这一点可以从贯穿在剧中的众多押韵的对句中看出来"[②]而曹禺正是把它作为一首诗来翻译的。不但体现出莎剧诗的神韵，而且

①曹禺：《罗密欧与朱丽叶·前言》。

②《关于莎士比亚的演讲》，《莎士比亚评论汇编》(上)第144页。

把它的节奏和韵律也翻译出来了。

1942年底，在山城传出了“曹禺要演戏了”的消息，这成为当时一条重大的社会新闻。

他到重庆这一年，可以说是马不停蹄。教书，参加社会活动，翻译剧本，创作剧本，如今又要演戏。尽管他已经多年不演戏了，但是他仍然不忘情于演戏。舞台曾是他的摇篮，也像一块磁铁，吸引着他去创造。越是离开舞台久了，舞台越是具有一种诱惑力。那种创造角色的愉悦，那种同观众一起直面交流的情景，曾给曹禺带来多少美好而难忘的回忆啊!

抗战时期曹禺将莎士比亚的剧作译成中文《柔蜜欧与幽丽叶》，此为演出剧照。

他早就读过贝拉巴拉兹的《安魂曲》，他读的是英文本。这个剧本并不能说是十分杰出的剧作，但是，它却有一种感人的力量。这因为莫扎特的事迹本身就是感人的，这位伟大的音乐家具有令人惊异的音乐天赋，五岁时便写出一首钢琴协奏曲。姐姐也有着音乐的才华，父亲带着姐弟两个到欧洲各地进行演出，在慕尼黑，在巴黎、伦敦、荷兰……到处都赢得帝王的喝彩。过早的成名，却往往带来悲剧。尽管莫扎特的曲子到处为人演奏，他的歌剧令观众倾倒，可是贫困和饥饿一直伴随着他。莫扎特连一个职位都谋不到，那些王公贵族们只不过把他作为自己享乐的工具，那些富豪们把他当作摇钱树，拼命榨干他身上的血。《魔笛》演出200场，巨大的收益都流进了诡计多端的席坎内德尔的腰包。贫困饥饿严重损害着他的健康，吞噬着他的生命。35岁的时候，这位伟大的音乐家便悲惨地离开了人世。临死前，他为了生计不得不接受一个陌生人的委托，请他谱写一首安魂曲——为死者所作的弥撒音乐。是谁委托他写的，那位陌生人拒不透露。那时，一个极度富有而好虚荣的贵族，常常要著名的作曲家谱曲，然后却签上自己的名字，这个陌生人正是受一个贵族的派遣，为他死去的妻子作安魂曲的。莫扎特接受了，他知道自己的生命即将结束，他说：“我是在为自己谱写安魂曲。”但是，《安魂曲》未能完成，他便在一次高烧中终结了他年轻的生命。他所留下的遗物只值38美元，而他献给人类的，却是他那永恒的音乐——巨大的精神财富。贝拉巴拉兹的《安魂曲》，是紧紧地环绕莫扎特的死而写的，特别是最后一幕，写得诗意盎然，充满哲理，感人至深。曹禺是深深地被感动了。他年轻时，就喜欢莫扎特的音乐，而莫扎特的天才和他的悲惨遭遇，曾激动着他的心灵。最初，他翻译过这个剧本，是根据《苏联文学》英文版翻译的，在翻译中他对这出戏有着一种迷恋。当他接受莫扎特这个角色，他是非常高兴的，一种创造角色的激情又在他心中燃烧起来。

这次，曹禺又是接受老友张骏祥的邀请，他们再一次合作，不过，不是张骏祥导演他写的戏，而是在张骏祥导演下演戏了。

张骏祥决心把《安魂曲》搬上舞台。焦菊隐译出了剧本，很快就把剧组建立起来。据吕恩回忆，参加《安魂曲》演出的人员有：曹禺饰莫扎特，沈扬饰莫扎特的父亲，赵韫如饰莫扎特的姐姐兰柔儿，路曦饰莫扎特夫人康士坦绿，耿震饰剧场经理席康奈德，张瑞芳饰爱洛霞，吕恩饰女裁缝兼跳舞者，邓宛生饰爱洛霞的妈妈；此外，刘郁民、施超、冼群、方瑄德都参加了演出。

张骏祥、焦菊隐和曹禺这三位戏剧大师合作得十分融洽，使年轻人得到一次很好的学习机会。排演这出戏是很困难的，官方百般刁难，不准动用中青社的财务。演出资金是电机工程师余克稷从多方筹集来的，他担任了此剧的“演出者”。名义用的是怒吼剧社。经过20多天的紧张排练，于1943年1月9 日在国泰戏院首演。

曹禺沉浸在他的角色之中。那时，他也像莫扎特一样，过着贫困的日子，也曾尝过像莫扎特经受王公贵族统治的味道。艺术家的心灵总是相通的。他崇敬莫扎特，用心体验莫扎特，莫扎特的形象激励着他。剧中柯大主教逼着莫扎特回到沙尔兹堡去，莫扎特一再申诉着他的请求，恳请大主教不要拒绝他的请求：

柯大主教(大声叫出)　我永远不能把我这宝贵的工具让给任何人!你是一架琴，上帝把这架琴交在我的手里，就应该由我来替上帝尽责。

莫扎特(直率)　可是大人，我不是别人随便弹弄的一

曹禺在《安魂曲》中扮演音乐天才莫扎特。

架琴，音乐是从我心灵里发出来的，是我的心的声音。

这几乎喊出了曹禺的心声。在《蜕变》的审查中，他饱尝了统治者扼杀艺术、扼杀艺术家心灵的滋味，面对着审查官老爷的挑剔，他也是一样的痛苦啊!莫扎特没有在大主教前低下他那高贵的头，他喊出了："大人，我不去!"演到这里，曹禺的心里感到一种痛快，一种骄傲。

在演出中，最使他激动的，莫过于最后一幕了。莫扎特知道自己的生命就要结束了，但是，他在病中作曲，他早已把病置之度外。那些关心他的朋友劝他不要再作曲，不要再跳舞，不要再喝酒。格蕾特那样惊异地问着莫扎特："您怎么可能这个样子呢？刚才您自己说，您的生活多么艰难，多么悲痛，可是您写出来的音乐，怎样又像夜莺，像百灵鸟，像春天那样的快乐？"莫扎特回答说：

我的小格蕾特，生命既不是悲哀，也不是苦痛，那才不是生命呢。生命是你亮亮的眼睛，你的美丽的嘴唇；是天上的云彩；是有月亮的夜晚；是秋天的树叶，快乐地披上了灿烂的衣裳；是拉斐尔的图画，是巴拉士坦的合唱。美呀，美呀，生活是多美啊!不过在它上面，都压上了许多沉重的锁链，多少妖魔鬼怪，吸尽它的血，折磨它，压迫它。但是我的音乐是从生命的最深源泉发出来的，这些怪物没有法子靠近它。生命在歌唱，不顾一切地在歌唱。总有一天它从脚镣手铐的捆绑中解放出来。那时候，它就自由了，充满了快乐，像音乐一般地光明起来!不过我，我活不多久了!

这是一曲充满诗意的动人的生命之歌。曹禺在他的《北京人》中也曾唱过他自己的生命的歌，探索着人生，思考着人生。好像这首生命之歌就是从心中深处唱出来的，又像泉水一样渗入他的心田。每演到这里，他那明亮的眼睛闪烁着动人的光芒。

莫扎特的生命到了最后一息，他还在指挥着人们唱他的《安魂曲》，朋友们为这乐曲深深感动了，抑制着眼泪，不能再唱下去了。莫扎特说：

啊！可怜的朋友们，……你们的心太沉重了，那是唱不好的呀。我这些调子，有一天会给自由快乐的人们唱的。你们为什么哭呀?这不过是音乐呀!过去的一切，也都是“音乐”啊。无论如何，生命是美丽的……

就这样，莫扎特的眼闭上了，一个伟大的生命，一颗伟大的灵魂安息了。曹禺同我曾这样谈到：

演到莫扎特生命的最后一息，似乎连自己的生命和灵魂都来了一次升华。我喜欢这出戏，我喜欢莫扎特这个形象。写一个角色和演出一个角色都要用自己的心灵去创造。我演得不够理想，但我确是用我的全部心灵去拥抱这个角色。演过这出戏之后，我再也没有演戏了。①

张瑞芳曾经这样回忆《安魂曲》的演出，她说：“当时金山想演莫扎特这个角色，但张骏祥请曹禺来演，路茜演女主角。曹禺的道白很精彩，在他同女主角的一段对白中，他的表演十分有感情。曹禺在排练中台词发挥得很好，只是上台后，因音量提高，稍嫌逊色。曹禺对外国人的生活习惯和性情心理体会很深，所以他演的莫扎特味道十足，连外国人看了也很满意。”②评论家刘念渠对曹禺这次演出的评价很高，他说：“曹禺不仅表现了一个音乐家莫扎特的形象，而且表现了一个受难者的灵魂。……在莫扎特这个人物中，他注入了自己的感受和体验，注入了自己的生命和灵魂，水乳交融地流泄着、迸发着。是这样的，他使这个人物有了深度。”③这个评价是中肯的。

最动人的，也是令人难忘的，是陶行知先生看了《安魂曲》后，他感动得流了热泪。他知道第二天是《安魂曲》最后一场演出了，便连夜赶回育才学校。更深夜半，敲响了钟声，把“孩子剧团”的同学集合起来，向他们讲了他看《安魂曲》的感受，要求学生从学校所在地——草甸子出发，步行一百里赶到重庆城里去看《安魂曲》。这些孩子们坐在戏院楼上的台阶上看完了这出戏，使演员们十分感动。曹禺回忆此事时说：“我为陶行知先生这种精神感动了，也为孩子们的精神感动了。”陶行知夜半敲钟去看《安魂曲》，在重庆一时传为佳话。④

①曹禺同笔者谈话记录，1983年9月13日。

②张瑞芳同笔者谈话记录，1983年2月17日

③《唤醒人类为幸福搏斗——评<安魂曲>和它的演出》，《十三年间》。

④曹禺同笔者谈话记录，1983年9月14日。

二十三　创作的危机

从1941年10月的“雾季公演”，到l942年5月，在重庆共演出30多出话剧，迎来了重庆话剧运动、也是中国话剧史上的黄金时代，而《屈原》的公演则是它的高潮。

正是在这样的一个黄金季节，曹禺的剧作一部又一部地被搬上舞台，《蜕变》、《北京人》、《家》、《正在想》、《镀金》，还有《雷雨》、《日出》和《原野》，为这黄金时代增添着热闹和光彩。

1943年1月，一个戏剧刊物《戏剧月报》创刊了，曹禺、郁文哉、凌鹤、贺孟斧、陈白尘、赵铭彝、陈鲤庭、张骏祥、潘孑农九人组成了编委会，在创刊号的“本报特刊稿件预告”栏中，公布了曹禺的《三人行》即将问世的消息，曹禺还写了一篇《创作经验谈》。同时，他还投入《安魂曲》的排练和演出。2月19日，他应邀到上清寺储汇大楼重庆储汇局同人进修服务社演讲，题为《悲剧的精神》；2月28日又在重庆文化会堂发表演讲，题目是《我们的学习》；3月27日，他出席了文艺界抗敌协会第五届年会，在这次会上当选为理事。从这繁忙而紧张的日程中，可看到他的满腔热忱。但在那种交织着欺诈压迫的黑暗年代，他心中更多的是愤慨和激怒。面对着令人愤慨的现实，他依然像过去一样，更加热情，更加深刻地思索，也更加明确了应该歌颂什么和反对什么。他的讲演《悲剧的精神》，可以代表他当时的心情，也表明了他的态度。他好像是讲戏剧美学，而实际上却紧紧地抓住现实，进行抨击和批判，明白地提出在那抗战的艰苦年代，到底需要怎样一种“悲剧的精神”。

他猛烈地攻击这种庸人的“悲剧”；同时，他又正面提出，真正的“悲剧”究竟是什么。他说：

我说的悲剧是另外一种。它是抛去猥琐个人利害关系的。真正的悲剧，绝不是寻常无衣无食之悲。一个小公务员，因为眼前困难，家庭负担重，无法过下去，终日忧伤，以至病死。青年追求爱人，一再表演，都被拒绝，终于跳江自杀。这些能称为悲剧吗?他们除了表现个人的不幸外，与国家、社会没有任何其它内在关系，这不能称为悲剧。悲剧要比这些深沉得多，它多少是离开小我的利害关系的。这样的悲剧不是一般人能做它的主角的，有崇高的理想，宁死不屈的精神的人，才能成为悲剧的主人。

在阐明什么是“真正的悲剧”，什么样的人才能成为“悲剧的主人”之后，他进一步地提出“悲剧的精神”的课题，也就是这次演讲题目的主旨，他说：

悲剧的精神，应该是敢于主动的。我们要有所欲，有所取，有所不忍，有所不舍。古人说：“所爱有甚于生者，所恶有甚于死者。”这种人，才有悲剧的精神。不然，他便是弱者，无能。无能的行为，反映到文章上，号悲诉苦，乞怜于恶人、敌人(无论是自然的、社会的、政治的)的脚下，便是可笑的庸人，不是悲剧中人物。不想轰击现实，一再忍受无理的摧残，不想举起刀剑反击，那是一只躲进洞里、永不见阳光的耗子，是令人厌恶的动物。活着，像一条倒卧的老狗，捶下去不起一点反应，从这里怎能生出悲剧?

在他看来，莎士比亚笔下的勃鲁托斯才具有“悲剧的崇高精神”，屈原是有悲剧精神的，诸葛武侯是有悲剧精神的，岳飞、文天祥也是有着可歌可泣的悲剧精神的。接着，他就阐发了“究竟怎样才是悲剧的人物”的问题。

这篇讲演是值得注意的。它决不是曹禺一时心血来潮随意谈出来的，一方面体现他的悲剧美学思想，有一种朝着英雄悲剧转变的倾向。他所倡导的“悲剧的精神”，他所阐述的“悲剧的人物”的内涵，同他以往创作《雷雨》、《日出》、《家》所体现的悲剧美学思想不同了，倒是同郭沫若的《屈原》所体现的悲剧美学思想有着共通之处。就在这篇讲演中，他不止一次谈到屈原的悲剧精神，认为“他一生忠贞，在同反动贵族斗争中，遭谗去职。他揭露反动贵族昏庸腐朽，忧念国事，为理想献身。屡次进谏，楚怀王始终不听，终于质押于秦。顷襄王继位，屈原又被放逐，长期流浪在沅水湘水的地域，无力挽救危亡，忧愤激昂，作了《离骚》，投身汨罗江水。”显然，他更向往着屈原的悲剧精神，更强调“悲剧的精神，使我们振奋，使我们昂扬，使我们勇敢，使我们终于见到光明，获得胜利。”不像他早期写《雷雨》时，特意加上序幕和尾声，还“想送看戏的人们回家，带着一种哀静的心情，低着头，沉思地，念着这些情热，在梦想，在计算里煎熬着的人们，荡漾在他们的心里应该是水似的悲哀，流不尽的，而不是惶惑的、恐怖的……”①另一方面，他正在准备写《三人行》，是关于岳飞的一出历史剧，而这篇讲演，正是他在酝酿此篇剧作过程中诞生的，显然，他准备按照这样的悲剧美学思想来建构这出新的史剧。

6月，山城酷热的季节到来了。他要写《三人行》了，但在城里，那么热的天气，是很难进入写作意境的。马宗融为他找到了一个稍微清静凉爽的地方，就在北碚复旦大

①曹禺：《雷雨·序》。

解放后，曹禺努力修改自己的作品，以跟上飞速发展的新形势。

学附近的一个小村子里。这里，是一户农民家，在楼上租了一间房子，出门就是绿油油的稻田，白天，倒也安静，房主人一家人都下田里做活计去了，只剩下他一个人，写累了，就在田垄上散步。晚间，蛙声阵阵，从窗口望去，玄幽的夏夜，天空中撒满了繁星，清新的空气沁人心脾。在这寂静的夜里，文思沸涌。

但是，《三人行》的难度太大了，他为自己树立了这样一个目标，就是要把它写成一出诗剧。他谈起这部未能完成的剧作时说：

《三人行》是写岳飞、宋高宗和秦桧的故事。在重庆只写了一幕，太难了。全部是诗，没有别的对话，吃力得不得了。大热的天，搞得累死了。

我是想试一试，用新诗写一部诗体剧，终于搞不下去了。第一幕是从金回来，我想写出点新意，但是，也没有历史可考，材料上遇到问题，不得不罢手了。我记得很清楚，就写在一个记账用的条纸上，写了无数次，只写了一幕。“文革”期间，我把它撕毁了。

那时，还想写《李白和杜甫》，写天宝之乱，写李白和杜甫的友情，也是出了预告的，幸亏没写，懂得太少。杜甫和李白的诗，他们的事迹太伟大了，我曾和冯至谈过，他写过《杜甫传》，是杜甫专家，又是个诗人，我劝他写。①

①曹禺同笔者谈话记录，1982年5月26日。

这些未能完成的剧作，是令人遗憾的。他曾废过一些稿子，《雷雨》写了不知多少遍，《日出》也烧过一稿，但都最后完成了。可是《三人行》，他整整思考了一年，只写了一幕就啃不动了。而《李白和杜甫》，也同样花去他许多的时间。他为写《李白和杜甫》曾有一次西北之行，他看《三人行》实在搞不出来了，才决定去写《李白和杜甫》。

1943年的8月，一个机会来了。

那时钱昌照在资源委员会工作，由于钱昌照的关照和安排，曹禺同陶孟和一起开始了一次漫长的西北之行。这次远行，主要目的是为写《李白和杜甫》搜集资料。

他曾谈起这次西北之行：

这次西北之行，我回来后虽然没有写出《李白和杜甫》；但是，这是我一生中最伟大最难忘的一次旅行了。我是深深地体会到古人说的“读万卷书，行万里路”的必要了。我一生中后悔的事情太多了，我本该可以写西北之行，我却没有写，我只是写剧本，是太不够了，我写得太少了。②

他从西北回来，终于未能写成《李白和杜甫》，连一幕也没有写出。

《三人行》和《李白和杜甫》的夭折，无疑，表明他陷入一个创作危机之中。1942年完成《家》的改编之后，一年多过去了。在抗战期间，掀起历史剧创作的浪潮中，他要尝试写历史剧，但是，他却在历史剧创作上搁浅了，这难道是偶然的吗？

从某种意义上说，作家写完一部作品之后，当他酝酿新作时，都面临一次小小的危机。但曹禺写历史剧的夭折，在他的创作道路上，不只是一次“小小的危机”，而是带有一种阶段性的重大的创作危机。

一个作家最苦闷的是写不出作品来，像曹禺这样的作家，他是决不肯仓促成篇的。他宁肯拿不出作品，也不迁就自己。他总是要超越自己，也要突破前人的窠臼，这样就显得每部作品问世都历经着严重的危机。而且，他又是一个起点较高的作家，他的第一部剧作《雷雨》，就为自己竖起了一座高高的界碑。这同起点低的作家的创作道路是不同的，一个由低坡爬向高坡的作家，人们总是以欣慰的眼光来看他的：“啊!又前进了!”而起点高的作家，他已经站在一个高度上，再爬高，自然难度更大，每一次攀登都要费很大的气力。这时，他若出了一部次品，人们就会明显看到他的失败。所以，对起点高的作家来说，他所承受的舆论压力，较之一般作家要沉重得多。但是，曹禺是不简单的，继《雷雨》之后，《日出》、《原野》、《蜕变》、《北京人》、《家》，每一部剧作出来，都

1943年10月，中华剧艺社在成都国民大戏院演出《家》，从左至右，图为四婶、五婶的扮演者金淑之、吕恩。

②曹禺同笔者谈话记录，1982年5月26日。

有新的探索，新的面貌，都是一种艰难的自我超越。虽然，不能说他是笔直上升，但从《雷雨》的高度，他却是在坚忍不拔地朝着高峰迈进，这是一段十分艰苦的创作历程，他毕竟一步又一步跋涉过来了。

《三人行》和《李白和杜甫》的创作夭折，使他遇到了未曾遇到的另一种性质的严重危机。他所熟悉的生活矿藏，在写完《家》之后，是不是已经没有可再挖掘的东西了呢？每个作家都有他的一个“生活库存”，鲁迅的“库存”就是他的鲁镇，老舍的“库存”就是他的北京四合院的市民，而曹禺的“库存”，就是他熟悉的自己的“家”，以及和他的“家”同类的资产阶级的家庭、没落的封建家庭。他转而去试探历史剧，是不是透露了这“库存”告罄的信息呢？不是他没有才华，他的才华依旧。但是，巧妇难为无米之炊。其实，对历史题材的把握，在某种意义上，也是对现实的把握，但又怎样沟通历史题材同现实的联系，并能发现新的美学新大陆呢？好像，他是遇到了麻烦。

他不能不摸索新的路子，他能不能寻求新的题材领域呢？《桥》正是他探索题材新领域的一种努力。

他曾对我谈过《桥》的产生过程：

《桥》是经过调查的。重庆有家私人钢铁厂，只有老掉牙的贝斯麦炉，我经过钱昌照的介绍，在那里呆了两个礼拜。这个戏主要是写民族资本家同官僚资本家的斗争，观众可以清楚地看到，我写的官僚资本家的形象是孔祥熙。孔祥熙的势力很大，他是蒋介石的连襟，把钢厂并吞了。沈承灿这个人不错，后来，他被人害死了。我很想把它续起来，搞了很多材料，但没搞成。这个戏在写作中受到毛主席《在延安文艺座谈会上的讲话》的影响。我对工人不了解，第一次去工厂，做了些调查，也还了解不够，但对工程师这样类型的知识分子，我有过接触，还比较熟悉。《讲话》传到重庆，那时，我不能全部弄懂，但是，我觉得应该反映现实斗争，应当去写工人农民。①

为什么把它起名为《桥》，我的意思，桥是一种象征，如要达到彼岸的幸福世界，就需要架起一座桥来，而人们不得不站在水中来修建桥梁，甚至把自己变成这桥的一个组成部分，让人们踏在他们身上走向彼岸世界。在发表时，我在剧前引用了弥尔顿的诗句：“给我

①曹禺同笔者谈话记录，1982年5月28日。

②曹禺同笔者谈话记录，1982年5月28日。

自由去认识，去想，去信仰，/并且本着良心，自由地去讲，/关于一切其它的自由。”可能这也许有些朦胧，但在我心中，我觉得我应该去追求什么信仰，而我所要的自由，无疑是向着那个不自由的现状。②

这出戏只写出两幕，便迎来了八年抗战的胜利；不久又接到访问美国的邀请，不得不半途搁笔了。《桥》发表于1946年4月，刊登在郑振铎、李健吾主编的《文艺复兴》上。第1卷第3期登了第1幕，第4期登了第2幕第1景，第5期登了第2幕第2景。

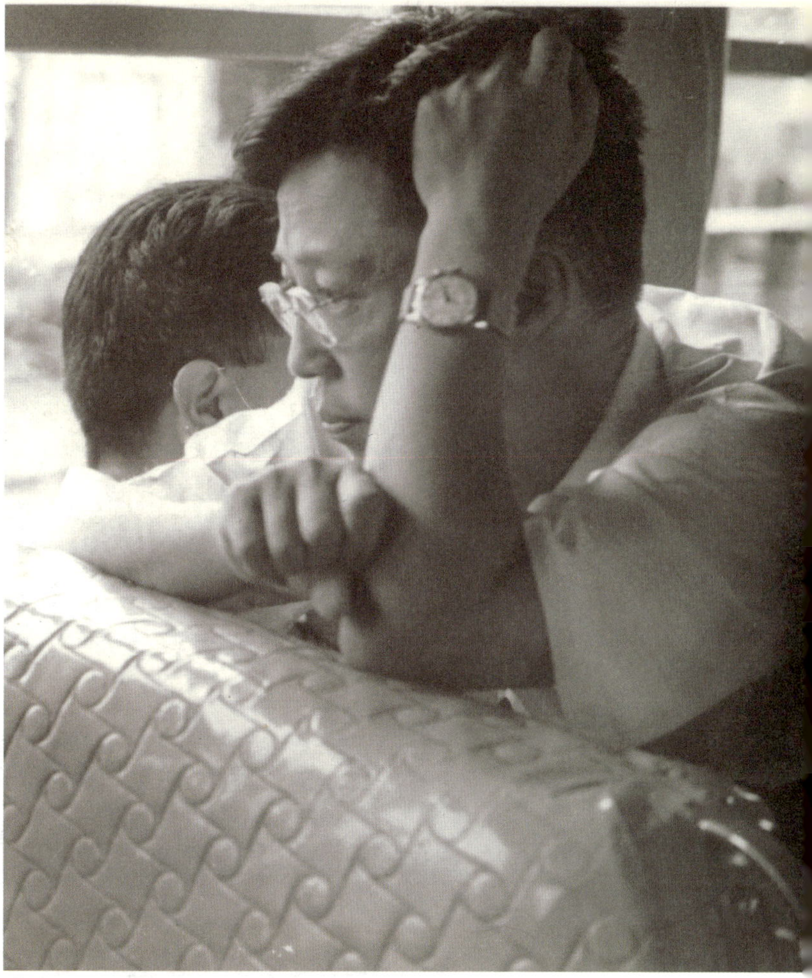

《桥》环绕着私营工业懋华钢铁公司，被官僚资本并吞摧残的过程，揭露了官僚资本的罪恶，提出了一个民族工业的出路问题。同时，展现了有才干的爱国知识分子在半封建半殖民地的社会，徒具热情而毫无作为的悲愤。

从艺术上说，他也有新的探索。在《桥》以前，还没有一个剧作家把工业题材搬上舞台，虽然，他所反映的钢铁厂是很落后的，但在那时却是现代化的中国钢铁工业了。这出戏写得颇有气势，把一个大工业的规模和背景描绘得很有气魄，宏大的场面和火光熊熊的炼钢情景，被作家生动地展现出来。他写了生产技术，但又不仅仅是介绍生产技术过程，而是通过钢铁生产的细节来写人物性格，展开错综复杂的戏剧冲突。令人惋惜的是，这出戏没有完成，但他在这样一个新的题材开拓中，仍然显出了他的艺术才华。

PROOFS ONLY
BLACKSTONE STUDIOS

二十四　美国之行

“号外，号外，日本鬼子投降了!”

八年，八年啊! 正义终于战胜了邪恶，和平终于胜利了。

1945年8月28日，这是一个给山城人民带来希望的日子，中国共产党的主席毛泽东到重庆来了。曹禺听到这个令人振奋的消息后，心想，“毛先生来了；这下可好了!”他把毛主席来渝，看作是和平、团结、光明和民主的象征。

文化界人士，曹禺也应邀出席这次会见。这是他第一次见到毛主席。魁梧的身材，和蔼的笑容，着一身蓝灰色的中山服，给他以朴素而伟岸的感觉。他没想到毛主席是那么平易近人，对他又是如此了解。当周恩来副主席把曹禺介绍给毛主席时，他们亲切地握手。毛主席勉励曹禺多为人民写出好的剧本来，他语重心长地对曹禺说：“足下春秋鼎盛，好自为之。”此刻，他紧握着毛主席的手，表示决不辜负他的厚望。

1946年1月10日中央社发表消息说：“美国国务院决定聘请曹禺、老舍二氏赴美讲学，闻二氏已接受邀请，将于最近期内出国。”延安《解放日报》也于1月14日转载了这条消息。

对曹禺来说，这次邀请使他感到突然。

1月20日晚上，“文协”为他和老舍举行了欢送酒会。这是抗战胜利后第一次送文化使者出国，因此，得到进步文学界的高度重视。大约晚六点钟，一些著名的作家都来了，把两

1946年3月，曹禺与老舍应美国国务院邀请赴美讲学，此为曹禺在纽约留影。

1946年赴美国访问的曹禺。

个会议室挤得满满的。到会的有茅盾、巴金、胡风、阳翰笙、杨晦、何其芳、黄芝冈、刘白羽、陈白尘、聂绀弩、邵荃麟、冯雪峰等50余人。一张张小茶桌上，摆着酒、茶点，围坐着的人们畅心地倾谈着。

曹禺在一次又一次的掌声中起来讲话。他希望这次出国，努力做到让美国人了解中国的新文化是怎样艰苦的产生的，了解中国新文艺运动在今天取得的成就。他说吃牛奶黄油的外国人，是不了解吃草的中国作家的，他们见到老舍先生就会明白中国作家的生活和环境。那时，老舍先生身体不大好，刚刚经过大夫检查，虽然没发现肺部有病，但他那瘦弱的身体是朋友们所担心的。曹禺接着谈到，他很不喜欢有些人，首先怀着写给外国人看的写作态度，结果是一定要失败的。因为写出来的，并不是真正的中国人，我们应该写自己熟识的人。最后，他打趣似地结束了他的讲话，他说："带了哈巴狗去周游全世界，回来仍然是哈巴狗，我不知道我回来是不是哈巴狗？！"他这些话，引起满屋的笑声。他的信念是明确而坚定的：出去是这个曹禺，回来还是这个曹禺，是不会为美国的生活方式所改变的，也不会为外国人的游说所动摇的。

1946年3月4日，天气晴朗，虽说江南春早，但黄浦江畔却春寒料峭。此刻，曹禺脱去穿惯了的长袍，着一身西装，正和老舍忙着向送行的人们握手告别。在他欢愉的笑容中，带着希望和憧憬，他想，要做的事情一定会得到满意的收获。

汽笛长鸣，史格脱将军号启航了。这是一艘美国海军运输舰，它将载着这两位使者横渡重洋，开始漫长的航程。

半个月的航行，史格脱将军号终于把他们送到了美国的西海岸，从西雅图港踏上了美国的国土。

他和老舍从西到东开始了他们讲学观光的旅程。洛杉矶、旧金山、新墨西哥州、华盛顿、纽约、芝加哥、科洛拉多州等地，都曾留下他们的足迹。他们曾经在耶鲁大学、哥伦比亚大学、芝加哥大学、华盛顿大学、天主教大学、克伦多大学等有名望的高等学府讲学参观。他们还参观过纽约的百老汇，拜访过好莱坞，欣赏了美国的戏剧和电影。作为民间的文化使者，中国戏剧的使者，他们受到美国文化界人士的热烈欢迎和接待。

在华盛顿，他们受到美国国务院和各界人士的热情招待，为他们设宴洗尘，安排他们下榻在专门接待国家贵宾的“来世礼”宾馆(Leslie House)。当时，邱吉尔就住在甲宾馆，他们住在乙宾馆。他和老舍同居一室，有专人招待他们。曹禺回忆说：“后来我们才了解到，美国国务院专门请各国的名人来美国讲学或访问，并且希望这些人长久地在这里工作，通过这些人为美国做宣传。”①曹禺和老舍就是他们聘请的“名人”，自然希望通过他们为美国工作。但是，这点却使美国国务院失望了。

①曹禺同笔者谈话记录，1982年5月26日

他们在纽约停留的时间最多，对于曹禺来说，纽约百老汇的戏剧是他早就向往的，他不放过每次看戏的机会。从西雅图到纽约所经过的地方，他和老舍已经看过两次舞剧、三次广播剧、两次音乐剧和八次话剧。在纽约期

曹禺与老舍在异国他乡相互了解，结成深厚的友谊，新中国成立后，曹禺写信给老舍劝他回国。1966年老舍含冤而死，后来在老舍追悼会上，曹禺连鞠9个躬，表达对其遭遇的愤懑和缅怀深情。

间，正好英国的老维克剧团在世纪剧院演出莎士比亚的历史剧《亨利四世》，由著名演员劳伦斯·奥立弗主演。曹禺看了奥立弗的演出，不禁为他的表演才能惊叹。奥立弗在《亨利四世》上下篇中扮演的是两个次要角色：霍茨巴和乡村法官夏禄先生。一个是精力充沛的斗士，一个是日落西山的老人。夏禄被他演得像是格里姆和狄更斯合写出来的人物，给人一种奇异之感，但又是十分真实的。特别是霍茨巴临死前夕的台词，他朗诵得有一种悲怆的气氛。曹禺对老维克剧团的演出是满意的。但是，整个百老汇却未免使他失望。他所敬重的剧作家奥尼尔正在病中，未能见到这位美国杰出的剧作家，感到很遗憾。但在世纪剧院，终于看到他的《送冰的人》的演出，这多少满足了曹禺的愿望。《送冰的人》是奥尼尔晚期最有影响的剧作，它描写纽约西区一家简陋的旅馆中，房客们寄人篱下，过着醉生梦死的生活，如剧中所写的："这儿是什么？这儿是没有希望的酒店，你注意这儿平静的气氛吗？因为这是人生最后一个码头，在这儿没有人会担心下一步该怎么走，因为他们无路可走了。"像奥尼尔的病给曹禺带来悲凉的感觉一样，他的作品同样也带着浓重的悲观色彩。

在纽约会见了德国著名戏剧家布莱希特，这是曹禺美国之行的一次意外的收获。

曹禺和老舍一到纽约，便由正在美国求学的中国著名影剧演员王莹陪同，由于王莹的引见，曹禺结识了布莱希特。那时，他正在写《伽里略传》。曹禺回忆说：

我和老舍拜会他时，想不到他这样一个大人物，竟然是那么和蔼可亲，没有一点架子。他的夫人端上茶和酒热情招待我们，我们用英语交谈，谈得十分随便。他很热爱中国，很想有一天能到中国来。我问他："您为什么不到中国去?"他说："我想去，但现在还不是时候。"同他这次会面，是我这次美国之行最难忘的一件事。[①]

在美国期间，他和老舍朝夕相处，结下了深厚的友谊。曹禺回忆说：

开始，我们手头比较宽裕，住十五美元一间的房子，那是让人家捉了大头的。后来，我们的钱不够用了，就住一元钱一间的房子，有时干脆躲起来不见客人了。一到礼拜六，我们买回一瓶酒，两杯下肚，两人就唱起京剧来。老舍先生擅长京剧的须生和老旦，一唱起来，

①曹禺同笔者谈话记录，1982年5月26日。

②曹禺同笔者谈话记录，1982年5月28日。

就似乎又生活在故国了。平时外出都讲英语，只有回到自己的房间里，说起祖国的话。畅谈，交饮，真是尽兴尽致，谈得高兴的时候，便常常痛骂美国社会生活中那些虚伪和残酷的现状。②

他很佩服老舍先生。那时，日程安排得很紧张，但老舍把时间抓得很紧，一有空闲，就伏桌写作，赶写《四世同堂》的第三部《饥荒》。

他们思念祖国，常常去百老汇一个小胡同里，那里有一家天津人开的饺子铺。老板一个人又是厨师又是跑堂。只须两角钱，就吃上一顿美味的家乡饺子，就好像回到祖国一样。

他们就这样形影不离地在一起生活了11个月。但是，曹禺要回国了，他觉得在这里已经没有他可做的事，而老舍还要留下来，坚持写完他的《四世同堂》。

别了，老舍！别了！美国。他也许还要访问这个国家，但是，一定是他认为的一个最恰当的时候。

曹禺与老舍建立了深厚的友谊。

□ 1947年，曹禺应救济总署之邀，以记者身份视察黄泛区。图为他在河南尉氏县演讲。

二十五　奔向解放区

也正是春寒的季节，曹禺从美国悄悄地回到上海，他不愿惊动朋友，也不愿抛头露面。长途跋涉，把他累病了，一回国便住进医院里。这时，已是1947年的1月。

2月初，一出院便搬到老朋友黄佐临家里，佐临和丹尼像迎接家人一样，把他从医院接回来。

回来后，一切的一切都比他预想的还要严重。仅仅只有一年，整个的空气全变了。全面的内战，全国到处都又弥漫着战火的硝烟，一丝和平的影子也见不到了。物价飞涨，灾民遍地，特务横行，民不聊生。这血腥的现实，使他对国民党的反动面目看得更清楚些了。

总得要养家糊口，他先是应熊佛西的邀请，在上海实验戏剧学校任教授，不久，又由黄佐临介绍，在上海文华影业公司担任编导。

回国之后，他和党更加接近了。他的学生刘厚生、方瑄德、任德耀都在上海，他们关心着他们所敬爱的老师，这一方面是师生的情谊，同时，也是接受了党组织交给他们的任务。他们请曹禺参加一个读书小组，他欣然答应了，每隔一两个礼拜，他们就到离市区较远的上海育才中学聚会一次。他们共同学习艾思奇的《大众哲学》，也读些其它的革命书刊。师生在一起热烈地讨论着，当然，不单是书刊的内容，还有对当前形势的分析，这些讨论，使曹禺对形势的发展充满着信心。他觉得同这些年轻的学生在一起，不但给他带来愉快，更给他鼓舞和力量。

更激起憎恨和愤慨的，是国民党那些接收大员，以接收之名大发横财。一些汉奸摇身一变而成为接收要员，这些人投靠国民党之后，更加凶狠地欺压百姓。抗战八年，度过了多少艰难的岁月，人民盼着抗战胜利，盼着光明。胜利了，人民却更加失望了。这些，是激起他写作电影《艳阳天》的动因。

《艳阳天》写了一个明辨是非、敢于为被压迫者打抱不平的律师阴兆时。阴兆时有个朋友是孤儿院院长，叫魏卓平，他的孤儿院因为靠近码头，又很偏僻，被曾经当过汉奸的巨商金焕吾看中，便强迫购买，做了他的秘密仓库。阴兆时明知金焕吾有钱有势，但他无视强暴，挺身出而，要为他的朋友抱打不平。可是，魏卓平已被迫在契约上签字，已无法挽回。不久，金焕吾因囤积居奇为人揭发，他的秘密仓库被查封了。金焕吾怀疑是阴兆时暗中使坏，就在阴兆时40寿辰的那天，指使他的走狗杨大带着打手，殴打了阴兆时并捣毁了他的

电影《艳阳天》剧照。

《艳阳天》
文华 1948 年摄制
编导：曹　禺
主演：李丽华
　　　石　挥
　　　韩　非
　　　石　羽

描述旧社会一位为人正直仗义执言的律师，不计个人安危，为维护孤儿院利益，与恶势力进行不屈斗争。

①慕兰：《评<艳阳天>的主题》，1948年5月28日《新民晚报》。

家。阴兆时忍无可忍，起而抗争，经过多方调查，终于查明金焕吾原来是大汉奸，检举了金焕吾，使这个汉奸判了刑，归还了孤儿院的旧址。

《艳阳天》由曹禺亲自导演，著名电影演员石挥（饰阴兆时)、李健吾(饰金焕吾)、崔超明(饰杨大)、石羽（饰魏卓平）、李丽华等参加了演出。此片上映时已是1948年春天了。

这部电影的主题，从总的方面来说是积极的。既满怀激愤地揭露出国民党统治下的黑暗世界，依然是汉奸横行，流氓打手为非作歹的世界，而生活在底层的人民依然过着被压迫被蹂躏的生活，这是一个好人没有活路的世界。

他主张明辨是非，坚持同恶势力斗争，反对“各扫门前雪”，是对的。但是，他把“法律”看得太重要了，以为一场官司就可以把坏人判刑治罪了。当时，就有人指出《艳阳天》的不足，说：“《艳阳天》的缺点，就在于没有正确地正视现实，而从那里避开，使斗争归于个人的激情行为，看重了为一定阶级做护符的‘正统法律’。”① 是的，当整个政权掌握在反动派手里，又怎能指望他们的法律、他们的法庭能做出公正审判,真正地清除恶势力而帮助人民呢?

且将冷眼观螃蟹，看它横行到几时。时代巨变前的曹禺。

辽沈、淮海、平津战役之后，国民党妄想凭借长江天险，来一次最后的顽抗。此刻上海已处于惶惶不可终日的慌乱里，有钱的商贾携家带口逃往香港；金元券越来越不值钱，物价飞涨，谣言四起。

曹禺每到晚间就收听解放区的广播。解放军节节胜利的消息，使他振奋，使他鼓舞。党在关心着他，当他得到党组织让他转赴香港的消息后，他兴奋极了。当然，他还不能把

1949年曹禺与吴祖光在香港。

这些明白地告诉朋友，但他却把这心中的振奋，即将迎接全国解放的大好形势，换一种方式转告鼓舞朋友们。他去一位老朋友的家里，整整谈了一个夜晚，他对老朋友说："人活着是很不容易的事，活着就要做一些事情，做一些对人民有益的事情，都不要离开上海，形势就要变化了，将来是大有可为的。"

那时，他同李玉茹结识了。他对她说："不要听信谣言，不要离开上海到别的什么地方去。""像你这样穷苦出身的女孩子，这样年轻有才华的演员，共产党是会欢迎的。"

他和方瑞一起到达香港已是1949年2月了。这里早已有党组织做出安排，现在他才知道是毛主席和党中央邀请他到解放区参加中国人民政治协商会议。2月28日，乘华中轮从香港出发。同行者，还有柳亚子、陈叔通、马寅初、郑振铎、王芸生等27人。柳亚子诗兴大发，赋诗一首，有所谓"六十三龄万里程，前途真喜向光明"的诗句。在香港期间，胡绳的爱人负责接待他们，照顾得十分细心，这使曹禺十分感动。

华中轮是一只外国船，租用时花了不少钱，船上是相当阔气的，当华中轮一驶出香港，便有国民党的炮舰尾随着，途中临时改道驶向南朝鲜，从南朝鲜再去烟台。

3月5日，华中轮抵达烟台，由贾参谋长到码头迎接。3月6日，华东局秘书长郭子化同宣传部副部长匡亚明特地从青州远道赶来，到他们的住地看望大家。晚间，召开隆重的欢迎大会，并观看了京剧演出。这一切，都使曹禺有一种回到家里的感觉，这里的一切都那么新鲜，那么开朗，那么欢乐！

3月7日，由烟台乘汽车北上，在莱阳住宿，第二天，正值“三八”妇女节，参加了欢迎晚会。当地军民演出花鼓戏、评剧来欢迎他们。整个晚会热闹极了，这使曹禺极为兴奋。同样，还是那些评剧和京剧，但感到格外的新鲜。他觉得那些演员不是演戏，个个都是欢喜的面庞，在唱着他们自由解放的欢乐心曲。

由潍县改乘火车，他和柳亚子共处一车厢，很快到达济南。许世友、姚仲明设宴招待。特别使曹禺感动的是，到达济南时，邓颖超亲自从北京赶来迎接他们，并陪同他们一起到达北京。到达北京的这天，是1949年3月18日上午10时。这是曹禺难忘的日子。他离开北京15年了，如今又回到她的怀抱，怎能不使他激动万分!只是15个年头，中国就产生了这样翻天覆地的变化。

北京！北京!他终于又回来了!迎接他的将是新的使命，新的历史的征程!

二十六　跨入新的时代

北平，真的又回来了！

他还不晓得以后该是怎样的一种生活，但却充满了期待和展望。

在回到北平不久，好像不是他在生活，而是生活把他卷入一种愉快而紧张的漩流里，迅速地旋转，向前。他是那么繁忙，简直容不得他思索，就带着他欢快地奔腾前进。只要看看他的时间表，就知道他生活在怎样一种空前的快速节奏之中了。

3月22日，他参加了解放区和国统区文艺家的首次聚会——华北交委和文协举行的会议。这是一次历史性的会见，也是文艺界朋友们的盛大聚会。就是在这次大会上，郭沫若提议召开第一次全国文学艺术工作者代表大会。

3月24日，中华全国文艺工作者代表大会筹备委员会正式成立，曹禺被推举为42名筹委之一。

3月29日，曹禺参加以郭沫若为团长的和平代表团，前往巴黎参加世界和平大会。

4月21日，有曹禺参加的和平代表团成员共40人，因法国当局只给八个人签发入境签证，其它代表因此受阻不能去巴黎开会。这些受阻代表便在捷克首都布拉格开会，与巴黎和平大会同时举行。曹禺在布拉格参加了大会。

5月初。中国和平代表团在世界和平大会闭幕后，又赴苏联列宁格勒等地参观，于5月21日经哈尔滨回到北平。此行，使曹禺既看到苏联所受到的战争创伤，又目睹苏联人民在战后建设社会主义的繁荣景象。

5月4日，中华全国青年第一次代表大会在京召开，会议决定成立中华全国民主青年联合会总会，曹禺当选为全国委员会候补委员。

6月15日到19日，参加新政治协商会议筹备会。

6月30日，出席第一次文代会预备会，当选为大会提案整理委员会委员。大会主席团成员。

从上述日程表中，就可以看到曹禺当时忙碌的生活内容和紧张的工作节奏了。他原来是一个地道的自由职业者、作家兼教书先生。可以说，他毕生还未曾经历过这样一种新的工作，新的生活节奏。尽管他还要从事创作，但由此奠定了他未来的工作和生活的格局。他基本上是一位社会活动家和文艺活动家了。

从6月30日开始，他就全力投入第一次全国文代大会的活动之中了，他是作为南方代表第一团的代表而参加大会的。7月2日，大会正式开幕，庄严而隆重的会场聚集着来自全国各地的文学家和艺术家，这是一次中国有史以来空前盛大的文学艺术工作者的会议。

他带着满腔热忱重新学习、领会新的文艺理论，新的文艺工作的路线和方向。会议所安

跻身于新中国的文艺战士行列。

曹禺和文艺界的朋友在一起。前排右起第3人为曹禺。

排的各种活动，他带着一种渴望去参加，去观察，去学习，如艺术展览会、各种演出，凡是他能去着的他都去看了。特别是话剧的演出，《红旗歌》、《炮弹是怎样造成的》、《反“翻把”斗争》等剧目，他都做了细心地观摩。尽管这些戏在艺术上还不够成熟，但它们所反映的新的人物新的主题新的生活气息，却使他耳目一新。7月11日，他以《我对于大会的一点意见》为题在大会做了发言，这也可以说是他到达北平后，第一次发表他对新文艺思想学习的体会。

大会于7月28日结束，历时一个月。在这次大会上，他当选为中华全国文学艺术界联合会全国委员会的委员、常务委员会委员，当选全国文联编辑部的负责人之一。他还被选为中华全国文学工作者协会全国委员会委员、中华全国戏剧工作者协会全国委员会委员和常务委员会委员、中华全国电影艺术工作者协会全国委员会委员。大会闭幕后，10月份，他被任命为新成立的国立戏剧学院的副院长。这一系列的社会职务和行政职务，都压到他的身上来了。

文代会刚刚开过，他于9月21日，作为中华全国民主青年联合会的代表，出席了中国人民政治协商会议，参加到迎接新中国成立的政治活动之中。大会于9月30日结束，他又被委派负责政协的对外文化工作，直到迎来了1949年10月1日中华人民共和国成立的大典。这一切使他沉浸在幸福和欢乐之中。

曹禺与翻身农民在一起。

曹禺努力走进农民的生活，真心想要写出一部反映时代的作品，但是对于他们的生活他却全然陌生。

他的心情是振奋的，由一个受着压抑的时代跨进了一个新生的时代，真好像从一个旧的世界走入一个新的世界。

他的心是真诚的。他信任党，他愿意响应党的号召，接受领导上交给他的一切工作。他也很想把自己改造一番，去拥抱新的生活。在全国解放初期，除了忙于对外文化联络工作之外，他努力争取各种机会到工农兵中去，到火热的斗争中去。他去过工厂，去过农村。

1950年初，他同中央戏剧学院的同志们一起到北京一家私营工厂中去，和工人交朋友，同他们建立友谊。他还到过安徽省的农村，参加当地土地改革运动，也曾出现在治淮的工地上。在农村同农民同吃同住，使他进一步了解到中国农民的苦难生活以及分到土地的欢悦心情，看到农民为了“一定把淮河治好”的那种惊天动地奋不顾身的劳动场面和劳动热情。

曹禺是从国统区来的作家中，最早的一个反省自我的作家，没有任何外界压力，也没有任何外力的敦促，是他主动地对旧作进行自我批判。他以极大的勇气和热情，要把自己煮一遍，把“自己的作品在工农兵方向的X光线中照一照”，挖去自己“创作思想的脓疮”。

1950年10月，在《文艺报》第3期上发表了《我对今后创作的初步认识》，在这篇真诚的自我剖析文字中，他把过去的剧作基本否定了。

他这样反躬自问："我的作品对群众有好影响吗？真能引起若干进步的作用么？"在他看来，他的作品不但没起到进步作用，反而给读者和观众带来不良的影响。他确实痛心疾首地悔恨旧作了。

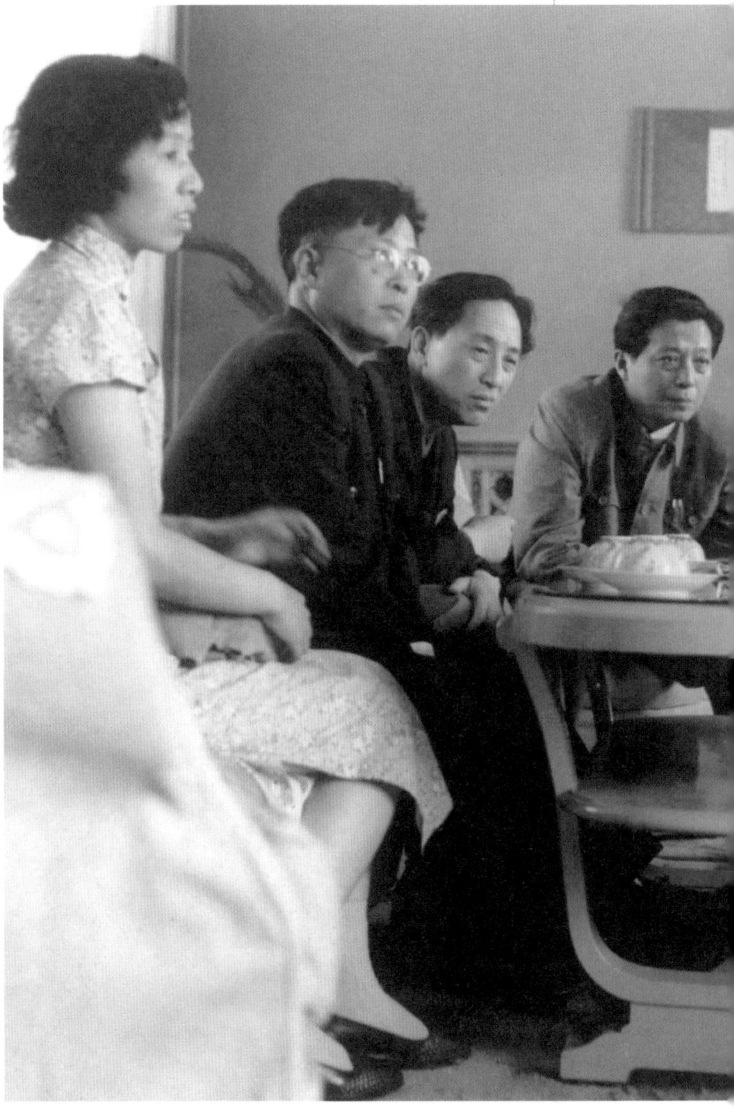

许多从前看起来正常的事物，现在看起来都成为问题，曹禺（左二）开始对自己和创作存疑。

他不但否定了"正义感"，而且否定了他曾怀着深恶痛绝的心情对罪恶旧社会的暴露。"我时常自足于'大致不差'的道理，譬如在反动统治下，社会是黑暗的，我要狠狠地暴露它；人是不该剥削人的，我就恶恶地咒骂一顿。其实，这些'大致不差'的道理，在实际写作中时常被我歪曲，有时还引出很差的道理。我用一切'大致不差'的道理蒙蔽了自己，今日看来，客观效果上也蒙蔽了读者和观众。"在他的检查中，这种自疚自责，沉痛地向人民大众负荆请罪的心情，在字里行间流露出来。他认为《雷雨》也歪曲了真实，"我把一些离奇的亲子关系纠缠一道，串上我从书本上得来的命运观念，于是悲天悯人的思想歪曲了真实，使一个可能有些社会意义的戏变了质，成为一个有落后倾向的剧本。这里没有阶级观点，看不见当时新兴的革命力量；一个很差的道理支持全剧的思想，《雷雨》的宿命观点，它模糊了周朴园所代表的阶级的必然毁灭。"这样，就把《雷雨》说得一无是处了。

而在他看来，《日出》并不比《雷雨》更好些："我粗枝大叶地画出大鱼吃小鱼的现象，罗列若干残酷的事实，来说明这'损不足以奉有余'的社会是该推翻的。……但造成这些现象的基本原因，我没有挖。我忽略我们民族的敌人帝国主义和它的帮凶官僚资本主义，更没有写出长期和它们对抗的人民斗争。看了《日出》，人们得不到明确的答案，模糊的觉得半殖民地社会就只能任其黑暗下去，人生原来就是如此。我既没有指出造成黑暗的主要敌人，向他们射击，那么，只有任他们依旧猖狂横肆。然而这和中国革命的历史真实是不相符合的。”这种自我批判是越走越远了。最后，他运用阶级分析的方法来解剖自己了。“我是一个小资产阶级出身的知识分子，‘阶级’这两个字的含义直到最近才稍稍明了。原来‘是非之心’、‘正义感’种种观念，常因出身不同而大有差异。”他说鲁大海就是“穿上工人衣服的小资产阶级，我完全跳不出我的阶级圈子，我写工人像我自己”。他甚至说，他把鲁大海写得“可怕的失败，僵硬，不真实”，是“卖过一次狗皮膏药”。他严厉地责骂自己。他真诚地感到，“只有通过创作思想上的检查才能开始进步。”

在他的检查中透露着一种赎罪的心情。严肃的自责，本来是一件好事，但是，赎罪的心态，却很容易失去对自我价值的正常估计，失去最可宝贵的艺术自信心。从外表看来，检查得极为痛心而彻底，而内心深处可能是一种迷茫和惶惑，隐约透露着深刻而内在的文艺思想的危机。这些，都是他当时不可能意识到的。因为，在同旧的一切大决裂的日子里，在轰轰烈烈的运动中掩盖了这意识深层的矛盾。

曹禺依然想写作，他认真努力，但笔尖总是滞涩，从前那种激情澎湃的思绪，再也找不到影子。

曹禺既是这样真诚地检查着，也是这样真诚地实践着自己的诺言。他终于动笔修改旧作了。

1951年，开明书店邀他编辑他的剧作选集，借此机会，他对《雷雨》、《日出》和《北京人》做了修改，其中改动最多的是《雷雨》和《日出》。而这次修改，使他的创作思想的危机来了一次集中的表露。

先看看《雷雨》的修改。他为了增

北京人艺演出的《雷雨》。修改后的剧本突出了人物间的阶级对立。

强人物的鲜明的阶级特征，克服所谓宿命论的思想，使一些人物都说出符合其阶级性的话，做出符合其阶级性的动作。侍萍再度同周朴园见面，便让侍萍大骂周朴园是“杀人不偿命的强盗”。而周萍的坏是周朴园教育的结果：“有你这样的父亲就教出这样的孩子。”这样，侍萍就不再是原先那种忍辱负重、含辛茹苦、呼天抢地的宿命者，而是一个敢于直面反抗的具有斗争性格的妇女形象。把鲁大海也改写为一个具备“应有的工人阶级的品质”，“有团结有组织的”罢工领导者，使他当场揭露周朴园背后有帝国主义的支持，戳穿周朴园同官府暗中勾结的阴谋。为了把周朴园写得更加反动，还凭空添上了一个人物，省政府的参议乔松生。所谓周朴园同官府勾结，指的就是这个乔松生。至于周萍，就全然把他写成一个玩弄女性的纨侉子弟，他先是同蘩漪私通，继而又玩弄四凤，后来又要和蘩漪私奔。《雷雨》的结尾也做了大修改。周萍没有自杀，按照周萍的阶级本性，他不可能再自杀了。周冲也没有触电死亡，四凤也没有寻短见。从这些看来，《雷雨》也就不再是一部悲剧，经过这样的“大手术”，《雷雨》的面目是大变样了。

再看看《日出》的修改。曹禺的主观意图，是要把造成罪恶的根源写出来，突出“向敌人做生死斗争的正面力量”。这样，他就环绕着小东西的命运，又增添了一条情节线，增设了几个人物。一是小东西的父亲，是仁丰纱厂的工人，而金八是仁丰纱厂的总经理，金八的后台是日本帝国主义，小东西的父亲是被

1962年天津人民艺术剧院演出的《日出》，修改后的剧本增强了剧中人的反抗意识。

金八杀害的烈士，为此，纱厂工人展开罢工斗争，反对日本帝国主义。金八把小东西送到宝和下处，方达生已成为一个从事革命斗争的地下工作者，到处寻访小东西的下落。方达生同仁丰纱厂的工人一起，把小东西从虎口救了出来。剧本又增添了田振洪和郭玉山两个工人的形象。

一个作家修改自己的旧作，本来是正常的，也是常见的。问题是看怎样修改。但曹禺的修改却是失败的。他在《曹禺选集 · 后记》中说："这次重印，我就借机会在剧本上做了一些改动，但是改得很费事，所用的精神仅次于另写一个剧本。"他还说："要依原来的模样加以增删，使之合情合理，这都有些棘手。小时学写字，写不好，就喜欢在原来歪歪倒倒的笔划上，诚心诚意的再描几笔，老师说：'描不得，越描越糟。'他的用意大约在劝人存真，应该一笔写好，才见功夫。"似乎，他也感到"越描越糟"的不妙。但是，他又说："我想写字的道理或者和写戏的道理不同；写字难看总可以使人认识，剧本没有写对而又给人扮演在台上，便为害不浅。所以我总觉得，既然当初不能一笔写好，为何不能趁重印之便再描一遍呢。""'描'的结果，可能又露出了一些补缀的痕迹，但比原来接近真实。"但是，他这个愿望显然是落空了。

他对《雷雨》和《日出》的修改，大体上是按照周扬在三十年代写的一篇文章修改的。

周扬的《论<雷雨>和<日出>》，发表于1937年《光明》第2卷第8期上。他对这两部剧作给予"相当高的评价"。但是也提出批评意见，如对《雷雨》，他说："宿命论就成了它的Sub- Text(潜在主题)，对于一般观众的和命定思想有些血缘的朴素的头脑有极害的影响，这就大大地降低了《雷雨》这个剧本的思想的意义。"他还认为，鲁大海这个形象写得是"完全失败了"，把他写成"一个非真实的、僵冷的形象"。同时，认为"他和周朴园的矛盾应当在社会层的冲突上去发展，而不应当像作者所做的那样，把兴味完全集中在奇妙的亲子的关系上。这里应当是两种社会势力的相搏，而不是血统上的纠缠"。

关于《日出》，周扬认为"历史舞台上互相冲突的两种主要的力量在《日出》里面都没有登场"，而"对于隐在幕后的这两种社会势力，作者的理解和表现它们的能力，还没有到使人相信的程度。金八留在我们脑子里的只是一个淡淡的影子，我们看不出他的作为操纵市场的金融资本家的特色，而且他的后面似乎还缺少一件东西——帝国主义"。

现在看来，曹禺对《雷雨》、《日出》的修改，大体上是参照周扬的批评意见而进行的。其实，周扬的评价是全面的，而他所提出的批评也只是他个人的一种学术见解罢了，而曹禺却把它视为马克思主义的批评权威而真诚地但却又多少带有盲目性地全盘接受了。

1950年初，郑秀从福州调到北京来了，在中国人民银行工作。尽管曹禺和郑秀仍然是合法的夫妻，但实际上是名存实亡了。

抗战胜利后，曹禺赴美讲学，郑秀从重庆又回到南京。曹禺在美国讲学期间，就曾给郑秀写信提出离婚，郑秀未能同意。从美国回来，曹禺在上海，每隔一段时间便去南京看望孩子，仍然尽着他在家庭中的义务。在南京，他又一次提出离婚，依然没有结果，就这样拖延下来。当郑秀回到北京，曹禺再次提出离婚。经过双方组织的调查，经过法院的审理，终于在1950年底履行了离婚的手续。可以说，他们都从痛苦中解脱出来了。

不久，曹禺和方瑞结婚，这也是他们长期结下的深厚感情的一个必然结果。

曹禺用新的政治思想武装自己，力图解决自己创作上的难题。

二十七 新的创作尝试

北京的春天是短暂的，但却是迷人的。

他依然是那样忙碌，有迎接不完的令人兴奋的工作。

他同焦菊隐、欧阳山尊、赵起扬一起，讨论了在首都建立一个专演话剧的国家剧院，这是他多少年来梦寐以求的理想，眼看，这座剧院就要诞生了，怎能不让他感到欣慰。

4月初，他又同丁玲等一起去莫斯科，参加果戈理逝世100周年纪念活动。在莫斯科，他不但参加了纪念大会和果戈理铜像揭幕典礼，而且欣赏了许多戏剧的演出：普希金的歌剧《铲形皇后》，高尔基的话剧《布雷乔夫》，维希涅夫斯基的话剧《列宁在一九一九》，莎士比亚的《无事烦恼》，歇尔顿的《造谣学校》，莫里哀的《伪君子》，博马舍的《费加罗的婚姻》等。特别是看了莫斯科艺术剧院演出的契诃夫的《三姊妹》，他感到演出仿佛把契诃夫的灵魂都召回来了，他沉浸在伟大艺术享受的喜悦之中。此外，还访问了梯比里斯郊外的萨姆哥尔川地，斯大林格勒，苏米湖附近的集体农庄。

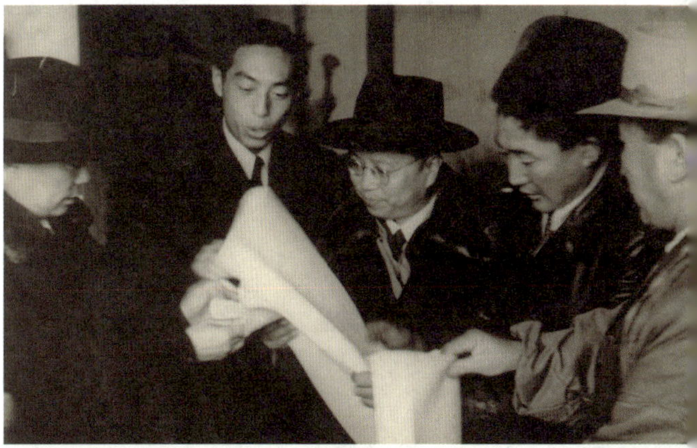

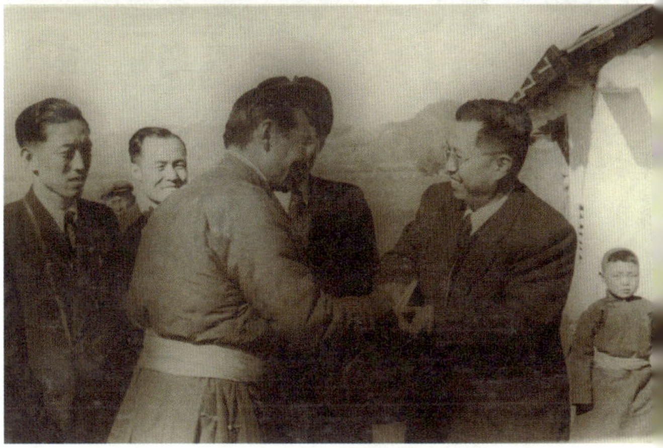

1952年4月曹禺在蒙古乌兰巴托访问。

曹禺访问蒙古时，与当地欢迎群众在一起。

20世纪50年代，曹禺忙碌并兴奋着。

回国不久，1951年6月12日，北京人民艺术剧院诞生了，他亲自担任院长。

这一年，最使他兴奋而又焦灼的，是他开始了新的剧作的创作准备。

年初，周恩来总理找曹禺做了一次长谈，询问了他的生活和创作情况。生活是愉快的，可以说安排得很好；而创作，回答起来就一言难尽了。如果从1947年写《艳阳天》算起，已有5年没有写出新作了。周恩来希望他重新拿起笔来。当然，他不是不想写作，但他还拿不准究竟该怎样起步。

很快，北京市委为他做出安排，让他随着北京市委工作组参加北京市高等院校教师思想改造运动的工作，并且确定以协和医学院作为他深入生活的点。大约有三个月的时间，他蹲在这个学院里，同教授、专家交上了朋友。院领导的会议，民主生活会，门诊，住院部，手术室，凡是他觉得该调查了解的人和事，都做了认真而详细的调查，各种记录就记了20多本，积累了大量的创作素材。

对曹禺来说，这次创作是十分艰苦的。苦就苦在创作方法同过去不同了，创作思想上也经历着一场前所未有的变动。过去写剧本，在构思阶段，首先涌现出来的常常是一个人物，一个场面，一段情节，逐渐地形成整个剧本的结构，既没有事先预定的主题，甚至连人物的发展也是在写的过程中逐渐完成的，有时，连人物为什么用这样的台词，用这样的动作，他自己也说不清楚，也没想到该怎样去解释。可是，写《明朗的天》就不同了。题材是事先给定的，主题是事先确定的，然后根据这种既定的创作意图去选择人物，设计情节。从现在看来，大体上是走着“主题先行”的路子。

20世纪50年代，曹禺在京与日本戏剧同行和文艺界人士在一起。

《明朗的天》于1954年9月在《剧本》和《人民文学》上开始连载，预告为四幕八场，但全剧实际上却只有四幕七场。北京人民艺术剧院于12月18日公演，由焦菊稳导演，刁光覃主演，演到1955年2月25日止。为了参加第一届全国话剧观摩演出，曹禺在听取了许多意见之后，又做了一次较大的修改，由原来的四幕七场改为三幕六场，删去了夏鹤飞、戴美珍、陈亮、赵风英和其他几个人物，容丽章退到了次要地位，适当加强了凌木兰和何昌荃的戏，对江道宗和袁仁辉的形象也做了集中和提炼，使整个剧本更为精练了。在第一届全国话剧观摩演出中，《明朗的天》获得剧本创作奖。

从当时的评论来看，都给以肯定的评价。张光年认为《明朗的天》，是“曹禺的创作生活中有着重要意义的新进展”，“写出了作者对工人阶级的热爱，对共产党的高度敬爱和信任；满怀热情地歌颂了具有高尚品质的新英雄人物；以喜悦的心情描写的资产阶级知识分子经过曲折的、痛苦的道路而走到人民立场上来；作者喜爱一尘不染的红领巾，喜爱心灵纯洁的医生，喜爱解放后的明朗的天和一切明朗的新事物。……作者通过形形色色的剧中人物的创造，体现了现实主义的党性和爱憎分明的精神。这不是一般抽象的爱和恨，而是经过锻炼，上升为阶级情感、政治情感了，作者力求站在工人阶级立场，用工人阶级的眼光来观察所要描写的对象；而这一点，作者确乎已经取得了初步的，但却是具有重大意义的胜利。以此为基础，《明朗的天》的现实主义，就显然有别于批判的现实主义，而是属于社会主义现实主义的范畴了。”①显然，张光年是以政治的评价作为首要标准的，他的赞美也是由此而派生出来的。吕荧也认为此剧“得到了令人满意的成功”，并说：“这个剧的主题思想和革命立场的明确，是作者以前的剧作所不能比拟的，而作者的剧作的特色之一——力求真实地生动得体地描写人物的性格、思想、情感，这一具有现实主义素质的特色，在《明朗的天》里也有了进一步的发展。它力求契合真实的

1956年，《明朗的天》参加第一届全国话剧观摩汇演，获得一等演出奖，此为文化部部长沈雁冰签署的颁奖证书。

①《曹禺的创作生活盼新进展》，《剧本》1955年3月号。

①《评<明朗的天>》，1955年5月20日《人民日报》。

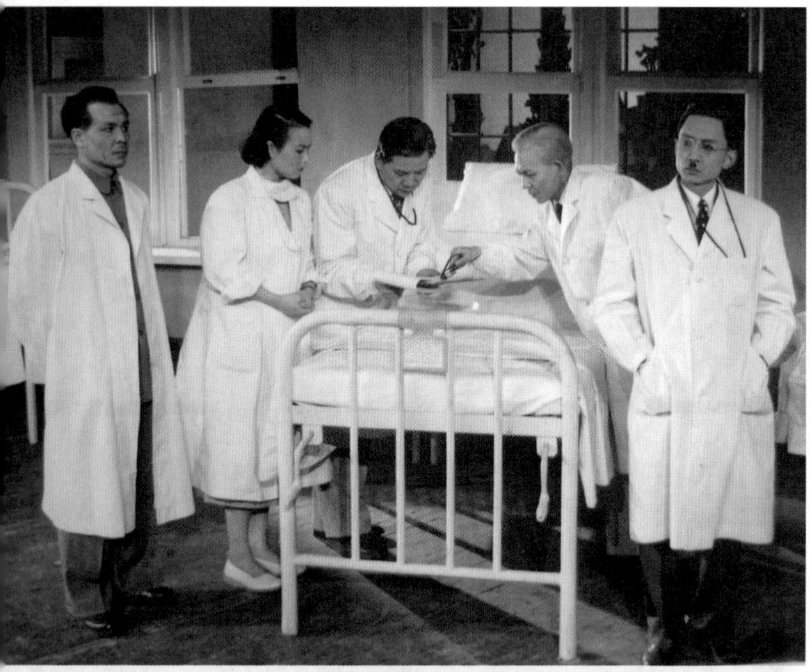

现实，而不是仅仅追求戏剧性的构图。正因为这一切，观众热烈地欢迎了这个剧的演出，在作者的创作道路上，《明朗的天》是一个新的成功的起点。”①显然，这也是从政治思想的评价着眼的。这是当时文艺批评的基本特色。

评论家也指出《明朗的天》的缺点，如张光年就指出，作者对董观山这种党员干部形象不够熟悉，“董观山究竟没有被投入剧情冲突之内，没有展示他心灵活动的机会。”另外，凌士湘的思想转变写得不够自然，“过分强调了外力推动的作用”等。吕荧的意见也许更尖锐些，他说：“可是观众看了之后，仍然觉得它感动人的力量不够强烈，因而所得的印象还不够深刻。许多人认为它的艺术成就还没有达到作者以前已经达到的水平，这是什么原因呢？这原因决不如某些人所想象的，是作者被共产主义这把‘刀子’吓坏了，而要从作品的本身去找求。”他本来提出一个令人深思的课题，但回答问题时，却缩小了视野，单是从作品本身就事论事，就不可能回答得更有力了。

《明朗的天》的创作表明，作家还没有在创作思想上完全解决在《雷雨》、《日出》修改中所暴露的矛盾，连他自己也意识到其中一些问题。

尽管这出戏受过称赞，也获得奖励，但却不是一部具有艺术生命力的作品。对曹禺来说，其

1954年北京人民艺术剧院首演《明朗的天》，焦菊隐导演，梅阡任副导演，马群饰董观山，杨薇饰凌木兰，英若诚饰陈洪友，刁光覃饰凌士湘，董行佶饰尤晓峰。

中有许多值得探讨的教训，而对于研究者来说，他的创作上的经验教训就更令人深思了。

12月间，正是北京人民艺术剧院上演《明朗的天》的高潮期间，接到继母逝世的消息，他和方瑞立即赶往天津参加继母的葬礼。

1954年北京人民艺术剧院首演《明朗的天》。

继母曾来京治病，那时他就知道她得了癌症。眼看着继母枯瘦的身躯，憔悴的面容，他难过极了。他想尽了各种办法，细心地照料着她，尽了他的一片孝心。母亲病重，他正在写《明朗的天》，急着回到天津，看护母亲。为了更好地照顾她，他在母亲床前铺上一张席子，睡在母亲的床前，一边看护着母亲，一边坚持写作。虽说他早就有了思想准备，但继母的逝世，使他无法抑制心中的悲痛。继母对他的抚爱是他永远不能忘怀的。

曹禺经常有神思飘忽的时刻，不知缘于什么，这一刻，他陷入沉思。

二十八 日本之行

他写完《明朗的天》之后，决心“要写北京，写这个和平的首都，这个世界的眼睛注视的地方”。于是，他去重访母校——清华园，他去人民大学。他去参观北京体育馆、百货大楼，他去龙须沟，他去采访清河农场，他去他想去的地方。

春光普照着祖国的大地，春风荡漾在人们的心间，他深切感到，祖国真正迎来了她的春天。他用优美的语言，记下他油然而生的感情，满腔热忱地写下一篇篇春天的赞歌。他把这些散文都收入《迎春集》里。

又要出国访问了。他从事创作的时间真是太少了。他的主要精力都用在文艺界的活动之中。而送往迎来、出国访问，更是常事。这次出访的国家不是苏联和东欧

1956年4月，曹禺与清华大学剧社的年轻人亲切交谈。

1956年8月曹禺赴日本访问。

社会主义国家，而是印度。

1956年7月24日，他和杨朔等人作为中国作家代表团成员，乘飞机前往新德里，出席在那里召开的亚洲作家会议的筹备会。

在亚洲作家会议筹备会上，同亚洲各国的作家进行了亲切而深入的文学和友谊的交流，团结、和平成为亚洲作家共同的呼声，共同的奋斗目标。

更令曹禺感动的，是在印度各地访问受到热烈欢迎的情景。无论走到哪里，城市、小镇、农村、工厂，都受到亲切而热烈的欢迎。无数的印度朋友把他们邀到自己家里，同他们的妻子儿女促膝欢谈。在多少次文艺晚会上，诗人们朗诵着他们谱写的友谊的诗篇，迷人的印度音乐和舞蹈，更使人陶醉。“花瓣的手指，流星般的眼睛，倾诉着我们之间的友谊。”他们尽情领略了印度的风光：宏伟壮丽的“阿弥陀”，明净、瑰丽、诗一般的“泰姬陵”，有些地方孔雀像鸡一样的普遍，鹦鹉像鸽子一样飞来飞去，如同置身梦境之中。

在前往札幌的车站，与友人在一起。

两个星期的印度之行，日程排得满满的，使他沉浸在友谊之中，更感受到站起来的祖国的崇高国际威望。

8月9日，曹禺由新德里飞往日本东京，又开始了他的日本之行。

1933年他去日本，正是樱花初放的季节，而回国之后，就迎来战争的岁月。23年过去了，他已进入壮年，此行不再是一个学生的旅游，而是作为新中国的代表，扬眉吐气，感慨万千。

访日行程中，曹禺（左一）与鲁迅夫人许广平（左二）游览箱根。

去日本，是参加在长崎举行的禁止原子弹、氢弹大会；在东京羽田机场，日本朋友早就迎候在那里了，特别是日本戏剧界的朋友千田是也、泷泽修、木下顺二、山本安英等都来了，这使曹禺感到格外高兴，这些都是熟悉而又未曾谋面的朋友。

在长崎参加禁止原子弹、氢弹大会期间，他亲眼看到了战后日本人民的巨大的和平力量，那气氛同他20多年前看到的是迥然不同了。

在长崎，还同一些诗人、小说家、剧作家开会座谈，一位来自广岛的文学家，对他说起日本军国主义对中国人民的种种罪行。在日本各地，他都听到日本朋友抱着歉疚的心情来检讨对华战争，那种深沉、友好而自疚的心声，使他感到日本人民的觉醒。那些从中国释放回国的日本战犯，赶几百里路来到旅馆，向中国的代表表示他们的谢忱。有一个年老的战犯，曾对他说："我是一个重新被救活的人，我得了重病，你们找了最好的大夫给我治好了。这个，你们觉得不算什么，但从此我才懂得我该做一个有人道心肠的人，有正义感的人，这是我在中国当战犯的时候学来的。"这些日本战犯回国后，生活十分困难，但他们说："无论处在怎样困难之下，我们决不能放弃和平的努力！"

在日本期间，他得以会见日本戏剧界的朋友，这是使他最快慰的了。

为了迎接曹禺的到来，庆应大学教授奥野信太郎，在《朝日新闻》发表了介绍曹禺的随笔，把曹禺称为"中国话剧界首屈一指的人"。接着久保荣著文，记叙

1956年8月，曹禺（右一）在东京、长崎参加禁止原子弹氢弹大会，会后访问福冈等地。

曹禺在留日横滨华侨妇女会馆参观，并与妇女儿童合影留念。

1956年曹禺在东京造访日本剧作家久保荣（右一），席间亲切交流。

曹禺在日本朋友中间。（万方提供）

①曹禺：《美好的感情·绿》第192页。

了他和曹禺的会见。临别之际曹禺提笔留念，写了唐诗中的“文字因缘骨肉亲”，久保荣被这诗句深深地感动了。尤令曹禺感动的是同日本著名的戏剧家秋田雨雀老人的会面。

曹禺回忆说：

这一次使我倍感幸运的是，我访问了已近80岁的秋田雨雀先生。在阳光下，他的孙女扶着他出来见我，老人家还为我写了字。至今我仍看见他满头的银发，和悦的面容，听得见他清楚的声音。1935年，正是秋田雨雀先生和郭沫若先生一起为我的《雷雨》日译本写的序。我终于能够当面向他表达我深情的感谢了。①

秋田雨雀对中国充满友好的感情，他一直关心中国的话剧。在尾崎宏次编的《秋田雨雀日记》中，记录着他亲自观看李健吾的《这不过是春天》、洪深的《五奎桥》以及《雷雨》在日本上演的情形。对日译本《雷雨》的出版，更付出了他的心血。曹禺终于把他久久深藏在心中的尊敬和谢意，向老人做了当面的表达，这确是一次令人快慰的会见。

同日译本《雷雨》的译者影山三郎

曹禺与影山三郎合影。

旅行途中，曹禺为一本小书着迷。

②影山三郎：《<雷雨>的翻译》[日]，《悲剧喜剧》1981年10月号。

③曹禺：《迎春集》第71页。

先生的会见，也是令人难以忘怀的。影山三郎特意到曹禺下榻的赤坂普林斯饭店看望曹禺，这使曹禺格外感动。曹禺应影山三郎的恳请，书写了《祝福》一文，二人合影留念。至今影山三郎还精心保存着这充满友谊的手稿。下面是从这手稿中摘录的几段：

一位读者，为了同新中国来的作家会面，从横滨一直追到长崎，又返回大阪，还未能相见，最后才在东京同我相见。他兴奋地对我说，"……我来回跑这么远的路，是为了和您见面，表达祝愿日本人民和中国人民之间长久友好下去的心情。"

我在旅馆给孩子们写了封信。写了《原子弹爆炸之子》中的老大爷没有死(中国的孩子们，看了日本演员龙泽修氏饰演的老人死了，哭得很伤心)，那个人还活着。……那个人非常勇敢顽强地活着，而且很喜欢中国人。

凤凰在烈火中，以更加美丽的姿态得以新生。亲爱的朋友，请接受我衷心的祝愿。[2]

这次日本之行，他同日本朋友结下了深厚的友谊。一个叫寿美子的姑娘，在访问中每天伴着他们，从而相识了。曹禺回国仍然念念不忘这位天真纯洁的姑娘，还特意写过《致一个日本姑娘的信》。[3]寿美子曾经向他倾述她的心声："我需要温暖，但是在我四周，只有冷漠和绝望。"年轻轻的，却是满心的痛苦和悲哀。在信中，他给予她同情、慰安和鼓励，欢迎她到中国来。

如此谦恭有礼的日本民族，竟然挑起惨绝人寰的战争，曹禺深思着人类灵魂里幽深晦暗的人性。

曹禺饶有兴趣地观看琳琅满目的箱包店。

■ 北京人民艺术剧院院长曹禺。

二十九　曹禺与北京人艺

1952年6月12日，北京人民艺术剧院成立，曹禺被任命为院长，直到1996年逝世，在半个世纪中，他始终是北京人民艺术剧院的领导者。

北京人艺之所以成为一个蜚声中外的剧院，能够成为一个独具风格、自成一派的剧院，与曹禺先生是分不开的。

曹禺是北京人艺的缔造者、组织者之一，自建院之日起，就把自己的心血倾注在剧院的建设上，直到他生命的最后一息。可以说，他把自己大半生都献给了北京人艺。

曹禺对于北京人艺最重要的贡献是同焦菊隐、赵起扬和欧阳山尊一起制定了北京人艺的建院方针，把北京人艺办成一个有理想有追求在艺术上有严格要求的剧院，一个具有独特风格和理论体系的剧院，一个具有高度艺术水准的世界第一流的剧院，一座像莫斯科艺术剧院那样的剧院。

此后，他始终坚持这样的建院方针，并不断加以完善。1954年7月3日，曹禺在全院大会上作报告，指出，“我们是北京的艺术剧院，因之我们的责任就更重一些，我们要为中国的话剧事业做出贡

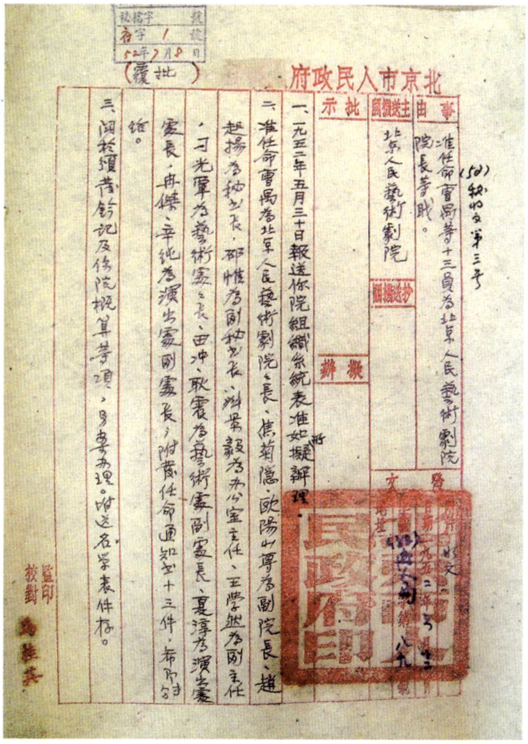
北京市人民政府
(覆批)
事由：准任命曹禺等十三員為北京人民藝術劇院院長等職。
主送機關：北京人民藝術劇院
一、一九五二年五月三十日報送你院組織系統表准如擬辦理。
二、准任命曹禺為北京人民藝術劇院院長，焦菊隱、歐陽山尊為副院長，趙起揚為秘書長，邢惟為副秘書長，劉景毅為辦公室主任，王學然為副主任，刁光覃為藝術處處長，田冲、耿震為藝術處副處長，夏淳為演出處處長，冉傑、辛純為演出處副處長；附發任命通知書十三件，希即分轉。

▯ 北京市人民政府任命曹禺为北京人民艺术剧院院长。

北京人艺有“郭老曹”剧院美称。上世纪50年代，毗邻而居的老舍先生常来北京人艺，与老友相谈尽欢。

献，一定要培养出国际水平的艺术家来。”谈到建立剧院的风格，他强调：“一个没有性格的剧院，群众一定不会喜欢。毛主席提出‘百花齐放，百家争鸣’，我们剧院也算一枚‘花’，一个‘家’，我们必须在社会主义的道路上，树立我们剧院这一派，这一‘派’是要靠导演、演员、舞美及全院各个方面的具体行动来创造的。在10年里一定要做到这一点。”（《北京人民艺术剧院大事记。》）

对于北京人艺，曹禺心中是有规范的。作为一个学者型的剧作家，他的艺术修养，他的识见，使他在把定北京人艺的演出剧目和演艺水准上，有着他独特的不可降格以求的标准。因此，在建院后他十分重视演出剧目。以他的地位和名望，以他的眼光和识见，邀请最知名的剧作家为北京人艺写戏，使北京人艺演出的剧本保持高标准高品位。也正是由于曹禺先生的身份和热忱，才能请到郭沫若、老舍、夏衍、田汉等为剧院写戏，这是北京人艺得天独厚的地方。像曹禺这样全国知名的剧作家担任院长，他能够为了剧院的发展，亲自向一流作家登门求稿，确实表现出他求贤若渴的风度。正是在演出这些大师的剧作中，不但提高了北京人艺的声誉，也有助于形成了北京人艺的演剧风格。正如莫斯科艺术剧院在演出契诃夫的剧本中，逐渐形成了自己的演剧体系一样，北京人艺也在演出“郭、老、曹”的剧作中形成了焦菊隐——北京人艺演剧学派。

譬如，邀请郭沫若为剧院写剧本，曹禺往往亲自上门拜访。如为了《蔡文姬》，不仅两次到郭沫若家中拜访，更亲自参加剧本的讨论，关心排练的情况，提出他的意见。对老舍先生，他同样尊重有加。以《茶馆》为例，这个剧本在初稿时还没有定名，他就盛情邀请老舍先生到剧院来，同焦菊隐、欧阳山尊、赵起扬、刁光覃、夏淳等人一起听老舍先生读剧本。此剧主线写秦氏一家人的命运，从“戊戌变法”开始，一直写到解放后的第一次普选。其中第一幕第二场的戏是发生在一家茶馆里。曹禺等人听后，一致认为其中茶馆一场写得十分精彩，气魄很大，人物众多，且个个栩栩如生。二十几分钟的戏，生活气息浓郁，情节动人，色彩斑斓，是大手笔的写法。大家建议老舍先生以这场茶馆的戏为主，发展成一部多幕剧，这部戏的名字可以就叫《茶馆》。老舍先生采纳了这个意见，并说：“仨月后，我交剧本。”

曹禺先生的学者胸怀和虚怀若谷的态度，对于领导班子的团结，对于全院的团结，都成为一种凝聚和吸引的磁石。北京人艺的艺术家，都把曹禺视为尊敬的老师和朋友。有着他和焦菊隐这样学者型的院长，使北京人艺形成一种艺术氛围，一种艺术传统，甚至积淀为一种艺术基因。

曹禺对于焦菊隐和赵起扬的尊重，以及他们之间的相互信赖和支持，是北京人艺成功的保证。曹禺每提到他们，就由衷地称赞。曹禺对于总导演焦菊隐的信赖、尊重和合

曹禺在新的时代露出新的笑容。

北京人艺“四巨头”合影：曹禺、焦菊隐、欧阳山尊、赵起扬，他们是北京人艺风格的开创者。

作，可以说是一个剧院院长同总导演关系的杰出榜样。他对于焦菊隐艺术实践和创造精神给予最大的支持和鼓励，对焦菊隐在北京人艺的地位和作用历来给予很高的评价。曹禺和焦菊隐的合作，是艺术上心心相印的合作，是真诚的艺术家的合作，也是学者之间的合作。这里绝没有丝毫的私心和一星一点的嫉妒。他不止一次地在剧院的院务会和党委会上，屡屡提到焦菊隐对剧院的功劳和贡献。

还在建院之初，1952年年度总结大会上，《龙须沟》成功演出之际，曹禺就在一次全院大会上，对焦菊隐的导演给予很高评价，指出焦菊隐理论和方法对于剧院发展的意义。他说："自建院以来10个月里，我们做了许多事情，但我们剧院还是一个'幼稚园时期的小孩子'，离上轨道还远得很。现在我们在各方面都还不是很健全的，我们不同于丹钦科和斯坦尼，没有一定的体系，没有一定的章法。我们剧院要站得住，就应该有良好的表演艺术传统。《龙须沟》可以说是焦先生初步把我们引导到现实主义道路上，是有功绩的。但他的主要的理论和方法，还没有为我们全体的演员导演所运用。这是应该解决的问题。"他号召全院同志"为一个共同的目标而奋斗——就是为建立中国的剧场艺术，为实行工农兵文艺方针而努力。"要多"生产"（指艺术创作），在"生产"中逐步建设我们中国的剧场艺术。（《北京人民艺术剧院大事记》）

建院之初北京人民艺术剧院排演了老舍先生的剧作《龙须沟》，它成为北京人艺艺术学派的奠基之作。

当焦菊隐在导演《虎符》时，进行话剧民族化的试验，曹禺作为院长给予充分的肯定。

"文革"后，北京人艺复排《雷雨》，曹禺与导演、演员一起讨论复排方案。

20世纪60年代，曹禺在剧院与前来造访的农村朋友倾心交谈。

曹禺在观看了焦菊隐导演的《虎符》一至四幕连排后，在座谈会上就指出："感觉是戏，调子舒坦，很有可为。最重要的是试验接受民族传统，这是一条新路子。这种做法是现实主义精神与民族传统相融合。没有不调和的感觉。应有勇气做拓荒者，大量的试，大胆的试。然后删减。"（《北京人民艺术剧院大事记》）

在建院10周年的全院大会上，他再一次赞扬焦菊隐对北京人艺的贡献，他说："剧院的导演们、演员们、设计们，大家朝夕相处，不知疲倦地探索钻研。你们的成就，已经赢得了观众的肯定与赞扬。在这里，我们应当特别提到焦菊隐同志。他的辛勤劳动，他的许多创造性的合作，对剧院艺术的发展，对剧院风格的建立，都起了极其重要的作用，影响将是深远的。他的许多成就，对国家话剧艺术的建设，做出了很大的贡献。"

多年后，曹禺称赞焦菊隐说"他在北京人艺尽心致力于中国话剧民族化的创造，奠定了现实主义创作方法的基础。他创造了富有诗情画意、洋溢着中国民族情调的话剧。它是北京人艺风格的探索者，也是创造者。"在这些真诚的称赞中，可以看到曹禺对于焦菊隐的尊重。而这些正是北京人艺在艺术上取得伟大成就的关键。

在对待焦菊隐上，不仅展现着曹禺的艺术

胆识，更可以看到他的宽广的艺术胸怀，以及一个伟大艺术家的高尚的道德情操。

如果说，丹钦科和斯坦尼斯拉夫斯基的合作成功地创办了莫斯科艺术剧院，创造出斯坦尼斯拉夫斯基演剧体系；那么，曹禺、焦菊隐、欧阳山尊和赵起扬的合作，则成功地创办了北京人艺并缔造了北京人艺演剧学派 。这在中国话剧史上将是永远值得纪念的。

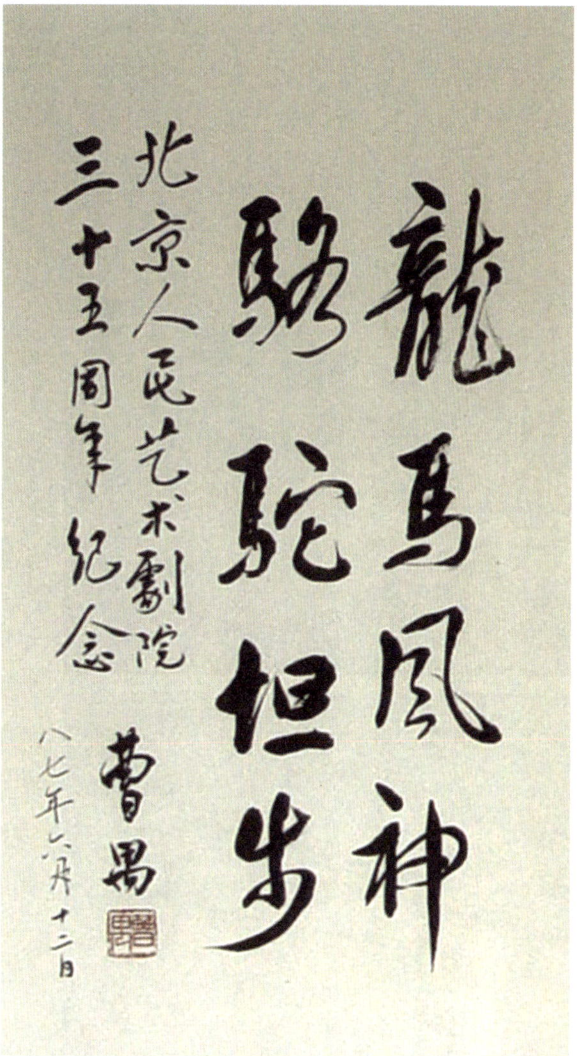

曹禺十分重视人才的培养，特别重视培养尖子人才，他的目标是造就大批的导表演艺术家。在建院第二年的纪念大会上，曹禺在讲话中首先肯定了建院两年来所取得的成绩：演出了《春华秋实》、《龙须沟》、《非这样生活不可》、《雷雨》等多幕剧和十多个独幕剧。对这些演出，各方面领导、广大观众、国内国际的朋友都给予了肯定。他说，上海来的朋友曾对他讲：“你们的戏是朴实的，是出于生活的”。他指出，这是文艺整风，下厂下乡，政治学习，改造思想，向生活学习所取得的成果。

接着，他大力肯定了组织工作者和行政工作者的成绩。他说“一个戏从开始，经过排练到完成，都是组织工作者在进行着组织工作、思想工作，行政工作者在做着各方面的保证。”

曹禺提出：“我们要经过努力，逐步积累保留剧目‘一个名符其实的剧院应该有自己的一批保留剧目'，要逐步实现总导演制，'总导演是全院艺术创造的总负责人'。要争取在五年内培养出一批有独立工作能力的导演，一批名符其实的演员，要使一批舞台工作人员成为真正的艺术工作者。”他要求行政干部要熟悉业务，懂得艺术，懂得如何为艺术创作服务，行政人员是管理人员，所以要随时“下车间”，要在五年内建立起科学的管理制度。（《北京人民艺术剧院大事记。》）

令人感动的是曹禺同剧院艺术家的关系，他从来没有领导的架子，总是把艺术家作为自己的朋友，他们之间是十分融洽而充满友谊的。他热爱这些朋友，北京人艺的艺术家也对曹禺充满敬爱之情。曹禺从心中热爱着北京人艺的艺术家们。

可以说，他对剧院是倾注了毕生的心血。从剧院的大政方针，到剧院的一些具体的规章制度，他都给予关心。譬如对于剧院艺术资料的收集和保存，他都有过十分中肯的要求。建院之初，曹禺作为北京人民艺术剧院剧场建设委员会的主任委员，不仅极力主张建起自己的剧场，而且把资料工作也作为剧院艺术建设的一项重要内容，必须设专人认真收集整理和保管。曹禺指出：如演员的日记、体验生活、创造角色的记录、导演的讲话提示等等，都要收集起来。在设专职人员之前，艺术处的领导先负责收集整理起来。《龙须沟》的资料整理出来以后，要交焦先生审阅修改。（《北京人民艺术剧院大事记》）

北京人民艺术剧院专用剧场——首都剧场。

①《攻坚集－－序》《曹禺全集》第5集第355页。

从表面看来，似乎曹禺这个院长是“虚”的，但是，有曹禺在，北京人艺就有艺术灵性在。他的领导作用对于北京人艺来说是“大象无形，大音希声”的。譬如他对于舞台，对于演出，就有着绝妙而深刻的理解，他说：“舞台是一座蕴藏无限魅惑的地方，它是地狱，是天堂。”“一场惊心动魄的成功的演出，是从苦恼到苦恼，经过地狱一般的折磨，才出现的。据说进天堂是美德的报酬。天堂是永远的和谐与宁静。然而戏剧的‘天堂’却比传说的天堂更高，更幸福。它永不宁静，它是滔滔的海浪，是熊熊的火焰，是不停地孕育万物的土地，是乱云堆起、变化莫测的天空。只有看见了万相人生的苦和乐的人，才能在舞台上得到千变万化的永生。”①这里，就可以懂得他对于北京人艺的感情，对于北京人艺艺术家的感情，懂得他对于北京人艺这个戏剧殿堂的热爱。

曹禺说：“我是爱北京人艺的。”一句话，道出了对北京人艺的全部的感情。有人说，曹禺先生是为戏剧而生的，他把北京人艺视为自己艺术生命的载体。

北京人民艺术剧院1961年10月在首都剧场首演《胆剑篇》，焦菊隐、梅阡导演，刁光覃饰勾践，狄辛饰西施，苏民饰范蠡，童超饰夫差，董行佶饰伯嚭，郑榕饰伍子胥，马群饰苦成。

三十 《胆剑篇》

大跃进像一阵突兀而来又倏忽而去的龙卷风，很快就在大地上消遁了。报喜的锣鼓声停歇了，震耳欲聋的口号声隐没了，人们平静下来了。农村在实行“瓜菜代”，城市也压缩着粮食分配定量，市场显得那么冷清萧条。

灾难总是结伴而行的。偏偏中苏关系这时也紧张起来，苏联公开撕毁合同，撤走专家，勒索抗美援朝中的军事赠款。蒋介石也乘机叫嚷反攻大陆。一向友好的印度在苏联唆使下挑起中印边境冲突。那是一段十分艰难的岁月。

正是在这样一种极度困难的情况下，曹禺的创作意识又得到一次激励和触发。虽然，还是领导上给他下达的任务，但确也有他的现实的感受。由他和梅阡、于是之合作，开始了《卧薪尝胆》的创作，后来此剧更名为《胆剑篇》。

他是不轻易动笔的。在抗战期间，曾经试过历史剧的创作，《三人行》半途而废，《李白和杜甫》没有写成。如今，他又面临着题材的挑战，谈何容易。他先从广泛地搜集和阅读历史资料入手，从《史记》等正史到《越绝书》、《吴越春秋》等野史资料，从《东周列国志》到一些古典戏曲本，凡能找到的，他都找来看了。

卧薪尝胆的故事，是一段流传了千百年、家喻户晓的故事。把它搬上舞台，而且写得别开生面是很不容易的。当时，戏曲舞台上有一股“卧薪尝胆”热，几十种戏曲本子出来了。他是不会沿袭别人的，也不想走别人走过的路。这一次，他接受了《明朗的天》的教训，不

想再按图索骥了，梅阡回忆说：

在开始构思阶段，就不是就历史而写历史，曹禺就是想写人物，写勾践，写夫差，写伯嚭，写范蠡，写伍子胥……琢磨人物性格，以人物性格写出历史来，这恐怕可以说是“以人带史”吧！

他先不急于搞提纲，他总是让我和是之先想细节。①

写作时，他和梅阡、于是之都住到北京西山脚下的一个僻静的院落里，没有人打扰他们。他每天很早就起床了，带着一个笔记本，想到一点，就写在笔记本上。西山的空气清新宜人，他忘记了小鸟的啼鸣，也顾不到欣赏潺潺流水、苍松翠柏。他踽踽而行，沉凝在思索之中，不知走出多远，有时连吃饭都忘记了。

□《胆剑篇》剧照。

①梅阡同笔者谈话记录，1984年11月29日。

他把所有的史料都熟读了，觉得还不够。春秋战国时代的风俗、教化、服饰、陈设这些细节他都注意到了，每个细小的地方都思虑过了。他以为还必须做更深入地细微的把握。为此，他给老朋友沈从文写信请教。沈从文正在从事古代服饰研究，给他写来长信，详细介绍了战国时期吴越社会各方面的状况。在刻画性格上，他有他的想法。梅阡说：

当我们集中力量琢磨人物性格时，他的构思是有特色的，就是采取性格对比的表现方法。他对我们说：“没有对比就没有戏剧。人物性格要对比着写，性格的鲜明性通过对比表现出来，互相衬托。”这是他的构思的特点，也是他对历史人物做了研究之后，琢磨出来的路子。他确实是善于应用对比的戏剧艺术表现手法的，勾践和夫差对比，伍子胥和伯嚭对比。伯嚭这个人很漂亮，衣着华丽，察言观色，巧于辞令，明君之过，不敢直谏。

第一幕，夫差要杀勾践，伯嚭也顺着说要杀。夫差改了主意要放，他也顺着说要放，而且讲出一套言辞来顺附夫差之意。曹禺看了许多史书，看到许多佞臣的劣迹，才写出伯嚭这个人物。伍子胥的性格同伯嚭形成鲜明对比，“他为人精诚廉明，但又专横残暴；倔强忠直，却又骄傲自负”。他敢于直谏，气盛，话不多，总是那句话：“老臣以为不可。”不是那种巧言令色的人。对比之下，伍子胥和伯嚭这两个人的性格特色都写得异常鲜明。范蠡和文仲也是对比写的。范蠡善于外交，文仲明于内政；范蠡精明，风度翩翩，文仲朴拙，忠心耿耿，是个老黄牛。

在场景上，曹禺也是运用对比的手法。第一幕越国会稽大火漫天，吴军烧杀掠抢，山河破碎，勾践辞庙。第二幕吴国烟笼春水，草木欣荣，馆娃宫畔，遥见雕栏玉砌的姑苏台，气氛静谧安然，与第一幕形成对比。第三幕越国大旱，日轮当午，火旗焰焰，烈日杲杲，百姓苦不欲生。第四幕会稽近郊，一夜透雨就要晴霁的江南景色，水足土润，满眼是茁壮的禾苗，透露着勃勃生机。第五幕又回到第一幕，15年后的一个秋收季节，清晨阳光洒满江岸，江流蜿蜒，越国战舰云集，大小渔船往来如梭，田野稻穗累累，江岸禹庙焕然一新，同样是对比写的。

对比，这是曹禺独特的东西，在这出戏里把它运用得恰到好处。在艺术细节上，他也是对比写的。②

②梅阡同笔者谈话记录，1984年11月29日。

曹禺是一个深谙戏剧三昧的剧作家。他的对比艺术，是对真与假、美与丑、刚与柔、浓与淡、动与静、常与反等对立统一的把握和运用。在对比中展开矛盾斗争，在对比中寻求美的和谐和完整。在此剧创作中，又一次展现了他的艺术才华。在梅阡、于是之同曹禺的合作中，他们深深感到曹禺剧作的艺术内涵是深厚而宽广的，他具有一个杰出艺术家的谦虚和胆识。梅阡说：

他总是让我们设想尽可能多的细节来，他不愿听那些大而无当的意见。我们设想的一些细节，他采纳了，像勾践劈石，勾践怎么尝胆以及具体的环境，他采用了。有些就没用，我们设计了勾践看到墙角的蜘蛛网，风吹掉了，蜘蛛又吐丝织网。这样的细节，他就没有用。

他总是说，表现人物有一种方法，两种方法，三种方法，还有没有第四种、第五种?一定要找到最能表现出这个人物性格的方法。灭吴之后，勾践在吴宫里发现了一个枯胆，这个细节没用，而是由苦成送胆。挖空心思去想细节，通过最恰当的细节来塑造人物。他根据人物性格及其发展，对各种细节加以筛选，从不急于求成。有大的情节又要有艺术细节，才能引起观众的兴味。

西施这个人物，各种卧薪尝胆的戏写她，都离不开美人计。曹禺说，我们不搞美人计，怎么处理这个人物?是献给夫差还是送给夫差？为什么叫西施?曹禺解释成“西村的姑娘”，这样一解释就好了，是被夫差虏走的。怎么虏走的?曹禺的意思是托举，我们很欣赏这个设计。在舞台上是十分绝妙的。[①]

①梅阡同笔者谈话记录，1984年11月29日。

在当时已经有了数十部关于卧薪尝胆的剧本，曹禺坚持要搞出自己的新东西来，这就是他所追求的境界。梅阡和于是之也赞成这样一个想法。曹禺对两位创作伙伴这样说：

要写一种人物性格，人物的感情，要构思戏的冲突、悬念，你就要了解世界文学作品所达到的高度。写一个悭吝人、守财奴，古今中外都有人写。莫里哀的阿巴公，《儒林外史》中的马二先生，都写出此类人物性格的高度，你要再写这种性格，就要写出自己的东西，才能留下来。一个人的残忍，有吕后的残忍，剥皮挖眼，还有各式各样的残忍。只有了解了诸如此类人物的性格高度，再写这种残忍，才不会重复，才会超出已经达到的水平。不熟悉这些，就不会有独特的创造；没有这种独特的创造和发现，是写不出好作品来的。[②]

②梅阡同笔者谈话记录，1984年11月29日。

于是之也这样说：“曹禺同志读的剧本很多，当我们设想出一些细节和语言来的时候，他常说，‘普通普通’‘现成现成’。因为他看的剧本太多了，哪些是落在人家的套子里，他很清楚。这样，他就不会重复，总是想出新点子来，搞出新的东西。”于是之说，曹禺非常重视戏的结构：

他很讲究剧本的结构。他常说写戏同写小说不一样，这是针线活，该叫谁上场就正该他上场，该叫谁下场就正该谁下场，这是不能粗心的。夫差在吴国养马，我们搞了几遍提纲，曹禺也拿出一个提纲。他说该让天霸上，我们对他这个构思一时还想不通，天霸怎么进吴宫呢?曹禺说：

“怎么上，你们别管。”天霸带着铁犁来见范蠡，这场戏把天霸的性格写出来了，把戏串得更绵密了。

写文仲时，他给了勾践一句话：“人真是难用啊!”这场戏是这样的：苦成骂勾践没有骨气，为勾践听到，要卫士把苦成抓来。文仲说不可以，勾践很不高兴地反问他：“这是为什么?文大夫，百姓可以这样侮骂我吗?”文仲说：“大王动怒了吗?大王应该高兴才是。”勾践还不理解，文仲说：“越国无以为宝，惟有民气为宝。”他劝勾践“应该多想一想‘天高听卑’这四个字啊!君有错，臣应该谏；君圣明，臣才能够直言”。文仲还建议请苦成来见一见。就在这时，勾践十分懊恼，独自道：“文仲的话说得太重了。‘邀买民心’?他的话是很不入耳的。人真是难用啊!正直能干的往往不驯顺，不驯顺!”在这些地方，他把勾践的性格写了出来。这一笔，说明曹禺的天才。他对吴越春秋看得很深刻。他的情节和性格创造是水乳交融的。他常说：“一个戏能否成功，一是看人物，一是看结构，一个是看语言。”这就说到家了。③

梅阡和于是之都说，曹禺对戏剧语言的运用是高度重视的。譬如写胆，他把《本草纲目》都借来看了，还有其它关于胆的知识资料。看得多，写起来就游刃有余，挥洒自如。胆的独白就是这样写出来的。他常说，语言功夫不到，人物性格就出不来。苦成、鸟雍都是劳苦群众，讲一件事，但各有各的讲法。在这些地方，曹禺字斟句酌，反复推敲。他自己朗读勾

▯《胆剑篇》剧照。

③于是之在南开大学曹禺学术讨论会上的发言记录，1985年10月5日。

践的独白，念了又念，连语气都琢磨到了。还有每个人物的第一句台词和最后一句台词，他很注意。第一句台词是人物亮相，是人物给观众的第一印象，他注意写好，这是他的苦心所在。吴王夫差第一幕出场，第一句台词是："美——美丽的大火啊!"这一亮相就非同凡响，一下子就抓住了观众。于是之回忆说：

> 他常看着笔记本琢磨台词，他对每一个词的轻重、分寸，都具有一种语言的敏感。推敲每一个字，每一句台词的韵律感。他很讲究味道，他会唱京剧，他的语言韵律感、节奏感很强。《雷雨》的台词是可以按京剧的拍板来朗诵的。①

于是之不无遗憾地说："《胆剑篇》的结尾没有听取曹禺的意见，这是想来令人遗憾的事。曹禺设计了一个结尾，越军占领吴宫后，正下着大雪，一个年老的吴宫宫娥，正在夫差的房子里摸着一个东西——胆。问她为什么摸它，她说，是夫差常常尝的。夫差也跟勾践一样卧薪尝胆，而且说着：'你是否忘记那场败仗了!'当然，这是历史上没有的。我们对这个结尾泼了冷水。我们当时想的勾践、夫差都是实有所指的，想得太实了，但是，从今天看来，曹禺想得比我们深，这正是他的才华所在。"②

◘《胆剑篇》剧照。

①于是之在南开大学曹禺学术讨论会上的发言记录，1985年10月5日。

②于是之在南开大学曹禺学术讨论会上的发言记录，1985年10月5日。

是的，曹禺的才华仍在。如果说写《明朗的天》还很拘谨；而这次稍有放开；但也只可以说是放开了一点。有形或无形的，内在的和外在的禁律还在束缚着他。

1960年8月，历史剧《卧薪尝胆》完成，开始征求意见。1961年3月10日，先是听取了历史学家齐燕铭、翦伯赞、侯外庐、范文澜、吴晗等人的意见。3月13日，作协召开了《卧薪尝胆》座谈会，林默涵、刘白羽、张光年、袁水拍、张天翼、严文井、巴金、沙汀、郭小川等人出席了会议。袁水拍提出可否将剧名改一下，在“胆”字上下功夫，后来，根据这一意见，将此剧改名为《胆剑篇》。7月起，该剧在《人民文学》第7、8期连载。于10月3日起由北京人民艺术剧院在首都剧场公演。导演焦菊隐、梅阡，有刁光覃、童超、郑榕、苏民、朱琳等参加演出。此剧演出的时机很好，正是需要振奋精神、自强不息、战胜困难的时刻，受到观众的热烈欢迎。

在评论界的反响也是很强烈的。在发表、演出后一年间，全国各地报刊共发评论文章50余篇。茅盾指出：“这个作品，在所有的以卧薪尝胆为题材的剧本中，不但最后出，而且也是唯一的话剧。作为最后的一部，它总结了它以前的一些剧本的编写经验而提高了一步。”他以为勾践的人物性格刻画是成功的。“夫差和伯嚭就不是舞台上常见的一般花脸，而是有个性的人物。范蠡的个性也很鲜明，但相形之下，文仲稍觉逊色。”他认为伍子胥形象较之传统的形象也“有了新的眉眼”。“伍子胥的性格在剧本的第一幕和第二幕中写得相当鲜明；这些虚构的事实，可以说是《伍子胥列传》所描写的伍员形象的令人信服的发展。”他特别称赞作者对伍子胥性格的复杂性有深刻的把握，他认为“人物性格的描写，是《胆剑篇》的优点之一”，但以为夫差的性格刻画得“稍嫌片面些”，而苦成等这些虚构的英雄人物“个性不明显”。最后，他指出“剧本的文学语言是十分出色的，它是散文，然而声调铿锵，剧中人物的对白，没有夹杂我们的新词汇，没有我们的‘干部腔’；它很注意不让错误的典故、成语滑了出来。特别是写环境、写人物的派头，颇有历史的气氛。”③其它如何其芳、张光年、吴晗、李希凡等人都发表了中肯的意见。

③茅盾：《关于历史和历史剧》，《文学评论》1961年第5、6期。

《胆剑篇》剧照。

在文革时期，曹禺可以读的书只有马恩列斯毛选集。

三十一 “从大地狱里逃出来”

的确是好景不长啊!

刚刚度过一段轻松宽适的日子，刚刚使过度紧张的神经安定下来，阶级斗争的弦又开始绷紧了，似乎又在酝酿着一场风暴的来临。

他把已经写好的《王昭君》第一、二幕悄悄地锁在抽屉里，他再难以为继了。虽然，他做梦也没有想到一场浩劫即将来临；但他却知道再写历史剧就太不识时务了。

1964年5月，北京市委第一书记彭真同志把他介绍给河北省委第一书记林铁同志，要他去了解1963年河北省抗洪斗争生活，写河北省人民的抗洪斗争。他和于民、《河北文学》的刘俊鹏，还有李庆番等一起到天津、静海、衡水等重灾区，还到了邯郸、邢台等地，在乡下跑了一个多月。这次下乡一方面使他亲自看到许许多多抗洪救灾的英雄业绩；一方面也使他得以了解农村的贫穷落后的实际情状。一个月的时间，搜集了不少材料，但他不知怎么写。

在农村深入生活的曹禺，像小学生一样虚心求教。

他的心中是种种的错综交织的生活印象，是种种不得回答的问题，他理不出个头绪来。回来之后，苦恼了他许久，又只好交了个白卷。

不知是谁传出了消息，江青得知曹禺有个写抗洪的剧本，她正想把话剧《战洪图》搞个京戏本子，就让人去找曹禺。曹禺说：

我得知这个消息后，真是受宠若惊。我知道去了不讲话是不行的，那时，江青已经开始“露峥嵘”了。我想了一个提纲，在会上讲了一通。什么水一来，农村淹了，连藏在地窖里的地主也呆不住爬上来了。地主进行破坏啊！就是阶级斗争为纲啊！我就凭着我还能说，应付一下。会上的人听了也不感兴趣，后来就不再理我了。真是谢天谢地！[①]

①曹禺同笔者谈话记录，1986年10月18日。

60年代初期，日本友人中岛健藏、白土吾夫来北京访问，曹禺（左三）和朋友们在文联大楼前合影。

1965年，他还没能觉察到形势的严重。他还在正常地进行活动。4月18日，他参加了欢迎以龙泽修为团长的日本话剧团的活动；5月6日，陪同周恩来观看日本话剧团的演出；5月11日，陪同朱德再次观看日本话剧团的演出，并接见团长、顾问、编剧等人；8月13日，他参加了中日青年的联欢，与日本青年代表团成员会面，并与日本的戏剧工作者进行了交流。直到1966年“文化大革命”已经开始了，7月间，他还陪同亚非作家会议代表在武汉观看了毛泽东畅游长江。此时此刻，他都没有想到灾难会降临到他的头上，降临到整个祖国大地上。

但是，“大地震”终于到来了!首都在震撼着，红色恐怖的风暴铺天盖地而来了!

铺天盖地的大字报，从北京大学开始，席卷着大学，席卷着机关、团体、工厂，席卷着全国。

开始，北京人艺的“革命群众”对曹禺还是客气的，最先揪出来的是“党内走资派”赵起扬等，他还小心翼翼地写点不痛不痒的大字报揭发黑线，但他心中却在胆战心惊。他感觉到自己被揪出的日子也近在眼前了。

他本来就胆小怕事，眼看火烧到自己头上，怎么能睡得着呢!每天下班回到铁狮子胡同3号的大院里，就快步躲进家里，再也不敢露面。夜晚苦熬着，睁着大眼，辗转反侧，非吃安眠药是不得入睡了。方瑞本来就患神经衰弱，眼看着曹禺那种惊慌不安的样子，她也没有安慰他的办法。这种时候，她能说些什么呢？她只有无言的告慰，默默地相对。方瑞是镇静的，尽管她的身体纤弱，但内心里却有一股倔强。这种镇静，对曹禺也多少起到一点安定的作用。当然，最终也是无济于事的。

文革初期，曹禺受到政治冲击被迫看传达室，有外电报道：“中国的莎士比亚在看大门”。

恐怖终于降临到他头上了。1966年12月的一个夜晚，他又平安地回到家里，都睡下来了，大院里异常安静。突然，一阵喧嚷，红卫兵闯进来了，不容分说，便把曹禺从床上拖了下来，呼叫着把他装进汽车，押走了。这就是

曾经英气勃发的曹禺，被革命浪潮改造成了这副落拓样子。

轰动全国的“活捉彭罗陆杨”的事件，曹禺也成为这事件中的一个小小的“俘虏”。

周恩来知道曹禺被红卫兵抓走后，亲自赶到现场，看到曹禺和彭真等在一起。他对红卫兵说：“曹禺算什么呢？他又不是走资派。”就这样保护了曹禺，把曹禺放了。

曹禺是这样回忆这段生活的：

“四人帮”统治的那段岁月，真是叫人恐怖，觉得自己都错了。给我扣上“反动学术权威”的帽子倒是小事，自己后悔不该写戏，害了读者，害了观众。

在铁狮子胡同3号，我住着三间房子，有一间书房，抄了，封了。在我们大院门口张贴着“反动学术权威曹禺在此”的对联。我多少年不抽烟了，是斯大林逝世那年，我一下子就把烟戒掉了。这次又抽起烟来了。抽的是九分钱一盒的白牌烟，抽着抽着就放炮，是很次的烟。我抽得很凶很凶呀!那时，只给生活费啊!我觉得我不配要钱。我也许是疯了，我老岳母剥下的白薯皮，我都吃。老岳母说：“你这是干啥?”天天叫我检查，就知道骂自己，我不敢说自己是反革命，因为反革命是特务啊!

迎接不完的外调，我就怕外调。记得有一个小红卫兵来审问我，是为了我曾经写过一篇关于杨朔的《雪浪花》的评论。他问我，你为什么说只有共产党才是铁打的江山。我一下子还解释不出来，我说是很巩固的意思。他说，你的解释是反动的。就这么一个小孩子，整整折腾了一个下午，他说，下次还要来。那个年月，连小孩子也像着了魔似的。①

①曹禺同笔者谈话记录，1986年10月18日。

在时代的红海洋之中，绿衣有一种符号化的庄严，曹禺借用军装照像，想来内心也颇有羡慕之感。

还有令人恐怖的事。一天，全家正要吃饭，大约是下午五六点钟的样子，电话铃突然响了起来。是方瑞接的，要叫曹禺来听电话。他接过电话，说："我就是曹禺。"紧接着电话里就传来连珠炮似的叫骂："你这个王八蛋!你个狗日的!你他妈的……""不准你放下电话；你要放下电话，就砸烂你的狗头！"从电话里还传来一群人的哄笑声。从打电话人的口音，知道是天津人，足足骂了一个小时，搞得全家人吃不下饭。到了第二天，仍然是那个时候，电话又来了，还是那帮人，又足足骂了一个小时。第三天，第四天……天天这样折磨着他。方瑞不要曹禺去接电话。这样一个人换一个人地骂，什么道理也不讲，祖宗八辈地骂大街，实在欺人太甚了。经常这样，他们也终于想出了一种抵抗的办法，把电话铃用棉花塞住，再打来电话，铃就不响了。这样，他们又怕找上门来，但终于没再找上门来。

曹禺说：

有一段，我住在家里，不敢出房门。大院里也是两派在骂，夜晚也在斗走资派，一天到晚，心惊肉跳，随时准备着挨斗。我觉得我全错了，我痛苦极了。我的房间挂着毛主席像，贴着毛主席语录："革命不是请客吃饭，……"我跪在地上，求着方瑞："你帮助我死了吧!用电电死我吧！"真不想再活下去了，好几次都想死去。我想从四楼跳下去，我哀求着方瑞，让她帮着我死。方瑞说："你先帮我死好不好?"我真是太脆弱了，还有老人，还有妻子，还有孩子，又怎么能把她们抛下。每每看到妻子的病弱病弱的身体，看到孩子……还得痛苦地活下去。

曹禺害怕跟不上形势的发展，他情愿成为农民中的一员。

晚间，是写不完的外调材料，我懂得这不能马虎，不能写错啊!这是人命关天的事。但是，你写出来，如实地写出来，就骂你不老实，逼着你，打你！记得上海来一些造反派，让我写外调材料。他们不满意，就让我读“最新指示”，我念了三遍都念错了，又是打又是骂。“滚蛋！走！”“明天再写不出来，饶不了你!”①

本来他就有心脏病，神经衰弱，哪能经得起这样的精神折磨。文艺界的朋友，一个一个落了难，一个一个被揪斗，老舍先生自杀了，远在上海的老友巴金更是“四人帮”揪斗的重点。那种朝不保夕、度日如年的日子，使他痛苦极了。

说来也怪，等他被关进“牛棚”，和赵起扬等人关在一间破旧的澡堂里，渐渐地也熬了过来。居然，在没人看管的时候，在熄灯之前，几个“牛鬼蛇神”也能说说笑话，以一种特殊的方式互相慰藉着，鼓起生的勇气。方瑞拖着个病身子，挤着汽车，带着一些东西去看望他，这也给了他许多安慰。

林彪事件之后，曹禺从劳改农场回来了。家里冷清清的，老岳母已经去世了。女儿万方找到自己的出路参军去了，只有方瑞和小女儿在家。方瑞的身体更糟了，每天都要服安眠药，经常躺在床上，精神也趋于崩溃。

方瑞是1974年去世的，她死后，床上撒落着许多安眠药片。是她糊涂了吃了过多的安眠药，还是她清醒地用安眠药结束了自己的生命？这很难判断了。在那失去亲人的日子里，曹禺六神无主，真像失去了灵魂一样。她把自己的青春、爱情和生命都给了他，就像愫方一样“把好的送给别

①曹禺同笔者谈话记录，1986年10月18日。

▯曹禺与方瑞是琴瑟相谐的夫妻，可怕的“文革”让他们阴阳两隔。

▯“文革”中的曹禺与方瑞。

人，坏的留给自己”。在动乱中，她默默地支撑着自己，点燃着自己，把苦痛留在心底，把镇定留给亲人。曹禺说：“在‘四人帮’横行时，她经常不断地探视我，在相对无言中，曾给我多大的勇气与耐力啊!但是她身体太衰弱了，没有等到粉碎‘四人帮’的胜利到来，终于过早地离开我和孩子们。对于革命，我的朋友是默默无闻的。然而我将永远感激她。因为她通过我，总想为人民的事业尽一点力。”②

1976年，是一个不平常的年头。

周恩来总理的逝世，唤起了人民的觉醒，终于爆发了举世震惊的“四五”运动。孩子们

②《为了不能忘却的纪念——<家>重版记》，《文汇报》1978年8月6日。

文革中的一家人，难得露出开心的笑脸。

▯无法写作，没有尊严，这个样子的曹禺显得无助、孤单。

每天从天安门广场回来，都给他捎来一些诗篇，为他描绘着那里发生的一切。曹禺听孩子们低声地朗读着诗篇，他的眼睛又那么明亮了。但是，跟随而来的是对“四五”运动的残酷镇压，全国又跌入一片黑暗之中。

天灾人祸相伴而来，7月间，唐山大地震，首都人心惶惶，惊恐不安。他和小女儿，艰难地躲在一个地震棚里，过着暗淡的日子。希望又消失了。又是病魔缠身，又是多难的岁月!他又绝望了。夜晚，他望着星空：难道这宇宙真像一口残酷的井，落在里面，怎样呼号也难逃脱？难道这世界真像一个黑暗的坑，任凭你怎样挣扎，愈挣扎便愈深地陷落在绝望的泥沼里？！难道真的逃不出这大地狱了吗？！

他没有料到，大概许许多多人都没有料到，一切又来得这么快!毛泽东逝世不到两个月，一夜之间，便又天翻地转了。这一切都发生得那么突然，“四人帮”被粉碎了。

曹禺回忆起那个难忘的日子时说：

十年前的那天，我的小女儿很晚回到家里。她一进门，径直走到我床前。她的脸因为激动而变得异样，目光闪闪，声音也有些颤抖。她说：“爸爸，咱们有救啦!”她告诉我“四人帮”被粉碎的消息。

我不信，我也不敢信。我怕，怕这不是真的，还怕很多很多……我记得那一夜我久久地在街上走，我看到每一个窗口，整座整座的楼都亮着灯，就像过年时一样。我走着，然而感到难以支持而站住了，我觉得我的心脏的承受力已经到了极限！人生，历史，中国以及我自己的生命，在那时都化成了一个字眼，我的声音有多大，或者究竟出没出声，我喊道："天哪！"

没有经历过"文化大革命"的人，他们是不可能明白的，那种深重的绝望，把人箍得有多么紧！

后来，我又听到第二个、第三个人告诉我。虽然仍然是关着门，压低了声音才敢说的，可是我终于已经有了相信的勇气和力量。我相信我已从大地狱里逃出来了。①

是的，他终于逃出了大地狱!他终于熬过了那十年的悲惨岁月!

1979年2月，在中国剧协春节茶话会上曹禺与邓颖超、新凤霞交谈。

大雪压青松，青松挺且直，欲知松高洁，待到雪化时。

①曹禺：《应该记住》，《戏剧电影报》1986年10月5日第40期。

▯ 在马背上，曹禺体会游牧民族的天纵豪情。

三十二 劫后喜事接踵来

大地复苏，万象更新，祖国又迎来了一个山花烂漫的春天。

此时，曹禺历尽浩劫之后，已经是个66岁的老人了。尽管他体弱多病，但是，那种枯木逢春的心情，又唤起他百倍的热情和精力。曹禺说："粉碎了'四人帮'，我心情舒畅，精神焕发，觉得自己是一台添了油的机器，又可以为社会主义为人民开转了。"他曾向访问他的记者表示，他"要赶快写"，"要把'四人帮'耽误的时间夺回来。我的笔要继续为革命冲刺，战斗到生命最后一息"。[①]

他是这样说、也是这样做的。在最初的一段时间里，他以极大的热忱投入文艺界批判"四人帮"的斗争。

他怀着对周恩来同志的崇敬和热爱，写下了一系列的纪念文字。《亲切的关怀，巨大的鞭策》(《人民戏剧》1977年第1期)、《我们心中的周总理》(收入《敬爱的周总理永远活在我们的心中》)、《献给周总理八十周年》(《北京文艺》1978年第3期)、诗歌《难忘的一九七六》(《北京文艺》1977年第2期)等。

他积极参加各种会议，发言和撰文批判"四人帮"的文艺谬论。如《不容抹煞十七年》(《光明日报》1977年12月7日)、《"黑线专政"论抹煞不了毛主席、周总理的丰功伟绩》(《人民戏剧》1977年第12期)。《"从此旧剧开了新生面"——看京剧<逼上梁山>》(《人民日报》1977年10月12日)一文，对江青领导的所谓京剧革命"开创了无产阶级的新纪元"的妄

①《搁笔十年的剧作家曹禺重新提笔》，《中国新闻》1978年2月11日。

说，做了有力地揭露。

他对一些话剧重演和新剧的演出，给予热情的鼓励和全力支持。他看过《龙须沟》、《最后一幕》之后，都写了文章。特别是《丹心谱》和《于无声处》这两部新戏，他给予倾心支持。宗福先随剧组来京，曹禺同赵寻一起同他座谈，肯定剧本，满怀期望。

繁忙的活动又开始了，应接不暇的种种接待，不得摆脱的各种会议。他忙碌，但他高兴。忙碌中他又准备着新的创作。1977年10月，在北京召开的全国自然科学学科规划会议期间，他拜访了许多老科学家，同他们谈心，收集了大量的素材，准备写一部科学家同"四人帮"进行斗争的剧本。但是，这个剧本未能完成，只写出一篇散文《攻关的人们》，在《人民日报》1977年11月15日刊登。

眼看，即将迎来祖国30年大庆。他不能不写剧本，他思虑着，究竟该写什么。但他发现萦绕于心怀的，还是周恩来嘱咐他写的《王昭君》。昔日的情景，又一幕一幕地展现在眼前了。

曹禺在草原看牧民赛马。

那是1961年的初春季节，周恩来同志同文艺界的一些朋友座谈。谈到内蒙的一位领导曾向他反映，在内蒙地区，在钢城包头，蒙族的青年要找一个汉族姑娘结婚是很困难的，因为汉族姑娘一般是不愿嫁给蒙族小伙子的。周恩来同志说，要提倡汉族妇女嫁给少数民族，不要大汉族主义，古时候就有一个王昭君是这样的。接着，他对曹禺说："曹禺，你就写王昭君吧!"他还建议大家举杯，预祝《王昭君》早日问世。

为了完成周恩来同志的嘱托，他于当年夏天，与翦伯赞等同志一道，应内蒙自治区主席乌兰夫的邀请，前往内蒙参观访问。在这次访问中，王昭君在他心目中不但是一个历史人物，而且那些充满诗意的传说，使王昭君披上一层更加美好而神奇

1943年曹禺在西北草原学骑马。

的光辉，凝聚着汉蒙两族人民的友谊和美好的愿望。这就大大激扬了曹禺创作的想象力，觉得这些传说太美好了，王昭君是一个值得写的人物。

文革前，他已经写出了第一、二幕，万幸的是这些手稿还保留着。他想，无论如何得完成它，不能辜负总理的嘱咐。这也是他对周恩来同志最好的纪念啊!

正像《人民日报》记者所形容的“晚秋红叶正浓时”，他不顾年事已高，决心再去边疆访问，搜集资料。由女儿万方陪同去新疆。在乌鲁木齐，在伊犁，在天山脚下，在赛里木湖畔，都曾留下他的足迹，使他对蒙族习俗、草原风光，有了更细致入微的考察和体会。

他为完成这部剧作颇费思索。昭君诗，昭君戏，昭君的传说，昭君的事迹，他都读了，但这些关于王昭君的形象，却是一个悲悲切切哭哭啼啼的妇女。

显然，他对史料是十分熟悉的了。他对诗歌、小说、戏曲中的王昭君形象也有了广泛而

1979年1月《王昭君》开始在北京人艺排练，曹禺和剧组主创人员说戏。

深入的把握。但促使作家摄取史料和种种传说的着眼点，最终还取于他对当初周恩来谈话的理解和体会上。

他曾说："我领会周总理的意思，是用这个题材歌颂我国各民族的团结和民族间的文化交流。而王昭君正是为这一事业身体力行，做出了了不起的贡献的一位汉家女子。"[①]正是基于这样的一个领会，使他确实也发现了一定的客观历史依据，于是他就一改传统的昭君形象，而写出一个具有新意的王昭君来："我要擦掉王昭君脸上的泪水，让她焕发出她的真正的光彩。" "我写的王昭君不再是哭哭啼啼了。她有志气，有胆识，愿意为民族和睦和当时汉朝百姓的安乐贡献自己的一生。她是有感情的女子，但绝不是那种奴婢对帝王的感情，而是真诚的爱情。她嫁到匈奴，就爱上草原；她嫁给了呼韩邪单于，就真心地爱他，并且也得到了他的爱。她刚毅，又温柔；她耿直，然而明事理，有耐性。我希望我们的人民因有王昭君这样一位有胆有识的汉家女儿感到骄傲。"[②]。他就是按照这样的领会，按照这样一个创作意图来写王昭君的形象，来写《王昭君》的。

1978年11月，《王昭君》发表在《人

①曹禺：《昭君自有千秋在》，《民族团结》1979年第2期。
②曹禺同笔者谈话记录，1986年10月18日

《王昭君》剧照。

民文学》第11期上，与此同时，北京人民艺术剧院开始组织排演。导演梅阡、苏民，主要演员有狄辛、蓝天野，董行佶等人。搁笔十余年之久的曹禺，于十年浩劫之后写出新作，一时传为美谈。剧本尚未公演，便接连收到朋友们以及读者、观众的热烈祝贺。

首先是老朋友吴祖光的贺诗，读曹禺同志新作《王昭君》，写得入情入理，有声有色，信是大家手笔，钦服之余，喜成一绝：

巧妇能为无米炊，万家宝笔有惊雷；
从今不许昭君怨，一路春风到北陲。[3]

[3]《读〈王昭君〉》载1979年1月14日《人民日报》。

①载1979年1月28日《人民日报》。

继之，是茅盾的赠诗，题名《赠曹禺》：

当年海上惊雷雨，雾散云开明朗天。
阅尽风霜君更健，昭君今继越王篇。[1]

7月，《王昭君》公演后，国家民委和中国剧协联合召开座谈会，杨静仁、张庚、赵寻、金山等人，给这部新作以高度评价，"一致肯定曹禺为巩固和发展我国民族团结所做出的贡献，"并肯定了它的艺术成就。在评论界更引起了热烈反应，到1982年底，全国报刊发表的评论和研究文章上百篇，足见其影响之大了。

评论的主要点，集中在对王昭君形象的塑造上。张锲说：《王昭君》"使历史真实和艺术真实浑成一体，为王昭君恢复了本来面目，擦去两千年来人们强洒在昭君脸上那些哭哭啼啼的眼泪，塑造了一个有胆有识、勇于为民族团结做出贡献的、笑盈盈的王昭君的艺术形象。它是我国各民族大团结的一曲颂歌，是一幅色彩艳丽的历史画卷，也是曹禺同志在新长征途中献给党和人民的一份厚礼。"[2]。王季思、萧德明也指出："他一改文艺史《昭君怨》、《汉宫秋》等作品的主题和情调，使王昭君以满腔哀怨的悲剧人物转化为促进民族和睦、关怀人民疾苦的巾帼英雄。"[3]

《王昭君》剧照。

但是，也有些评论家以为把王昭君的形象"写得太高了，不真实"，写得"理想化"了。陈祖美指出："作者对于王昭君的描写中，虽有较好的艺术处理，但总的说却表现了一

②《还它一个笑盈盈的王昭君》，《人民日报》1979年8月27日

③《<王昭君>的历史风貌和时代精神》，《文艺报》1979年第9期。

④《从<王昭君>看历史剧的倾向性和真实性的关系》，《文学评论》1980年第6期。

种明显的为了理想而忘掉历史的情况”；“特别是在戏的后半部中，无论从人物性格、情节及某些重要细节等方面考察，都不符合对历史剧真实性的要求，没有达到周总理提出的‘只有忠实于史实，才能忠实于真理’的要求。”④王季思、萧德明也认为“后半部分对王昭君和呼韩邪单于两个形象的塑造在某些方面有拔高的倾向”。⑤

《王昭君》在庆祝建国30年的会演中，赢得一片赞誉之声，曹禺为这次盛典献上一份厚礼，他把他对祖国的美好祝愿都寄寓其中了。

劫后余生，喜事接踵而来。

1979年12月6日，月坛居民办事处。曹禺和李玉茹在北京月坛居民办事处办理了结婚登记。

其实，早就传出了曹禺和李玉茹行将结婚的消息。最早在香港报纸上有所披露。当一些老朋友问曹禺时，他还不敢承认。大概他也未能免俗，快70岁的人啦，还结婚，不好意思。他们去登记时，也遇到这种尴尬的场面。曹禺回忆说：“那年我已经69岁了，都那么老了，我对玉茹说：‘总不能等到70再结婚吧!’就这样去登记了。办事处都是些青年人，我们真不好意思，那种场面，是难为情的，所以，老朋友问起也是这样。那天还好，道了姓名，他们很热情地把我们引进另外一个房间，办了登记手续。回来对女儿们讲了，她们也都没有意见。四届人大期间，是赵寻同志以请巴金的名义，搞了一次晚宴，就算是结婚的仪式了。”⑥

1979年，北京人民艺术剧院首演《王昭君》，梅阡、苏民导演，狄辛饰王昭君，蓝天野饰呼韩邪，于是之饰汉元帝。

⑤《<王昭君>的历史风貌和时代精神》，《文艺报》1979年第9期。

⑥曹禺对笔者谈话记录，1984年6月3日。

曹禺与美国剧作家阿瑟·米勒。

三十三 远渡重洋

1980年，是曹禺出国访问最多的一年。他接连去了瑞士、英国、法国和美国。以70高龄，远渡重洋，的确是一件苦差事；但是，国外热情而友好地邀请，又使他盛情难却。

英国是他早就盼望去的国家，那是莎士比亚的故乡，的确对他具有一种诱惑力。在他心目中，伦敦以及整个英伦三岛，还是狄更斯小说中所描写的那样：沉沉的雾，阴冷的角落。4月13日抵达伦敦，一下飞机，天气却是格外晴朗，街道是那么安静，那么井然有序，她既古老又焕发着青春。在伦敦停留的日子里，得知这个古老的城市经过一番认真改造，不但伦敦的雾少了，连泰晤士河的污染也治理好了。所有的建筑都重新洗刷粉饰过，外出散步，犹如置身在一个大花园里。他曾和一群孩子在一起看了柯勒律支的《老航海者》。他小时候就读过这首长诗，特别喜欢那些天真烂漫的孩子们。孩子们请他吃巧克力，在一起欢笑，使他童心焕发，忘却自己是一位老人。最使他高兴

1980年，曹禺率中国戏剧家代表团访问英国，参观BBC对外广播部，受到总监格雷格森的欢迎。

1980年曹禺在英国国家剧院观看著名演员保罗·斯柯菲尔德主演的《阿玛台乌斯》，演出后两人相谈甚欢。

的是得以欣赏萧伯纳的歌剧《卖花女》和易卜生的《野鸭》的演出。英国的剧院经常上演世界著名的剧作，他惊叹英国戏剧艺术的高超和精湛。

他终于来到莎士比亚的故乡——斯特拉福。这个世界闻名的市镇，位于艾汶河畔，有茴香盛开的水滩，有遍生的樱草和紫罗兰，馥郁的金银花，美丽的野蔷薇，这是一个迷人的地方。他参观了莎士比亚故居和纪念馆，还观看了《奥赛罗》的演出。曹禺说："我看到了一个完完全全的历史的莎士比亚，也看到活的莎士比亚，那就是他的戏。"斯特拉福已成为一个戏剧的盛地，在这里，他还看到奥尼尔的《安娜·克利斯蒂》的演出。一生中都迷恋着莎士比亚，梦想着莎士比亚，想不到自己70岁来到斯特拉福，瞻仰他的故居、他的遗物，特别是世界各国的莎士比亚剧作的版本，感受着他伟大而深远的历史影响。这些使曹禺感慨万千。

在皇家剧院为他召开的招待会上，英国朋友们渴望到中国来，那种对新中国的热烈向往是令人感动的。他们甚至说，走路去可以，骑自行车去也行。曹禺说："将来派一艘邮轮那样巨大的飞船，把你们英国戏剧家们都接到中国来。"他的感情和愿望博得英国同行的热烈掌声。他代表中国戏剧界，把刚刚出版不久的一套精装的《莎士比亚全集》中译本，送给皇家莎士比亚剧院。主人们说："这是你们送给我们最珍贵的礼物，我们永远陈列在博物馆里。"

2月4日到7日，应法国外交部的邀请，到巴黎做了短暂的访问。在巴黎，他参观了一些名胜古迹，特别是他和国际戏剧协会秘书长让·达尔维特进行的会谈，是十分欢愉而友好的。他表示希望中国能参加国际剧协，以便同各国戏剧界进

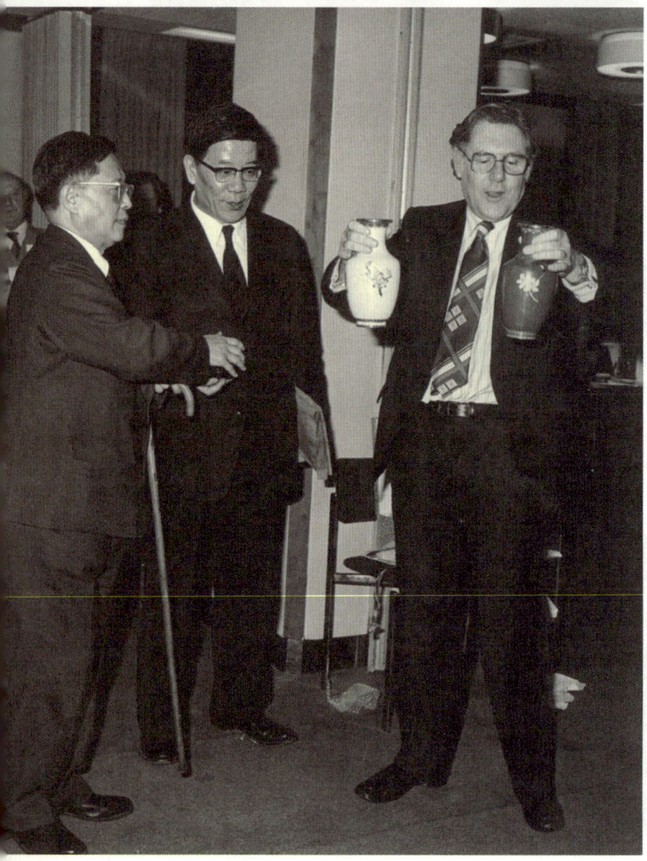

1980年访英结束时，英国文化协会举行送别会，会上宾主双方互赠礼物。

行更广泛的艺术交流。

回到北京，又开始了访美的准备工作。这次，是应美国美中学术交流委员会和美中艺术交流中心的邀请去讲学访问的。费正清、杨振宁都是美中学术交流委员会的委员。美中艺术交流中心，是于1978年11月1日创立的，主要负责人是周文中，哥伦比亚大学艺术院的副院长兼音乐教授，曹禺这次访问，都是由周先生安排的。

波音707在太平洋上空飞行，透过舷舱望着蓝色的太平洋，又想起当年同老舍一起乘史格脱将军号赴美访问的情形。一晃几十年过去了，老舍先生已作古人，历史是那么遥远但又是这样贴近。当年，他离开美国时，曾想着再次访问美国，不过，在祖国强大的时候，他终于如愿成行了。此时此刻，他的心情同35年前是迥然不同了，这次随同他访问的是北京人民艺术剧院的著名演员英若诚。

在伦敦街头

访问的第一站是纽约。在纽约最重要的安排，是观看《北京人》和《日出》的上演。3月25日晚，在纽约曼氏剧场上演《北京人》，导演肯特 · 保罗(Kent Paul)，舞台美术昆亭 · 秋玛斯(Quentin Thomass)，剧本是由一位香港的留学生Leslie Lo翻译的。《北京人》深受美国观众欢迎，得到美国同行的称誉。前来陪同曹禺观剧的老朋友阿瑟 · 米勒，把此剧称之为“感人肺腑和引人入迷的悲剧”。《日出》和《北京人》几乎是同时上演的，地点在印地安那大学。他觉得《日出》演得比《北京人》更好些。他对美国朋友们说：“看了《北京人》和《日出》这两个戏，你就会明白，中国人为什么非革命不可。今天的历史已经完全证明，中国人民选择了正确的道路。”

1979年阿瑟 · 米勒来中国访问时，同曹禺建立了亲密的友谊，这次，轮到他做东道主，在3月28日的欢迎会上，他发表了热情洋溢的讲演。阿瑟 · 米勒特别强调中美文化交流的重

在旧金山书店，曹禺被外国朋友们的热情所包围。

要性，他说文学戏剧是超越国界的，热情称赞曹禺的剧作，说一谈到曹禺的戏剧，就使他联想到俄国、美国的戏剧传统，称誉《雷雨》的结构是很有气魄的。他还特别谈到曹禺在“四人帮”统治下的苦难遭遇。曹禺在这个会上发表了学术演讲，对中国戏剧史做了简明的介绍，博得与会者的欢迎。

在纽约他出席了大大小小的会议，会见了许多美国朋友，如著名的剧作家琼斯(Leroi Jones)，辣妈妈实验剧团的创办人黑人妇女都华(Ellen Stewart)，还有美籍华人作家李欧梵、夏志清等。在百老汇大街蓉园有一个座谈会，参加者多是哥伦比亚大学的中文老师，其中不少人都是在北京长大的，同这些同胞谈起来，使曹禺增添了一种故乡温暖之感。这些老师中，不少人又是“曹禺迷”，这就更多了谈资。当这些朋友告诉曹禺，许多大学都把曹禺的剧本当作课文讲授时，他十分高兴。

4月12日到15日，到印第安那大学访问，由罗郁正、李欧梵安排，到达普鲁明顿，下榻于印大学生联谊中心，他和英若诚住在一个颇有气魄的套房内。在罗郁正家里的一次聚会，一时罗家门前车水马龙，到会的有50余人。在印大观赏了由T·Hernandez教授导演的《日出》，曹禺发表了题为《一九四九年以来中国话剧的创作》的讲演，并回答了与会者提出的问题。整个会场的气氛由始至终是轻松而热烈的。印大国际研究院的院长，特意送给曹禺一件别出心裁的礼物：一把导演用的座椅。曹禺答谢说：“我一定要继续写作，我自己写不完，我会叫我的儿女来写，也会请朋友们继续写。”

4月20日，到达美国西海岸的旧金山访问。在柏克莱接受了远东学系和中国研究中心的宴请，晚间在陈若曦家里聚会，作陪的有李欧梵、白先勇、水晶，主人特别置备了中国茶点，大家开诚相谈，从国内政治经济到剧坛影坛的种种情势。4月22日，在柏克莱的大学生中心“棕橡树室”，曹禺再一次做了学术演讲，谈了中国戏剧的发展情况。

此次赴美访问，增进了中美文化界的交流，海外有过不少报道。如夏志清写的《曹禺访哥大纪实——兼评<北京人>》，刘绍铭的《君自故乡来》，水晶的《长夜漫漫欲曙天》，这些报道观点不同，角度各异，但均可看出海外侨胞、美籍华人作家增加了对祖国的了解，对曹禺及其剧作也均有坦爽的评价。夏志清说：“我在《中国现代小说史》里，对曹禺批评较苛，惟独对《北京人》另眼相看，认为它比《雷雨》、《日出》、《原野》好得多。……后来刘绍铭写曹禺博士论文，同意我的看法，也肯定《北京人》为曹禺真正的杰作。 这几年因为教书的关系，每年重读一遍《雷雨》、《日出》，《雷雨》我一直认为不佳，对《日出》却增加了不少好感，曹禺处理银行经理潘月亭、书记李石清、小职员黄省三三人之间的关系，尤其精彩。有机会真想把曹禺全部作品看一遍，再来评断它们的高下。”写过《曹禺论》的刘绍铭，在同曹禺的接触中，也修正了他过去评价的偏颇。他说：“我首先向曹禺招供，如果我今天重写《曹禺论》，我对他剧作的评价，会高得多。我对《雷雨》和《日出》二剧批评得极不客气，理由不外是那时我刚念完比较文学的课程，眼中尽是希腊悲剧以来的西方戏剧大师，而把曹禺的作品与易卜生、契诃夫和奥尼尔等人，平放着来看，那曹禺自然吃亏些。”如果没有偏见，随着他们对祖国现实和历史的深入了解，相信会对曹禺及其剧作做出更加客观而公正的评价。

在美期间，曹禺与英若诚在阿瑟·米勒家用餐，倾心交谈。

三十四 曹禺热

一股“曹禺热”正在兴起。

他的剧作，特别是在解放前的剧作，越来越受到研究者的关注和重视；他的剧作，特别是他解放前的剧作，越来越多地被改编为戏曲、电影，甚至芭蕾舞剧；他的剧作，特别是他解放前的剧作，又被一个又一个重新搬上舞台。

这股“曹禺热”并非是人为的结果，它伴随着席卷祖国大地的思想解放浪潮而来，又伴随着对历史反思的热潮而深入。它是历史酝酿的迸发，是现实发展的必然。它像是一个聚焦点，凝结着新时期现实的热力和历史的能量。

在中国现代文学界、戏剧界，对曹禺的研究达到空前的高潮。据王兴平、刘思久、陆文璧编辑的《曹禺研究专集》所提供的研究资料统计：从1978年到1983年，全国报刊共发各种论文、剧评、专著等共322篇(部)。据笔者了解，单是专著，至今已出版了《<雷雨>人物谈》(钱谷融)、《曹禺剧作论》(田本相)、《曹禺的戏剧艺术》(辛宪锡)、《曹禺年谱》(田本相、张靖)、《论曹禺的戏剧创作》(朱栋霖)，《曹禺剧作艺术探索》(华忱之)、《曹禺论》(孙庆升)、《曹禺研究五十年》(潘克明)、《曹禺戏剧人物

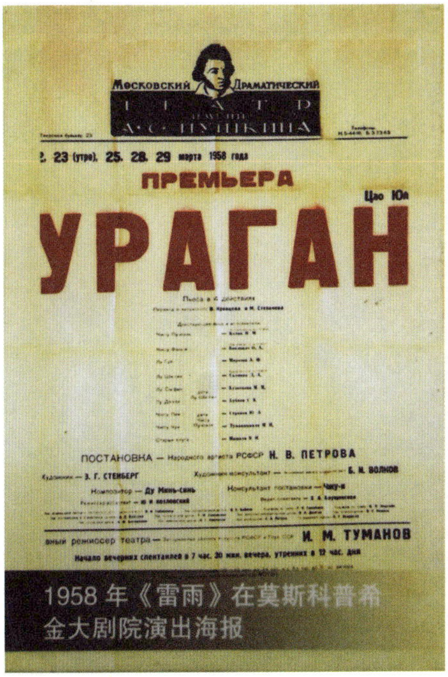

1958 年《雷雨》在莫斯科普希金大剧院演出海报

俄文版《雷雨》演出海报。

1985年10月，曹禺在其研究者田本相的陪同下，寻访天津故居。这是他俩在曹禺曾经工作过的天津女子师范学院（现为天津艺术学院）亲切交谈。

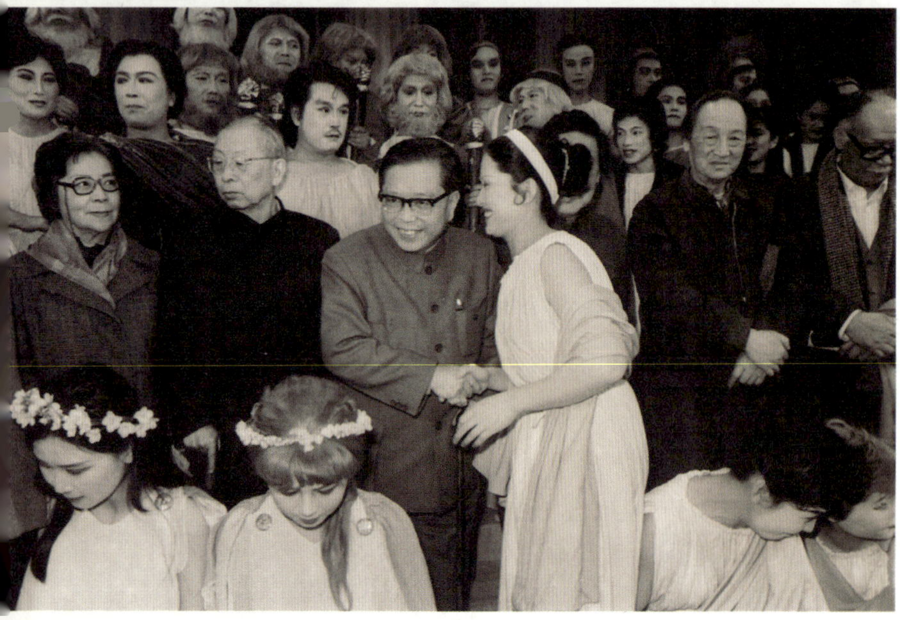

的美学意义》(柯可)、《曹禺：历史的突进与回旋》(马俊山)、《曹禺传》(田本相)、《曹禺评传》(田本相、刘一军)等。同时，涌现出一批有见地有深度的论文，并且初步形成了一支曹禺研究的队伍。这不但是前所未有的，而且在中国现代作家研究中，也是比较突出的。

这批论著探讨的课题比较广泛，从作家的生平和创作思想、剧作专论、人物典型剖析、创作方法、艺术风格、艺术技巧、戏剧语言，直到版本考订等，应有尽有。从研究方法来说，也有新的时代特色，其综合研究、比较研究等独具一格。研究者摒弃庸俗社会学的影响，力图从中国现代文学和中国话剧发展的历史中，从美学的角度来评价和探讨曹禺剧作的价值和成就。其中最突出之点，是曹禺在中国现代文学史和中国话剧史中的地位得到重新评价。

1983年11月7日，《戏剧报》为纪念曹禺创作50周年，召开了一次小型座谈会。参加座谈的有唐弢、刘厚生、晏学、方杰、田本相。同年，《戏剧报》第12期以《立于世界戏剧之林的中国剧作家——曹禺》为题，发表了座谈会的发言。与会同志对曹禺对中国话剧所做的历史贡献，给予高度评价。唐弢以文学史家的眼光，称曹禺是“开中国话剧一代风气”的剧作家。我也认为，曹禺是一位“走向世界的剧作家”。

伴随曹禺研究的热潮，是他的旧作如《雷雨》、《日出》、《北京人》、《家》等，又重新在各地上演。耐人寻味的是，被冷落数十年的《原野》，又被搬上银幕，搬上舞台，学术界对《原野》等有争议的剧作，又重新展开再评价和再探讨，形成了“《原野》热”。

应当说，由凌子改编执导的电影《原野》，起了带头作用。此片于1981年11月在香港公映，此后，大陆也上映。受到观众的热烈欢迎。

继电影《原野》之后，四川人民艺术剧院、中国青年艺术剧院、中央戏剧学院等单位陆续上演此剧，它终于冲破禁区，又呈现在舞台上了。

随着《原野》搬上银幕，《雷雨》和《日出》也相继改编为电影。电影《雷雨》，是由孙道临亲自改编、导演并主演的。《日出》则是由曹禺和他的女儿万方改编。借助电影，曹禺的剧作扩大了在观众中的影响，由于《日出》改编的成功，获得金鸡奖。围绕曹禺三部剧作的改编，引起电影界和戏剧界的探讨兴趣。1986年6月，《电影艺术》曾召开有20多位专家、导演、演员参加的座谈会，研究这三部名著搬上银幕的得失成败。这个座谈会开得十

曹禺的剧作纷纷被改编成影视作品。

1981年夏天，日本戏剧导演、内山完造的侄子内山鹑在曹禺的北京寓所商讨《日出》演出的问题。

1981年12月日本民艺剧团在东京演出《日出》。

分热烈，百家争鸣，各抒己见。《电影艺术》以《银幕向舞台的挑战》为总标题，连载了与会者的发言，在电影界、戏剧界、文学界产生了广泛的影响。

曹禺的剧作在海外的影响也在扩展着。

香港对曹禺的戏剧始终怀有热情，还在“四人帮”统治的岁月里，香港24个剧社联合演出，市政局主办了“曹禺戏剧节”。当时上演了《北京人》、《蜕变》和《胆剑篇》。另由李援华从其它剧作中，抽取片断编成第四个剧目，名为《曹禺与中国》。此次曹禺戏剧节在香港影响较大。打倒“四人帮”之后，《雷雨》等剧作又不断演出，1980年为北京人民艺术剧院赴港演出《王昭君》，良友图书公司出版了《曹禺<王昭君>及其他》。黎觉奔在《为曹禺的<王昭君>演出欢呼》中，热烈欢迎剧组到来，并相信会“给予话剧界一个很大的刺激作用，从而使香港的演剧水准提高一步”。此剧演出在香港产生了较好的影响。1986年2月，中国青年艺术剧院赴港演出《原野》，观众反应也十分热烈。

曹禺的剧作在国外的影响也在扩展着。

在苏联、东欧诸国，曹禺的剧作早就被搬上舞台。近年来，也屡有演出。1981年他的《雷雨》由罗马尼亚布加勒斯特大学中文专业同学演出，剧本翻译杨玲(伊拉娜)把剧情缩成两幕。1983年，《雷雨》在莫斯科再次上演。美国继演出《日出》、《北京人》之后，1984年，密苏里大学邀请英若诚为该校学生排演由他改编的曹禺剧作《家》。英若诚后来说，《家》在密苏里州堪萨斯城的演出获得很大的成功，美国评论界认为："《家》的演出使美国人深刻地理解了20年代的中国社会，这是理解后来发生的伟大的中国革命的钥匙。"[①]日本，早就演出过曹禺的剧作，1981年12月，《日出》由东京民艺剧团演出，翻译兼导演内山鹑，陈白露由真野响子扮演。

曹禺为这次演出写了《作者的话》。饶有兴趣的是1984年5月，大阪关西大学中文系学生，用汉语演出了《雷雨》。为了排练《雷雨》，这些年轻人付出了艰苦劳动，扮演剧中人物的演员，都曾自费专程来华，演出经费的大部分也是自筹的。他们的中国老师、复旦大学的廖光霞特地写了《在日本看<雷雨>》[②]一文，生动地记录了这些为了日中友好而排演《雷雨》的日本青年的事迹。1985年9月5日到16日，上海人民艺术剧院在日本东京阳光城剧场演出了《家》，10天演了10场。据组织演出的日本朋友说，"在日本举行访问公演的外国剧目，多半在东京只能公演两三天即转移到外地。因为只有这样才能维持满座；在东京能够连续演满10场，保持盛况不衰的，大概只有两年前的《茶馆》和这次的《家》。"[③]《家》的艺术魅力吸引了日本观众，得到日本戏剧界同行的好评。日本戏剧评论家野村乔说："它所以给人以深刻的感动，是因为从中可以呼吸到充满苦难的中国近代历史的气息。"他说："现实主义是艺术本来的道路，但在日本新剧中却越来越少见了。在这个时候，中国话剧的到来，给人一种新鲜感。"[④]1984年2月，《雷雨》在马来西亚上演，受到当地侨胞的欢迎。导演说："《雷雨》的艺术成就已超过易卜生。"[⑤]从这些，我们可以看到曹禺剧作不断扩大着它在世界上的影响，增进着中国和其它国家人民的友好联系，为祖国赢得了荣誉。

1982年10月21日到11月4日，曹禺作为中国戏剧家代表团团长再次访问日本，代表团团员有方杰、李

1982年曹禺作为中国戏剧家代表团团长访问日本，受到热烈欢迎。

①《从在美国排演〈家〉想到的》，1984年4月3日《北京日报》。

②1984年6月28日《文汇报》。

③《日本观众喜欢〈家〉》，1985年9月2日《文汇报》。

④《日本观众喜欢〈家〉》，1985年9月2日《文汇报》。

⑤马来西亚1984年2月18日《星洲日报》

1983年11月，曹禺在北京出席欢迎以杉村春子、铃木光枝为正副团长的日本演剧家代表团，此为宴会后宾主合影。

玉茹等人。此行得到日本戏剧界的热情接待，观看演出，出席座谈会，日程排得很满。他会见了《日出》的日译者内山鹑先生，还有许多日本的曹禺戏剧研究专家，如佐藤一郎、松枝茂夫、饭冢容等人。

日本有一批曹禺戏剧研究专家，如佐藤一郎(庆应大学教授)、大芝孝(神户外大教授)、吉村尚子(东京大学教授)、吉田幸夫(北九洲大学教授)等。饭冢容是一个年轻的学者，东京都立大学毕业，其毕业论文写的就是《曹禺论》。著名的还有宅间园子、芦田肇、名和又介等。佐藤一郎是最有代表性的，他对曹禺的戏剧有着很好的评价，他说："在中国近代戏剧史上，若要推出一位代表作家，当首推曹禺。我觉得，在小说史上推崇一位达到顶峰的代表作家，肯定会引起很大的争论。但至少是在话剧界，把他作为近代话剧的确立者和集大成者却是可能的。"[①]他还认为"曹禺是一个造型力非常卓越的作家。他能大胆地去掉多余部分，其余皆归我取。他的造型能力使全剧紧紧地把握而成为一个浑然一体的世界，他把满腔热情倾注到造型上"。他认为曹禺的"造型能量的源泉来自中国文学的传统"，"正是中国传统内部的造型意识从而获得近代睿智，这个睿智的名字，就叫曹禺的现实主义"。尽管他认为曹禺接受过外来的影响，但曹禺所塑造出来的人物却是"古陶和黄土的子孙"。[②]

曹禺的剧作在日本译本较多，《雷雨》有1936年影山三郎、邢振铎的译本，还有1953年影山三郎的译本。《日出》有奥野信太郎、佐藤一郎(1954年)，松枝茂夫(1962年)，内山鹑(1982年)的三种译本。《原野》有饭冢容(1977年)的译本。《蜕变》有松枝茂夫、吉田幸夫(1954年)的译本。《北京人》有三种译本：服部隆造(1943年)，松枝茂夫、吉田幸夫(1971年)，吉村尚子(1975年)。《胆剑篇》有黎波译本(1964年)。

当曹禺在东京都立大学会见了佐藤一郎、松井茂夫、饭冢容等日本曹禺研究专家时，他感到格外高兴，他们促膝而谈，自由地交换看法。他事先曾说，他十分感谢这些日本的学

①佐藤一郎：《曹禺》，《现代中国的作家125》(和光社)，1954年7月。

②《古陶和黄土的子孙》，《三田文学》第41卷第5期，1951年9月。

访日期间日本演员向曹禺等人展示和解说木偶净琉璃的演出方式。

1982年访日期间曹禺在奈良参观鹿苑。

者，做了那么多扎实而深入的研究，这充分反映了中日两国人民之间的友谊。

尽管曹禺面前簇拥着鲜花和荣誉，但是，同他接触多了，总觉得他内心隐隐地埋藏着苦恼，萦绕于心的是强烈的青春般的创作欲望，由于种种原因不能写出更多更好的作品。他常这样感叹地对我说："我这一辈子写得太少了，我不应只是写戏，还应该写小说，写散文，写更多的东西。"

1983年，他从日本访问归来，巴金因不慎摔倒骨折而住院，这使得他心情格外不安。看见老朋友躺在病床上，那么痛苦地受着折磨，他几乎每天都要去看望巴金，默默地守候在那里。在他的一生中，这位老朋友以他真诚和无私的心，给了他许许多多的帮助，对他寄托着深情的厚望。他又想起巴金写给他的信：

希望你丢开那些杂事，多写几个戏，甚至一两本小说(因为你说你想写一本小说)。我记得屠格涅夫患病垂危，在病榻上写信给托尔斯泰，求他不要丢开文学创作，希望他继续写小说。我不是屠格涅夫，你也不是托尔斯泰，我又不曾躺在病床上。但是我要劝你多写，多写你自己多年想写的东西。你比我有才华，你是一个好的艺术家，我却不是。你得少开会，少写表态文章，多给后人留一点东西，把你心灵中的宝贝全交出来，贡献给我们社会主义祖国。

这封信是1979年写的，后来收在《随想录》第六章

曹禺端详着日本朋友的题字。

雷雨

曹禺的剧作被翻译成多种文字，取得了广泛的国际性影响。

大陸の雷雨
戲曲
雷雨
Tempestade
CAO YU
LITERATURA MODERNA DE CHINA
por CAO YU
La TEMPESTAD
CAO JU
ZIVATAR
Sonnenaufgang
Cao Yu
NGƯỜI BẮC KINH
KỊCH
VĂN HỌC
雷雨

之中。如今三年过去了，曹禺仍然没有拿出东西来，守着卧床的老友，他不免感到愧疚。他依然生活在那种扯不断、剪不开的频繁的社会活动之中，任黄金般的时间流淌过去。想到这些，他又怎能不急躁，不苦闷呢？！从外边看来，曹禺是令人羡慕的。他有那么多头衔、那么多读者，他有那么多荣誉；但是，曹禺的心情却是人们难以理解的。

曹禺的画家朋友黄永玉，也曾写信给他对他寄予期望：

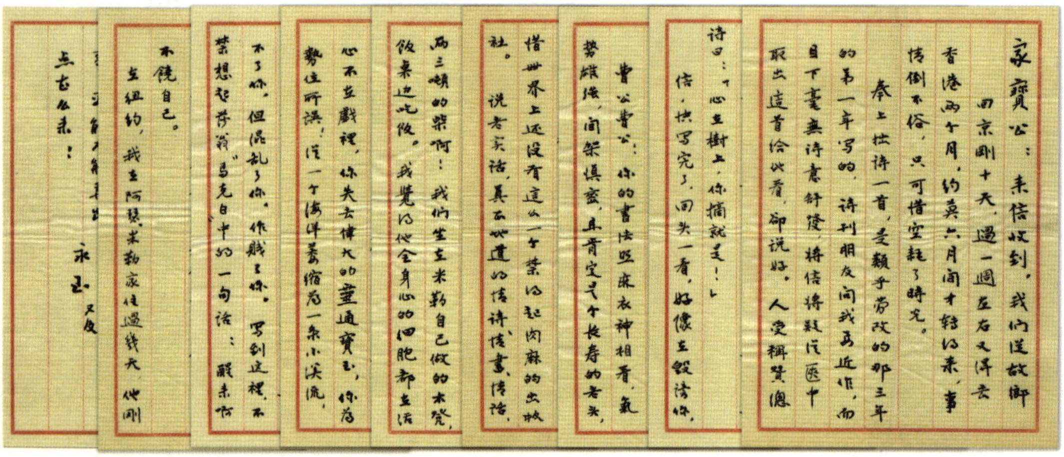

黄永玉给曹禺的信

来信收到。我们从故乡回京刚十天，过一周左右又得去香港两个月，约莫6月间才能转得来。事情倒不俗，只可惜空耗了时光。

奉上拙诗一首，是类乎劳改的那三年的第一年写的。诗刊朋友向我要近作，而日下毫无诗意抒发，将信将疑从匣中取出这首给他看，却说好。人受称赞总是高兴。但这诗不是好，是公开的私事满足了人的好奇心而已。不过我老婆是衷心快意的，等于手臂上刺着牢不可破的对她的忠贞，让所有的朋友了解我当了36年的俘虏的确是心甘情愿。歌颂老婆的诗我大概可以出一个厚厚的集子了，只可惜世界上还没有这么一个经得起肉麻的出版社。说老实话，真正地道的情诗、情书、情话，怎么能见得人?伟大的鲁迅特精熟此道，说是“两地书”，买的人图希奇，打开看来却都是,正儿八经，缺乏爱情的香馥之感。全世界若认真出点这种东西，且规定人人必读的话，公安局当会省掉许多麻烦，人到底太少接触纯真的感情了。

曹公曹公!你的书法照麻衣神相看，气势雄强，间架缜密，且肯定是个长寿的老头，所以你还应该工作。工作，这两个字几十年来被污染成为低级的习俗。在你的生涯中，工作是充满实实在在的光耀，别去理那些琐碎人情、小敲小打吧！在你，应该："全或无"；应该："良工不示人以朴"。像伯纳·萧，像伏尔泰那样，到老还那么精确，那么不饶点滴，不饶自己。

在纽约，我在阿瑟·米勒家住过几天，他刚写一个新戏：《美国时间》，我跟他上排练场去看他边排边改剧本，那种活跃，那种严肃，简直像鸡汤那么养人。他和他老婆，一位了不起的摄影家，轮流开车走很远的公路回到家里，然后一起在他们的森林中伐木，斫成劈柴，米勒开拖拉机把我们跟劈柴一起拉回来。两三吨的柴啊!我们坐在米勒自己做的木凳饭桌边吃饭。我觉得他全身心的细胞都在活跃，因此，他的戏不管成败，都充满生命力。你说怪不怪，那时我想到你，挂念你，如果写成台词，那就是："我们也有个曹禺!"但我的潜台词却是你多么需要他那点草莽精神。

你是我的极尊敬的前辈，所以我对你要严!我不喜欢你解放后的戏。一个也不喜欢。你心不在戏里，你失去伟大的灵通宝玉，你为势位所误!从一个海洋萎缩为一条小溪流，你泥溷在不情愿的艺术创作中，像晚上喝了浓茶清醒于混沌之中。命题不巩固，不缜密，演绎、分析得也不透彻。过去数不尽的精妙的休止符、节拍、冷热、快慢的安排，那一箩一筐的隽语都消失了。

谁也说不好。总是"高!""好!"这些称颂虽迷惑不了你，但混乱了你，作践了你。写到这里，不禁想起莎翁《马克白》中的一句话："醒来啊马克白，把沉睡赶走！"

你知道，我爱祖国，所以爱你。你是我那一时代现实极了的高山，我不对你说老实话，就不配你给予我的友谊。

如果能使你再写出20个剧本需要出点力气的话，你差遣就是!艾侣霞有两句诗，诗曰："心在树上，你摘就是!"

信，快写完了，回头一看，好像在毁谤你，有点不安了。放两天，想想看该不该寄上给你。

祝你和夫人一切都好！

晚黄永玉谨上

3月2日

我还想到，有一天为你的新作设计舞台。

永玉　又及

我还想贡献给你一些杂七杂八的故事，看能不能弄出点什么来！

永玉　又及

这是燃烧着对朋友的热爱，极亲切又极尽激励的信，它确实打动了曹禺的心，他把它珍藏起来，那么恭恭敬敬。

从我自己的感受来看，他很少同我谈他解放后的创作，他总是摇摇头，摆摆手，不愿提起它。随着接触增多，我越来越觉得他有一种难言的苦闷和痛苦，他并不是那种沉迷于掌声中的人。我似乎感到他心底的东西，被一层又一层的东西遮掩着，但他又掩饰不住。他觉得他写得太少了，他确有着许多懊悔，几乎来不及挽回的懊悔。他没有怨谁，他怨自己，责难自己，但这又不是他个人能承担得了的。一次，谈到黄永玉给他的信，引起他的感慨：

晚年的曹禺常常因为自己写不出剧本而苦恼，只有谈到戏剧创作时，他才会露出会心的微笑。此为20世纪80年代，曹禺在安徽中青年作家创作座谈会上讲话。

鲁迅说，他写的是“遵命文学”，他是遵真理之命，而不是哪一个领导人。多年来，我写戏都是领导上交给我的任务，我也写了几个，有的也没写出来，像河北省的抗洪斗争，像私营工商业改造，都搜集了不少材料，没有写出来。现在岁数大了，更写不出来了。

我77岁了，后悔读书读得杂，读得乱，好像没有读透过一本书。解放后，总是搞运动，从批判《武训传》起，运动没有中断过。虽然，我没当上右派，但也是把我的心弄得都不敢跳动了。

做人真是难呵!你知道。“王佐断臂”的故事吧!戏曲里是有的。陆文龙好厉害啊，是金兀术的义子，把岳飞弄得都感到头痛。是王佐断臂，跑到金营，找到陆文龙的奶妈，感动了奶妈，把陆文龙的真实遭遇点明白了，这样才使陆文龙认清金兀术，他终于明白了。王佐说：“你也明白了，我也残废了。”这个故事还是挺耐人寻思的。明白了，人也残废了，大好的光阴也浪费了。让人明白是很难很难的啊！明白了，你却残废了，这也是悲剧，很不是滋味的悲剧。我们付出的代价是太多太大了。

我是真想在80岁的时候，或者是80岁之前，写出点像样的东西来！①

好像他心中有着许多许多的话，想了许多许多的事情，有着说不尽的感慨。他深深地懂得观众和读者的期待，也深深理解朋友们的愿望，他是多么想写啊，写点像样的东西来啊!

曹禺在翻看新出版的《曹禺选集》。

①曹禺同笔者谈话记录，1986年10月18日。

曹禺与李玉茹。

三十五 夕阳如火

20世纪80年代，曹禺的职务已经相当多了：他除担任北京人艺的院长外，还担任中央戏剧学院的名誉院长；而社会职务就更多了，中国剧协主席、北京文联主席，后来更被推选为中国文联执行主席，直到去世仍在履职。同时，他先后担任全国人大代表、政协委员、人大常委会委员、常务委员；全国政协委员、政协常务委员等。每天，他都陷于繁忙的事务之中。出席各种会议，参加外事活动，看戏，稿约，朋友探访，等等。他一方面不得不出席这些活动；一方面也极为厌倦，身为所累。他的女儿万方曾这样回忆：

有一回他回到家，精疲力竭地往沙发上一倒，我跟过去坐下，同情地说："真够忙的。"

他缓过点神儿来，说："就是无聊就是了，没点儿意思。"他一下子就

曹禺与亲人在一起的开心时刻。

1980年，曹禺、李玉茹与老友叶浅予会面。

把话说到根儿上去。"一天到晚瞎敷衍，说点这个说点那个，就是混蛋呗！没法子。"

我听惯了他骂自己，就笑笑。他又说："我现在的脑子是空空洞洞，一无所有呀！"

这就是曹禺晚年最典型的心态。他对家人对朋友总是这样说，"我这一辈子写得太少了，写得太少了。"为此他十分痛苦。他记得巴金的嘱托："把你心灵中的宝贝全交出来！"更珍惜黄永玉的批评，无疑，这些对他都是极大的激励，自然也是沉重的压力。

1985年的春天，他终于下定决心，躲到上海家中，希望将未完成的旧作《桥》修改出来。这一次，他决心很大，摆脱了北京的种种应酬，种种会议。在这段时间里，他通过上海政协找了不少老人采访，查阅了不少资料。而且，已经写了不少笔记。但是，最终他也没有办法把《桥》续完，只好放弃。

是什么原因，让他不能写完呢？李玉茹曾这样说："曹禺曾这样说：'四十年代的事情，八十年代请人谈，四十年代的剧本，八十年代再续，接不上啊！实在太难了！'"

曹禺实际上是不甘心的，他很想很想

把它写出来。

就在这极想写又写不出的情境下，他越发的苦恼。他甚至对万方说，“我不得不写作，即便写成一堆废纸，我也是得写，不然就不是活人。”之后，多少年，他都不停地在构思，不停地在寻找和思考，在曹禺留下的几个笔记本里，留下几部戏的提纲和笔记：

《黑店》，人物有童五、张俭、刘恭、刁仆和刘童氏。每个人物的性格特征，身世，以及人物之间的关系和发展，都设计好了。还写了人物的对话。在他的笔记中有这样的话：“黑店是人间，是人住了一生的地方，平和静穆是一切事物，但事物的内中却疾风暴雨。”

《外面下着雨》，写一对老夫少妻，在阴雨天共度时光的情景。还有一个戏的构想，写三个人物，神、胆大和胆小。神，专横冷酷，他把胆大和胆小都压在大山的下面。在宇宙洪荒之中，大地震怒，把神压在大山恶石之下。

前路苦短，知向谁边？踌躇的曹禺在晚年颇有无奈之感。

此外，他还构思了一个关于孙悟空的故事。有两个版本：一个是万方记录的，是写“斗战胜佛”孙悟空，写如来。其中还有一个大学者。孙悟空向他请教，却发现大学者的脑袋和心都空空如也。孙悟空感叹道：怪不得他这样神气，原来四大皆空他就占了两空，头空心空，做了一生万事通，善哉善哉，我要拜他为师。另一个，是苏民记录的， 他说曹禺请他去，说要写一个孙悟空的剧本，说悟空取经回来，要求回到花果山上去，但是，无论如何也逃不出如来佛的手心。

从上述情况看，晚年的曹禺殚思竭虑，仍在琢磨写戏。他是那么珍视宝贵的创作生命，他是那么努力。正如万方说：从曹禺这些笔记中，可以看到“他脑子里那部创造的机器一直在运转不停，人生的问题一个个像滚珠似的，在他脑子里发出哒哒哒的清脆的声响；在他心灵的大厅中，他既是讲述人又是听众，思想的自由的回声在他的身体里震荡，我感到异常欣慰。”

1986年，曹禺与国际莎士比亚协会主席菲力浦·布洛克及夫人在一起。

1988年6月，曹禺任中国剧协第四届（1986—1987）全国优秀剧本评奖委员会主任，图为评选结束后评委会成员合影。前排右起：田本相、张颖、胡可、曹禺、郭汉城等。

1988年，对曹禺来说，是带有转折性的一年。

尽管他已经是耄耋之年，有着一些老年人常见的疾病；但是，他还能参加诸多社会活动；就在这一年，他总感到没有力气。他的夫人是这样回忆的："一出门回来就往床上一躺，不愿意起来。那时有一位朋友，在人大常委会的地方局工作，她叫萧远音，有时她陪同曹禺和一些人大代表到外地视察，这样熟悉的。是她知道曹禺先生晚上小便多，渴，而且几年了都感觉没力气，就建议我叫曹禺先生赶快检查血液，她说可能是糖尿病。我很感谢她的提醒，查血液才查出肾功能出毛病了。医院让他赶快住院，一再催促他住院。他没有感到病情的严重。我再三求他住院，9月份检查出来，10月8日住进医院。"从这次住进医院，直到他1996年去世，大约八年时间，曹禺就是在北京医院度过的。

在没有住院之前，他患有胆结石，鞘膜积水，都做过手术。那时采取饮食治疗的办法，每天吃一种麦淀粉做的主食，十分难吃。他吃了七年。低盐，连豆制品都不能吃，不能让肾有任何负担，只能吃一点鱼，一点鸡肉。曹禺先生是很坚强的。据说连医务人员都很佩服他。

住院后，检查的结果，他的血色素只有5克，一般人是12克。是非输血不可了。后来，有了"促红素"，就不再输血了。

在漫长的医院生活中，他仍然出席一些不能不出席的会议，观看一些不得不看的演出。就在他住院期间，1988年11月8日第五次全国文代会开幕，13日曹禺当选中国文联执行主席。无疑，这是全国的文艺工作者对他的信赖，也是对他的期望。

在这住院的8年里，他为人题词，为人题字，可以说数不胜数；他也为人写序，等等。实际上，他处于半医疗状态。自然，也有一些重要的活动，需要他的支持和帮助。

▯1990年曹禺在首都剧场观看北京人艺青年演员演出的《北京人》之后，与演员亲切交谈。

▯1991年张瑞芳、潘虹、荣高棠到北京医院看望曹禺。

1992年，他支持召开“北京人艺演剧学派国际研讨会”，他请他的夫人李玉茹在会议开幕时宣读他的致辞。他认为焦菊隐先生，以及北京人艺的同志们为北京人艺演剧学派奠定了基础。他也诚恳期待国内外的学者专家，给予北京人艺更多的评论和帮助，期望北京人艺有一个更美好的未来。1993年， 他带病出席了“93小剧场戏剧展演暨国际学术研讨会”开幕式，并讲了话，对于正处于困境的话剧，寄予希望。希望不拘一格地开展小剧场戏剧运动。

1996年，在病情加重期间，他仍然为第一届华文戏剧节在北京召开，发表了热情洋溢的书面讲话，对来自两岸三地的华文戏剧工作者给予最热烈的欢迎。

就在这一年，《曹禺全集》在他亲自审定后，由花山出版社出版。

1996年12月中旬，中国文联召开第六届代表大会，12月13日，曹禺将出席大会并讲话，他将仍然继续担当中国文联执行主席的职务。就在13日清晨，曹禺先生突然病逝。

事先没有任何迹象，也没有任何先兆。

12日上午，曹禺还在准备第二天的讲话，他的夫人为他准备着装，一切都很正常。医生、护士、护工，连同他的夫人，都没有发现任何可疑的迹象。

12月12日下午，李玉茹到红都服装店取来为曹禺订做的西服。当她回来时，却发现曹禺先生脸涨得红红的，呼吸很粗。急忙找医生，显然是发烧了。经过胸部透视，发现是肺炎。医生开出消炎药，打吊针。到下午五六点钟，基本控制住了。大家都以为没有大碍了。

李玉茹回忆说：“我看没有大问题了，晚上8点钟回家，9点钟我打电话，（护工）小白说，他很心烦，起来看过报，还看了一会儿电视。13日凌晨，大约2点吧，他要起来，看护不同意。吃了安眠药。现在看，显然是呼吸困难，不能入睡。3点钟，护士查房，一摸脉发现不行了。开始抢救，无效，3点55分死去。” 曹禺先生就这样平静地安详地告别了人世。

位于北京香山脚下万安公墓的曹禺墓。

12月14日新华社发布“中国文联执行主席曹禺同志逝世”的消息：

新华社北京12月14日电，中国共产党优秀党员，中国新文化运动的开拓者之一，著名戏剧大师，中国话剧奠基人之一，戏剧教育家，第八届全国政协委员，中国文联执行主席曹禺同志因病医治无效，于1996年12月13日凌晨3时55分在北京不幸逝世，终年86岁。

1996年12月27日上午10时于北京八宝山殡仪馆第一告别室，举行了向曹禺先生告别仪式。

出席者，有曹禺先生的亲朋友人、同事、学生，以及曹禺先生的崇敬者数百人，向曹禺先生敬献花圈，挽联。

90高龄的赵朴初先生是最早知道先生辞世消息的人之一，他立在先生床前默默不语，转身回到自己的病房中，写下一副长卷挽联：“艺海诲人曾见雷鸣四海，文章华国长如日出东方”。

巴金发来唁电：“请不要悲痛，家宝并没有去，他永远活在观众和读者的心中！”

92岁的胡絜青老人也送来了亲笔写的挽联：“戏剧音容炳后世，终生浩气反帝封”。

于是之悲痛地说：“曹禺先生走了，他将丰富的文化遗产留给了中国，也留给了世界。我永远怀念这位老人……”

他的夫人李玉茹说：“先生走得十分安详，就像熟睡一样，医生说，他这样走是最幸福的。也可以说他走得毫无牵挂。他的全集与画集都在他生前出来了。如果说有什么遗憾，那就是没能参加第六届文代会。在医院这8年，曹禺先生的病房总断不了人来看望，逢有远道而来要求与先生合影留念或请先生写字题词的，先生概不拒绝，一一满足他们的要求。”

位于湖北潜江的曹禺陵

当他快要接近生命的终点时，他已经感觉到没有力气了，可他还尽着自己的职责，做着不懈的努力，真是“春蚕到死丝方尽，蜡炬成灰泪始干”。

曹禺晚年

附一

灵魂的石头

万方

电话铃声响得那么突兀，我一下子就醒了，四下里一团漆黑。我不知道是什么时候，一点都不知道。我也一点没有想到这铃声会带来可怕的消息，一定是什么人打错了，以前有过这样的事儿。可这一回不是。我听到小白的声音，他一直在医院里照顾我爸爸，在电话里小白只说：曹老情况不大好，医生让你到医院来。不知为什么我没有多问，就把电话放下了。这时我看见床头的小钟指着四点十分。

我穿衣服，穿了一件毛衣，又穿了一件，我拿了包，看清钱包是在里面，我拿了钥匙，然后关灯出门。那个时间没有电梯，我从十四层往下走，楼道里响着我奇怪的脚步声，非常奇怪。奇怪的是这一切都是我自己的动作，但又不像是我的。我走到外面，空气冰冷，天还漆黑，苍黄的路灯下，大街空空荡荡，没有一个人影。我的脑子里也是空的，什么都没有想，混沌极了。我走到街中心，等到一辆出租车，汽车在黎明前的城市飞驰，冥冥中我的心有所期待，期待什么都没有发生，一切回复到正常。然而在这巨大虚空的黑夜后面，我感到了正在发生的事情，我的爸爸走了。

1996年12月13日黎明。走进病房时，医生说，现在把心脏起搏机关了，请你们看看。我看见一条绿色的直线。我不懂，我完全不懂。病房很高的天花板上亮着那盏昏暗的日光灯，房间里非常混乱，我爸爸的身体斜躺在病床上，光着脚，肚子隆起，脸上罩着呼吸器的面罩，我还是不懂，什么也不懂。在今天以前，我下意识地躲避着那个时刻，现在我克服了自己，极力回想，可仍然只能想起那噩梦般的莫名其妙的场面，好像所有的人都沉没在海底里，我说不出自己的感觉，但我记起我摸了他的脚。

我爸爸走得很安静。做了病理检查之后，也没能查出明确的在这么短的时间里致死的原因。当时的情况是护士半夜查房，给他量了血压，他还在睡着。十多分钟后护士长又进来看看，因为他那两天发烧，发现他的呼吸不对，极慢极浅了。

在做了处理之后，医生让我们再进病房和他告别。这时外面已晨光熹微，但病房的厚窗帘挡住了天光。我爸爸的身体被一条大白单子裹着，下巴用白绷带整齐地兜住，只有脸露在外面，脸上很光滑，看上去就像睡着了，睡得十分安稳。我们和他告别，但是他不知道了。我爸爸他真福气，没有经受垂死的病痛折磨和死亡的恐惧。在寂静的深夜，他衰弱的身体里产生了难以觉察的奇异的波动，也许有个声音告诉他“我们要走了”。他来不及多想，甚至没有听清楚，他想问问对方，可是又没有力气。在最后的时刻，是他对一切事物的好奇心引导他跟着那声音去了，他没有见过死神，他想见一见。

以后的几天里，冬日的天空异常晴朗，太阳明亮极了，街景和往日一模一样，但是它毕竟有一点不一样了，我再不能到医院去看我爸爸了。在他离开我之后，我想他想得很多。许多报刊杂志都约我写他的文章，我尽可能地写了。这篇文章我拖了将近两个月，我觉得需要一段时间，从悲伤恍惚里走出一段距离。我慢慢看了他写给我和妹妹的信，他曾经写给我妈妈的信，还看了其他的文字。我想这一篇文章是最后的一篇，我不是说永远，我是说在能力与条件所及的现阶段。

我手上有两张不大的纸，上面是一首我爸爸写的诗，时间是1986年11月8日。

雷从峡谷里滚响
莽原的每一棵草在哆嗦
我听见风吼，黑云从乌暗的天空猛压头顶
从云里垂下来黏糊糊的东西
那是龙的尾?是龙的长舌?像无数的钩
钩住我的眼睛，心，耳和我的手。
地上喷出火

我的全身在燃烧
洪水泛滥，暴雨像尖矛扎透我的背
我向天高吼："来，再狠狠折磨我!"
大地震抖，高楼，石头，水泥坍下来掩埋了我全身
土塞住我的喉咙
我向天高喊："来吧，我不怕，你压不倒我!
你不是龙，连一条毒蛇都不配，
把戏吓不倒我。"
我看见了太阳，圆圆的火球从地平线上升起!
我是人，不死的人，阳光下有世界
自由的风吹暖我和一切
我站起来了，因为我是阳光照着的自由人!

我不是评论者，也不大懂各种的分析与评价。我只是有思考的能力，我极力思考怎样才能写出我爸爸，写出那个潜藏在种种表象之下的灵魂。他的身体里绝对有一个灵魂。我觉得我不可能把它写出来，因为它太复杂太丰富，太精致太脆弱，太旺盛太强烈，太荒谬太狡猾，根本无法穷尽。我想来想去，决定用客观些的办法，尽可能记录、引用他的话和活动。当然我也还是要发表一些我的看法。

大约在80年代后期，我陪爸爸去了一趟天津。那一次的旅行使我很贴近地感受到他的童年，感觉出他这个人是从哪儿来的，为什么他所以是他。天津对我来说是个陌生的城市，我们坐汽车寻找他的旧居。司机说：这就是意租界了。我看到路边是一幢幢小洋楼，已经很旧了，还是看得出当年殖民地的味道。忽然，我听到爸爸很大的声音，"就是它!就在这里!"

汽车停在路边，他认出了旧时的街道，兴奋极了，连连说："不错，绝对不会错的，这一家姓萧，那一家姓陈，我真是像在做梦啊!"

他的家"小白楼"是座两层的小楼，颜色灰突突的，门前搭着一些乱七八糟的东西。里面住的人家不多，都上班去了，我记得只有两个老人。我们进去时陪我们来的人向住户解

释，我爸爸却顾不得和主人多招呼，这在他是很少有的。他沉浸在激动与恍惚之中。

“真是奇怪呀!这是我的书房，我就住在这里，翻译莫泊桑的小说，读易卜生，读《红楼梦》，看闲书，有个书童陪我读书……”他不对我们任何人，声音喃喃地说。我看到的是一间光线昏暗的普通人的住房，摆着床和桌椅，非常的普通；然而在他的眼光里，这些房间奇异地活起来了，有人在里面出入。

果然他的先生来了，“教我的有一个大方先生，他还教过袁世凯的儿子，叫袁克定。他第一次就给我讲他写的《项羽记》。我记得他住在法租界，好玩古钱，好几个姨太太，人很古怪。他冬天是永远不生火的。”

他迈进一道门槛，脚下绊了一下，幸亏身边的人扶住他，而他毫不觉察。

“啊，这是小客厅……”如烟的往事使他悬思其间，“有一个李补耕，他穿着长袍马褂，在这里等着父亲下楼来见他。父亲慢腾腾地走下来，也是摆着架子，他一见父亲就行三拜九叩礼，每个动作都那么认真。我觉得可笑极了。我父亲一点也不客气。这个人靠我父亲当了县知事，捞了不少钱。他一家人都信菩萨，每次到家里来总是带着他的老婆和两个丫头，吃饭的时候李太太用舌头把碗舔得干干净净，相当滑稽。后来他一来就和我父亲对着抽鸦片烟，他夫人和我母亲对着抽。”

我们走上楼，楼梯更加暗了，又窄；记忆里楼上的光线像是亮堂一些，房子也比较宽敞。

“那时候真是乌烟瘴气哟!哥哥在楼下抽，父亲母亲在楼上大客厅里抽。那间大客厅，北洋军阀的大政客黄郛来过，黎元洪的姨太太也来过，真奇怪，过去的事情竟然记得这么清楚……”

我爸爸一次又一次站住，四下张望，置身于他的童年之乡，实在使他迷惑不解。我则想像出一个不大的男孩儿，放学回家时的情景。家里十分安静，没有人声，空气中飘散着一股他熟悉的气味。他走进自己的屋子，做自己的事儿，但是有一种东西一点点渗透到他的身体里面。

站在阳台上，他指给我看王傻子的家。王傻子就是那个陪他念书的书童，不用交钱，送两袋棒子面儿给老师。“我们一块儿在院子里演戏，文戏武戏都演。我和他一起乘电车看无声电影，是《马瑞匹克弗》，在光明电影院。”

后来我们下了楼，经过一间屋子，他说那是他们吃饭的地方。“我最怕吃饭，父亲总是在吃饭的时候发脾气，骂厨子，有一次一脚就把哥哥的腿踢断了。”他沉默了一会儿，“我父亲，他高兴时就背我，我十五岁时，他还背过我，在屋里走啊走啊。”

我们在小白楼前照了相，我爸爸指着街道旁的空地，“就在这地方，排着一溜人力车，天津人叫‘胶皮’，不问价钱，上去就走。”他又指着一座临近的小楼，“这就是周金子的家。周金子是个妓女，我忘记了是什么阔老爷花了一万块钱，把她买来做姨太太。这座小洋楼就是专门为她盖的。为什么叫金子?一万块钱，太贵重了，像金子一样。”他说那时他特别想看看周金子的模样，可她不大出来，偶尔在夏天，洗了澡出来一下，只是在阳台上一晃，在他少年的眼睛里，他觉得她长得很美，像神仙似的。

他记得在胡同口经常看到逃难的农民，一头挑着锅，一头挑着孩子，晚上叫得很惨。

这是我陪我爸爸回天津旧居时的大致情景，我想说的是我有一种感想，出生在旧中国的文人，他们大多从小就感到压抑，继而觉悟到有一股与他们格格不入的势力的存在，从此他们的生存就处于个人与一种势力对峙的状态。这成为他们无法逃脱的命运，他们也不想逃脱，他们从来无缘体味“为艺术而艺术”的闲情逸致，这才是他们的情结。

我无法说出这种势力的名称。在我之前，在不同的时代，它以不同的面目存在了上千年，它改变了人生存的定义，使个体的生命消失，变成一种适合于它的物质形式。无数中国人的生活被改变，而那些不甘于被改变、有独立意识的人，就要有所作为。

我爸爸写剧本就是他的作为。一个人的能力有大小，才华更是上天给的。我爸爸有幸被赋予了才华，他的成名是在很年轻的时候，像几乎所有当代的中国文人一样，在二十几岁就迸射出生命中创造的光辉。我体会他真正的才华，在于他全身心地活在自己独特的感觉之中，登上了自己的那块石头。他迎接命运，他愤愤不平，他痛苦，他要反抗，一股股激流从他身边汹涌而过，他的心被激荡，也许他也想化为激流，或者说把自己投身进一股强大的力量里，可在他的心灵中有一个小人儿，具有把握他的更大的力量。就由于有他的把握，他写出《雷雨》。

那时他还在南开中学念书，有一个同学叫杨善全，他和杨善全说，我有一个故事想写出来。这位同学就说，那你讲讲吧。他说："我讲了，讲得乱七八糟，他也没听出所以然，只说，很复杂呀，你写吧。"

"你们要我讲繁漪是从哪儿来的，有什么原型？有，肯定是有，好多好多。但要我说出张家老太太，李家少奶奶，王家小姐，有什么用？讲了也是白讲，你们也不认识。《雷雨》这个名字，如果硬要我讲，雷，是轰轰隆隆的巨大声音，惊醒他们；雨，是天上而来的洪水，把大地洗刷干净。"这番话是和来采访他的人说的。

我和爸爸一起去过他的母校清华大学，他是在清华的图书馆里写的《雷雨》。他指给我看他老坐的位子，说："不知废了多少稿子呀，都塞在床铺下边。我写了不少的人物小传，写累了，就跑到外面，躺在草地上看天空，看悠悠的白云，湛蓝的天。"

"当年图书馆的一个工作人员，他待我太好了，提供我许多书籍，原谅我一时想不起他的名字。他还允许我闭馆之后还呆在这里写作。那些日子真叫人难忘啊!我当时就是想写出来，从来没有想到过发表，也没有想过演出。"

后来，抗战时期在重庆，我爸爸写出了《北京人》。当时有人对《北京人》在那个时期出来有所非议，似乎认为有些不合时宜。我不这样看，恰恰相反，从中我又一次认识了我爸爸内心里的那个小人儿，他站在自己的高度，看到那个高度所看到的世界和人。他是了不起的。

我真心地佩服《北京人》的剧本。时常想，要具有怎样的感悟力，体味多少不愉快，刻骨的厌恶，埋得极深的苦痛，才能写出曾浩那样的人物，而我爸爸那时还是个青年。我一直觉得《北京人》里每个男人身上都有他的影子，他比他们加在一起还要丰富生动。

由此我想到自己的幸运。一个有才华有灵魂的人活在我身边，使我得以一直看着他生命的进程。从某种意义上说，如同看着众多的中国文化人，甚至是中国的知识界。当然我不能把他们之中的任何一个等同于另外一个，但他们的命运确有共同之处。

曾经我写了一个话剧《谁在敲门》，就是出于我所处的独特的位置与切身的感受。我试图写一个充满创造力的人，有过了不起的创作，后来创造力消失了，但奇怪的是一顶闪光的帽子始终戴在他头上。在"文化大革命"运动中，这顶帽子被揪下来，连同他的脑袋一起扔进了屎坑。"文化大革命"结束后，帽子和头再次被安放在他的身体上。这是一种极端反常然而又确实正常的现象，戴着耀眼的“桂冠”，而随时可能连脑袋一起被摘除。

长时间以来，我爸爸和许多的人，他们都被告知他们的思想是需要改造的，这种对灵魂的改造像是脑页切除术，有时是极端的粗暴行动，还有就像输液，把一种恐惧的药液输入身体里。这是一种对自身渺小卑微的恐惧，我知道这是非常严酷的事。

“文化大革命”开始时我在上初中一年级，我爸爸被打倒，被揪斗。我家住的院子的大门上写着“打倒反动权威、反革命文人曹禺”的标语，字又黑又大，贯穿整座大门。我在学校里是“黑五类”子女，不允许进教室，只能坐在教室外面，一坐就坐一天，不能动不能说话。现在回忆起来，那时不管我们做什么，怎样做，我们的生存都不可变更地处在假定有罪的状态下。

我发现了一个本子，封皮上是我爸爸的笔迹，写着：十年浩劫回忆录。关于我上面说到的情形，他写道：“我心痛极了。我有罪，把我抓去斗，狠狠斗死了，就算了；十来岁的孩子有什么错，为什么还要连累我的孩子们!真想紧紧抱着小方子痛哭，但孩子不干，她没有心情受任何人的爱抚，连爸爸也不能勉强她。但我知道她是爱爸爸的，她湿润的眼睛对我闪出怜悯的光。”

有一段时间，我爸爸被关在牛棚里不能回家，早上让他们到马路上扫大街，小孩子就用石头砸他们。他说：“我羡慕街道上随意路过的人，一字不识的人，没有一点文化的人，他们真幸福，他们仍然能过着人的生活，没有被辱骂，被抄家，被夺去一切做人应有的自由和权利。”后来我记得放他回家了，他把自己关在屋里，能不出门就不出门。造反派命令他参加批判会，一进单位的门他就难受极了，他说：“那些人你说是人也好，是鬼也好，是神也好，反正我惹不起。我就是孙子，也不是孙子，就是一条虫，随你们怎么碾。”他上班要路过一条叫“剪子巷”的胡同，看见一个老太太天天在扫地，他非常羡慕她，就想像她那样，在胡同里有半间破房，一天天扫地，浑浑噩噩地过，苟全性命。

人民大学那时就在我家隔壁，每天从早到晚造反派都在高音喇叭里大叫大喊。我爸爸在回忆中写道：“酷热的夏天，本来在我的小屋里就很憋闷，现在更加不能忍耐。半夜醒来，不知从什么地方传来一阵阵粗野的声音，那鬼哭狼嚎使我的胸口隐隐作痛。我胆战心惊。我觉得不久这群发疯的黑狼将包围我，抓着我，用黑爪子抓伤我的脸、我的背，我感觉自己已缩成一团。我不愿叫醒睡着的方瑞和小欢子，她们沉沉地睡在另一间小屋里。白发的岳母瘫在木板床上，一夜一夜地咳嗽。四面是乌黑的海，黑浪滚荡着，时而漂浮起几个没有眼睛、没有面目的人头，发出声声惨叫……这大约是梦，我惊醒了。我勉强安慰自己，用一颗安眠药只睡了两三小时。”

再之后他被革命群众“解放”，在团河农场劳动。每个礼拜六的下午，天色近晚的时辰，我就从窗子里看见他的小个子出现在远远的大门口。他推着自行车进了大门，然后又蹁腿骑上车，看上去挺利索。今天，我仍然清晰地记得他在暮色中的样子，脖子上系着一块白毛巾，头上戴一顶蓝布帽子，脸上的神情有点惶惶然，又有一种松了口气的感觉。我爸爸还看过传达室，先是在首都剧场，结果被来中国访问的日本人发现了，就把他调到北京人艺宿舍的传达室去，分发报纸，传呼电话。我记得他被表扬过，因为他在食堂里每顿都只吃四分钱的菜。有一次我外婆吃白薯，把皮剥掉，他觉得浪费，就把白薯皮吃下去。我有我爸爸在那个时期的一张照片，他坐在传达室的一张破桌子前面，手拿报纸，身后的墙上布满水印，脸上倒是乐呵呵的。

我了解我爸爸，他不是一个斗士，也不是思想家，恰恰相反，他是一个很容易怀疑自己否定自己的人。但我深知他是一个真正的艺术家，他的生命是一种半感官半理智的形态，始终被美好和自由的情感所吸引鼓动，但他的情感和思想又都是充满了矛盾的，而且都加倍地放大了。当美好的东西被彻底打碎，所有的路都被堵死，而他觉得自己没有任何的力量，绝望和恐惧就把他压垮。

我说的那本“十年浩劫回忆录”是一个很薄的练习本，写了不到一半，那上面的最后一行字是：当时，我整天担心随时被抓进去……

我爸爸给我讲过他得知粉碎“四人帮”消息的情形。那时候我妈妈已在1974年去世了，妹妹从部队复员，他俩住在一起。他说：小欢子从外面回家来，走到我床前，我那会儿天天吃很多安眠药，和废人一样；小欢子两眼发光，对我说，爸!咱们得救啦!

“我不信，不敢信。怕，怕不是真的，还怕很多。我跑到大街上，那会儿已经是夜里了，我走呀走呀，看到多少家的窗口里亮着灯光，整座楼都是亮的，我忽然感到难以支持，靠在一棵树上。我觉得自己的心脏的承受力已经到了极限。老天爷啊!没有经历过的人不可能明白，那种深重的绝望把人箍得有多么紧!我想我是从大地狱里逃出来啦!”

在写出了这些文字后，我不由得想起我爸爸曾经讲起的一段经历。那是1949年。他从上海坐船到香港，和一些人一起再坐轮船到了山东解放区，又到了北平。我不能肯定准确的路线，但这并不很重要。重要的是他辗转行程的目的，参加第一届中国人民政治协商会议。在开国大典前，他是庆祝游行活动的组织者之一，身上带着很多的公款，他让我妈妈在住处守着装钱的包，寸步不离。他还担任了庞大的锣鼓秧歌队的一名指挥。他那时戴着一副金丝边眼镜，我简直难以想像他会怎样指挥那雄壮欢腾的队伍，但我能想像得出他本人激动发晕的样子。他的这个身份极少被提起，在这里我觉得值得一提。

粉碎“四人帮”后，我爸爸的社会活动渐渐多起来，头衔也越来越多，他的时间几乎被各种各样的活动填满。每次活动回来，他一阵风似的从门外进来，脚步匆匆，进屋后把衣服一脱就倒在沙发上。他总是弄得十分疲倦，人好像被抽空了似的。

有一回他回到家，精疲力竭往沙发上一倒，我跟过去坐下，同情地说：“真够忙的。”

他缓过点神儿来，说：“就是无聊就是了，没点儿意思。”他一下子就把话说到根儿上去。“一天到晚瞎敷衍，说点这个说点那个，就是浑蛋呗!没法子。”

我听惯了他骂自己，就笑笑。他又说：“我现在的脑子是空空洞洞，一无所有呀!”

过了一会儿，他见我还坐在旁边，就又对我说：“告诉你，每个人都有一本账，我写不出东西是我自己的账。你别以为我苦恼，你苦你的恼吧!”

千真万确，我亲眼看到一种痛苦持续不断地困扰着他。这痛苦不像“文革”时期的恐惧那样咄咄逼人，人人不可幸免。这痛苦是只属于他自己的。我曾经反复琢磨这份痛苦的含义，我猜想：痛苦大约像是一把钥匙，惟有这把钥匙能打开他的心灵之门。他知道这一点，他感到放心，甚至感到某种欣慰。然而他并不去打开那扇门，他只是经常地抚摸着这把钥匙，感受钥匙在手中的那份沉甸甸冷冰冰的分量。从某种意义上说，这甚至成为一种独特的游戏。真正的他则永远被锁在门的里面。也许里面已经人去楼空，他不知道，也并不真的想知道。但是痛苦确实是痛苦，绝没有掺一点假。

我曾在一篇关于我爸爸的文章里说，痛苦是他的性格。现在我感到这样说不很准确，更准确的说法是，痛苦是他的天性。而他的性格中具有好热闹的一面，不甘寂寞的一面。

好热闹和不甘寂寞我认为是两回事儿。好热闹是个人的事情，好办；不甘寂寞就不光是他自己的事了，弄不好就变得很难办。

有的上午他坐在沙发上看报，看着看着睡着了。电话铃一响把他闹醒，电话总是要他开会、题字、看戏、评奖之类的事儿。他一接电话就清醒了，人也精神了，什么事都应承下来。有一段时间他几乎天天有活动，有时一天有四个日程，日历本儿上记得满满的：追悼会，法国议会代表团，送机场，英国大使馆，等等。

每次参加活动回到家，他都极为疲倦，还有一股说不出的沮丧。当然也有挺得意的时候，但这样的时候毕竟不多。他心里很清楚这是怎么回事。有一次他和我说，我是用社会活动麻醉自己，我想写，写不出，痛苦，就用社会工作来充塞时间。他感叹道：这么下去怎么得了？

然而，长时间的寂寞又会使他烦躁。他坐在桌前翻手边的东西，毫不相干的杂志，又走到书柜前漫无目的地找书，读出一本本书的名字；他在屋子里东走西走，他的脸这时候绷得紧紧的；我看见了，走过去摸摸他的脸，他站住，松懈下来，对我说："不行了，孩子，不知道什么时候再出来那个劲儿，可是像是不大行了。"有那么一会儿，我们互相看着，我多么地理解他因而可怜他。事情是多么明白啊!我本想安慰他，才摸摸他的脸，可是我什么也没能做到。

我爸爸得过严重的神经官能症，多年来他的睡眠必须要靠安眠药。吃了安眠药之后，他就大大地放松了，种种潜意识都变成话语，像地下的泉水一样往外冒。他的眼睛瞪得大大的，在床头灯的直射下亮得吓人，我就坐在他身边可他并没有看见我，而望着他活生生的痛苦。

"我痛苦，我太不快乐了，我老觉得我现在被包围着，做人真难哪!我要坦白出来，我怎么自私怎么坏，我要说心里话，说世界上任何人都不敢说的话。"——"我最恨那些所谓的正人君子，没有一个没坏心眼儿，禽兽比他们好，恨就恨，爱就爱。"——"昨晚那个大使，说什么伟大的作家，了不起的作家，狗屁呀!我听着一点不高兴，我想得太大了。我想但丁，想托尔斯泰。"他顿住一口气，然后深深地吐出来，"都七老八十了，还成什么呀!我呀，在这个世界上白白过了一辈子，但我有一个最大的所得，我悟啊!这个世界实在不高明。人哪，是个丑恶的东西，可是也不，人又那么地吸引你……”他什么都讲，毫无顾虑，他总是为自己一生中所犯的各种错误，失当的行为反复思虑、后悔。有时候他拉着我的手，“小方子，你逼我吧，不逼不行啊!我要写东西，非写不可!”他嘴在脸上用力地抿紧，目光灼灼，闪动着生命的光焰，“我要做一个新人，忘掉过去的荒诞和疑虑，我要沉默，我要往生活的深处钻，放弃这个‘嘴’的生活，用脚踩出我的生活，用手写真实的人生。”他的话像文章一样，思路畅通之极。

多少这样的时光，我已经睡下，他连声地叫我，接着开始他的倾吐。床头灯照着我们，他立下志愿。

在我爸爸去世后，我和妹妹整理了他给我们的信，一大部分的信是他八一年到八三年间从上海写给我们的，那时他准备把解放前写了两幕的未完成的剧本《桥》写出来，那一段时间的信几乎都说到写作的问题。

他在信里说：“这几年，我要追回已逝的时间，再写点东西，不然我情愿不活下去。爸爸仅靠年轻时写了一点东西维持精神上的生活，实在不行。”他又说：“爸爸最近才悟到，没有一定的工作方向，随遇而安，浪费青春和中年时光，这是最可怜的，想起来甚至觉得惨痛。只有在暮年猛追一阵，补去已逝的时间。但创作真是极艰苦的劳作，时常费日日夜夜的时间写的那一点东西，一遇到走不通想不通的关，又得返工重写。一部稿子不知要改多少遍，现在爸爸连一个草稿，不，一个真正的大纲都没有搞成。当然真有一个结实的大纲与思想，写下去只是费时间，倒不会气馁。”

那一阵子，他找了好多人谈话，搜寻材料，“我现在为了自己最后的创作下了大决心，坚决搞下去，只有乘这股热气、这点灵气好写下去。我多年没有这种感觉，没有这种创作的欲望了，难得能写，想写，这对我来说是一刻千金的时候。”在这段话之后他加了括号，括号里写着，“我也许搞不出来，但这个戏的大纲必须乘这段时间弄出来，因此北京人艺三十周年、全国文联开会都不能参加。这个创作不能放下，我知道一放下就完了，而完了，我最后的机会也就完了，我的生命也就等于不存在了。”

1981年11月29日的信里，他写道："最近我十分认识一切事情要办好，无论是求学与写作，都需要愉快的心情。不要以为'心情'本来就'坏'，怎么就会好起来?我的经验是愉快的心情可以由自己争取得到的。大约必须钻进工作或学问中去，万不可怕苦。要苦干，干就会从中得到兴味，对学问的爱好，对工作的感情。……爱因斯坦说：'热爱是最好的老师。'他说自己一生的成就便从这句话得益最多。我要加一句：'着迷是最好的朋友。'"

1983年初，他在信中写："我正在写作，每日夜二时或三时四时起来不等。干上四小时，头昏眼花，只好搁笔，但总算有点进展。写作之难，大约不亚于你在医学院攻读医学。"这封信是写给我在大学里学医的妹妹的。"时常干了一个月的工夫，写好的东西，现在一看，不成样子，又把它完全划去。去年春日、暑期的计划与大纲，今日看来绝不能用，太浅，太俗，也太无意义，只好全部作为废纸。然而这一个多月的努力像是站得住!这一点看来站得住的东西，确实由于我这一两年下的功夫得来的。虽然这一两年的稿子终成了废稿，但没有这些废稿中的思想感情，经过一再筛滤，扬弃，是不可能造成现在这点比较站得住的东西。我觉得以往用的功夫与精力并不是白用的。"

1983年4月5日的信：

"人生只此一次，若不战胜私念，决心想为人做点有益的事，则日后心感痛苦。无论学医治学、写作都是一个道理。不悟出自己活着的使命则一事无成，势必痛悔为何早不觉悟。爸爸近来异常奋发，又万分苦恼，就因早未觉悟，早未明白，在私念中浪费大半生命。"

4月的又一封信里，他说："目前我确有些气馁，但我终不认输，只能向前干，向前干。"

1985年2月25日的信：

"最近读了《贝多芬传》，这位伟大的人激励我。我不得不写作，即便写成一堆废纸，我也是得写，不然便不是活人。

"工作第一，知识第一，知识中有无限幸福。到了一定年龄便知这是真理。"

到了八五年晚些时候，我在他的信里看到这样的话，"心事并不颓唐，还想有所作为，只是年老体衰，何日大去是不可测的。"

爸爸去世之后，我的脑子里不由得老冒出过去那些美好的时光。那时我家住在铁狮子胡同三号，院子里有一棵很大的海棠树，春天花影满地。我爸爸的书房是一排小北房里的一间，被前面高大的房子挡住了阳光。窗子上挂着白窗帘，门前我妈妈种了一畦晚香玉，夏天开花的时候，那洁白硕大的晚香玉就像一个个朝天的小喇叭，美丽极了，也香极了。我和院子里的孩子在海棠树下跳皮筋，一扭头总能看见爸爸趴在窗前的书桌上。我们边跳边唱，偶尔，童稚的声音传进他的耳朵，在他大约是一种隐约的来自天外的音乐。夏天，书桌上放着一大盆冰块，我爸爸写作时就光着膀子。有的时候我看到他在屋子里走来走去，脸上有些阴沉沉的。他会很突然地剧烈地挠他的头顶，就像脑袋里憋着千头万绪，只有拼命地痛快淋漓地挠头才能把它们梳理清楚。在我还是个孩子的时候，我亲眼目睹了他进行创造的景象。

在他年老之后，也有过一段日子，他一个小时一个小时地趴在客厅的方桌上写着什么。我手里有一张上面写着一些字的白纸——

“为什么一个字也写不出。天沉着脸，像是又要下雪，其实方才还是亮晶晶的，怎能一转眼就变成这样一副讨人嫌厌的样子。这个天就像我，一天能几个神气，说明心中有怨气。但天不应该有什么内心的活动。我是人，人却不能不有各种变化。譬如我总像在等待什么，其实我什么也不等待。”

也许他始终有所期待，期待奇迹的出现，可奇迹没有来，不肯再来了。我知道他开过若干个头，但据他说总是写着写着就写不下去了。我问过他为什么？怎么就写不下去呢？他说也不是害怕，就是觉得不对头，觉着可能出错。我想我能理解他。偶尔，我也有另外的想法，这是不是他下意识为自己找到的一种借口呢？难道他真的就不能战胜内心的魔鬼？不能解放自己？我无法得出结论。

多年以来，我爸爸的手边一直有好几个本子，有活页本，有很小的笔记本，也有学生用的横格本，本子里内容纷繁，有他的断想，有日记，有一篇篇的人物对话和他自己写的诗，最多的是他想写的戏的提纲。

有一个叫做《黑店》的戏，提纲他已经想得很细了。人物表有：童五、张俭、刘恭、刁仆和柳童氏。他写下了他们的性格特征，他们的身世，互相间的关系与发展，还有一场场的对话。

关于《黑店》，他写道："天地造物，有如蚊虫，有如雪豹，有如豺狼，有如狐狸，但有的是人，更妙的是真人。风暴中有静静的草舍，雷电中有安静的美好的心，它似高山岩石，似野天信鸟，它忠诚，却忘记人间如何丑恶。黑店是人间，是人住了一生的地方，平和静穆是一切事物，但事物的内中却疾风暴雨。"

还有一个戏，剧名叫做：《外面下着雨》。写的是一对老夫少妻，下雨天在屋子里共度时光的情形，是个独幕剧的构思。他已写了大段的台词。我还发现他在1987年写下的断想，其实也是一个戏的构思。一个人物叫：胆大；另一个叫：胆小。"胆大"是一个好冲动、自以为是、好冒头出问题的人，偏说别人不敢说的话。"胆小"是事事害怕，处处设防，惟恐戴上枷锁的人。再有一个人物叫做：神。"神"冷酷、专横，把胆大和胆小都压在大山下面。在宇宙洪荒之中，大地震怒，把神也压在了大山恶石之下，于是有了神、胆大、胆小三人的对话。

他还想写"斗战胜佛"孙悟空的戏，写如来。其中还出了一个大学者，孙猴子向他讨教，而发现大学者的脑袋和心都空空如也，孙猴儿感叹：怪不得他这样神气，四大皆空他就占了两空，头空心空，做了一生万事通，善哉善哉!我要拜他为师。

另外还有一个提纲：《岳父》。这个岳父最早是摆摊子的，后来发了财，开了银行，有五男五女，五个女婿，每个人都有曲折的经历。其中一个女婿是地下党，岳父掩护了他，还掩护过别的地下党员，戏一直发展到解放以后。在他的本子里，我看到他记下要写一个爱听好话的人和一个说谎话的人；一个能说的骗子和一个专爱受骗的傻子，外加一个不正直的聪明鬼。在活页本的一面，顶端写着"张好好"三个字，是剧名。这个张好好是个歌女。他写道："张好好的双手像两只飞动的鹞子，奏出明快而略带哀伤的音调，唱：'扑嗒嗒，泪如梭，有情偏被无情磨……'"

我仔细地翻看了我爸爸写下的这些东西，从字里行间，我强烈地感到他对各种人物怀着极大的兴趣和热情，他脑子里那部创造的机器一直在运转不停，人生的问题一个个像滚珠似的，在他的脑子里发出哒哒哒的清脆的声响；在他心灵的大厅中，他既是讲述人又是听众，思想的自由的回声在他的身体里振荡，我感到异常欣慰。

直到他的病使他不得不放弃，不得不离开他心里各色各样的人物；一旦离开他们，他感到那样孤独。他的小本子上有一首诗，表达了内心的感觉：

孤单，寂寞，像一个罐头抽尽空气，
我在压缩的黑暗中大喊，没有声息。
孤单，寂寞，在五千丈深的海底，
我浑身阴冷，有许多怪鱼在身边滑去。
孤单，寂寞，在干枯无边的沙地，
罩在白热的天空下，我张嘴望着太阳喘气。
孤单，寂寞，跌落在深血弥漫的地狱，
我沉没在冤魂的嘶喊中，恐惧。

我爸爸去世后，巴金伯伯的女儿打电话和我说：我爸说曹禺真可惜，他就这么走了，他心里有好多好东西，他把它们都带走了。

这话巴金伯伯老早在给我爸的信里就说过，他说："家宝，你要写，你心里有真宝贝，你要把它们拿出来。"

当年我爸爸写出《雷雨》之后，给了他的好朋友、中学同学章靳以。当时章靳以、郑振铎和巴金一起在办《文学季刊》。靳以叔叔把剧本放在抽屉里，放了一年，大约因为我爸爸和他的关系太近了，反而觉得不好讲话。我曾问过我爸爸：你为什么不问问呢？他说："那时候我真是不在乎，我知道那是好东西，站得住。"一年后，巴金伯伯看到了《雷雨》，读过后立刻决定在《文学季刊》上发表。

现在我确实懂得了，我爸爸在年轻时真是非常的自信。这是一种多么大的幸福。然而老年之后，那股自信早已不知去向，不知为何物了。他常常怀疑自己写的东西是不是真的好，怀疑它们的价值。我劝他不要想了，因为这不是他的事。

"怎么讲？"他问我。

我说出看法："你写了剧本，尽了你的力，以后就由时间去衡量了。"

"那我的戏是不是还算经得住时间考验的？"

"你说呢？"我反问他。

"你说呢？"他又问我。

我想他心里是有答案的。在他重访母校南开中学时，为中学生们讲话，他说："我一生都有这样的感觉，人这个东西是非常复杂的，人又是非常宝贵的。人啊，还是极应当把他搞清楚的。无论做学问，做什么事情，如果把人搞不清楚，也看不明白，这终究是一个很大的遗憾。"

在我爸爸1982年6月10日给我的信里，他写道："一个作家必须有真正的思想。一个人没有思想便不成其为人，更何况一个作家。其实向往着光明的思想才能使人写出好东西来，你以为如何？希望你能真正在创作中得到平静快乐的心情。"

在他1982年7月13日给我的信里，他说："天才是'牛劲'，是日以继夜的苦干精神。你要观察，体会身边的一切事物、人物，写出他们，完全无误，写出他们的神态、风趣和生动的语言。不断看见，觉察出来，那些崇高的灵魂在文字间怎样闪光的，你必须有一个高尚的灵魂!卑污的灵魂是写不出真正的人会称赞的东西的。"

"我的话不是给木头人、木头脑袋写的。你要经常想想，揣摩一下，体会一下，看看自己相差多远。杰克·伦敦的勇气、志气与冲天干劲，百折不回的'牛劲'是大可学习的。你比起他是小毛虫，你还不知道苦苦修改，还不知道退稿再写，再改，退了，又写别的，写，写，写不完地写，'迷'在写作里，那怎么行？"

今天，他不在了，再看他对我说的这些话，我想自己没有辜负这份深切的父女之情。我走进了他指给我的迷人的创作境界，他曾经在这里获得了极大的享受。这是人生多大的幸事啊。

夏天里晴朗的一天，我爸爸坐在医院后面的"小花园"里，戴着耳机在听肖邦的钢琴曲，远远看见我走来就大声喊："今天特别的好!早上我在院子里快活得要命要命，我都跳舞了。"说着他的屁股在轮椅上颠了两颠。他拿下耳机，"你听听，一定要听听，美妙至极的钢琴，我这路快活哇!"

我听了他的钢琴曲，又还给他，帮他把耳机塞好，他的眼睛一直看着我，亮闪闪的，充满期待，“不知为什么今天这么好。明天就不知道什么样儿了。”

我又记起过去的一个白天，那时他还没有住医院。上午时分，我爸爸坐在客厅的沙发上看报纸，家里很安静。我从门厅经过，忽然听见一种怪声音，我惊疑地朝他望去，声音正是他发出来的。不知道他看见了什么文章，引起何种感想，就用一种怪声唱了起来：“可怕呀，可怕呀……”他把腔调拖得长长的，像唱戏一样；我盯住他看，他愈发提高嗓门儿，还是唱同一句词：“可怕呀，可怕呀，真是可怕呀!”

我笑着走过去，问：“爸，什么可怕？”

他把一句“可怕”唱完，回答我：“可怕，什么都可怕。不是吗？”

我爸爸，他骨子里实在是一个太真诚的人，心里的快活和悲哀就像地下的泉水一样，有一点点压力就止不住一股股地冒出来。想来那没有别的原因，那是一种自然现象。想到他的这份天性，不知为什么我觉得难过极了。

在我的一个本子里，一直夹着一张纸，上面是我抄下来的爸爸写给别人的一段话，现在我再看这段话，感到像是对他本人性格的一种说明，我把它抄在下面：

“万不能失去‘童心’。童心是一切好奇，创作的根源。童心使你能经受磨炼，一切空虚、寂寞、孤单、精神的饥饿、身体的折磨与魔鬼的诱惑，只有‘童心’这个喷不尽的火山口，把它们吞噬干净。你会向真纯、庄严、崇高的人生大道一直向前闯，不惧一切。”

曾经有那么一天，我爸爸看出我不快活，对我说：“小方子，别那么不快活。”

我说：“没什么快活呀!”

他想了想，说：“是没什么快活事儿。我给你读两句诗，你就懂了。”他找来弘一法师的书，翻到其中一页，念给我听：“水月不真，惟有虚影，人亦如是，终莫之领。”他解释道：“就是不能懂这个道理。‘为之驱驱’，驱驱就是忙呀，忙了一辈子。‘背此真净’，真净，这么干净的一个世界，你违背了，‘若能悟之，超然独醒。’”他放下书，静了一会儿，“这是另外一个世界，和马克思的世界不一样，和资本主义世界也不一样。你觉得如何？”

他望着我，穿过我，望着他自己的内心。

12月27日是我爸爸遗体火化的日子。那天天出奇的好，碧空如洗。灵车沿着宽阔的长安街向八宝山开，街上是上班的人流。我一直朝后扭头看着爸爸，他躺在那儿，身上盖着一条雪白的绸子，化过装的脸很好看，样子和睡着了一模一样。清晨纯净的阳光最后一次照着他，那阳光透亮得要命，尘世上所有的瑕疵都被这样亮晶晶的阳光遮蔽了。遗体告别后，我们坐在八宝山大门前的空地上，等着他的骨灰。没有一丝风。中午的太阳照在身上暖融融的，简直有点像春天。黑色的树枝清晰地伸向晴空，几只喜鹊飞来，落在树梢上，显得那么美好。后来我妹夫指给我们看，在蓝天的映衬下，烟囱里飞起一股股淡淡的灰烟，那应该是我爸爸。他说：那灰会飘落在地上，等春天的时候，草长出来，花开了，他也就在那些生命里边。他说得很好，给我们以安慰。

继而，我想道，我爸爸终于放下了他的痛苦，放下他心里的宝贝，还放下很多东西。他是一个极丰富极复杂的人，他一生不追求享乐，他很真诚。他有很多的缺陷和弱点，但是他没有罪孽。如今，他透明的生命回到一个好地方去了。

在他的一个本子上，我看到他写下这样一句话："灵魂的石头就是为人摸，为时间磨而埋下去的。"他说得真好，使我感到一个人的心有了应有的分量。

现在，已经到了1997年2月6日的晚上，是旧历的大年三十。我选择了独自在家的方式来度过这个夜晚。家里人到别的地方团聚去了，七点钟左右我在附近的"肯德基"店吃了简洁的快餐，然后回到家，打开灯。屋子里真安静，和每一个晚上没有任何区别，然而还是有所不同，我知道我再也不怕电话铃响了。我打开电脑，打开这篇文章，我一点也不是矫情的人，可我要在这个时候写几个字。

……

我发现我没有别的话可说。

……

爸爸，我非常想念你。

原载《收获》1997年第3期

lei y

雷雨

tui bian

蜕变

bei jing ren

北京人

王昭君 wangzhaojun

jia

原野 yuan ye

日出 ri chu

附二

曹禺生平简表

1909年 曹禺的父亲万德尊作为清政府官费留学生，自日本陆军士官学校毕业，学成归国，在天津任直隶卫队标统（相当于今天的团长）。

1910年 9月24日，出生于中国天津，取名万家宝。出生三日后，母亲薛氏患产褥热病故。后来，父亲万德尊娶薛氏的妹妹薛咏南为妻。

1913年(3岁) 母亲经常带曹禺去戏园子看戏，中国戏曲给他的童年时代留下了深刻的印象。

1915年(5岁) 万德尊聘请家庭老师教曹禺识字。

1917年（7岁） 万德尊任宣化镇守使，曹禺随父亲在宣化度过了一段难忘的时光。

1920年(10岁) 在天津的汉英译学馆开始学习英语。

1921年(11岁) 开始接触外国文学读物，如莎士比亚的《一镑肉》、都德的《最后一课》、笛福的《鲁滨逊漂流记》等作品。

1922年(12岁) 考入天津南开中学初中二年级。
黎元洪任大总统，万德尊任其秘书。家居北京西城。

1923年(13岁) 因病休学一年，在家休养期间阅读各种新文学作品。
万德尊退职回津，抑郁不得志，万家被沉闷气氛所笼罩。

1925年(15岁) 加入南开新剧团。初次参加排演洪深改译的《少奶奶的扇子》，留下深刻印象。

1926年(16岁) 与同学创办文学周刊《玄背》，作为天津《庸报》副刊出版。从第6期至第10期连载处女作小说《今宵酒醒何处》，首次使用曹禺笔名。

1927年(17岁) 在戏剧家张彭春的指导下，于南开新剧团演出了《获虎之夜》、《压迫》、《可怜的斐迦》等戏。

1928年(18岁) 父亲万德尊去世。曹禺目睹亲朋离散，深感世态炎凉。
在张彭春的鼓励下，曹禺先后在易卜生名剧《国民公敌》、《娜拉》中反串裴特拉、娜拉，表演精彩，成为南开新剧团的顶梁柱。
高中毕业，免试就读于天津南开大学政治系。

1929年(19岁) 与张彭春合作改编并参加演出了高尔斯华绥的《争强》，扮演主角安敦一。

张彭春因事赴美，临行前将英文版《易卜生全集》赠送给曹禺，之后，曹禺借助辞典通读了《易卜生全集》。

1930年(20岁) 离开南开大学，考入清华大学西洋文学系二年级，与钱钟书同被选为《清华周刊》文艺编辑。在学校期间饱读西方戏剧原著。

1931年(21岁) 清华大学学生剧团演出《娜拉》，曹禺导演并主演娜拉。

1933年(23岁) 春天，参加清华大学赴日旅行团，游览了东京、神户、横滨、大贩、京都、奈良、札幌等地。于东京筑地小剧场观看了话剧《好望号》，并欣赏日本歌舞伎演出。

在清华校庆日演出了话剧《罪》，曹禺导演并扮演弟弟拉里，郑秀扮演拉里的女友汪达。由此结识郑秀并开始恋爱。

上半年用英文写成毕业论文，题目为《论易卜生》。

在暑假中，创作完成了构思达五年之久的《雷雨》，毕业后考入清华研究院。

1934年(24岁) 《雷雨》剧本在由文学家巴金主编的《文学季刊》第一卷第三期上发表。

到天津河北女子师范学院外文系任教授。

1935年(25岁) 著名电影演员阮玲玉自杀，成为曹禺创作《日出》的诱因。为写《日出》，他深入社会底层了解百姓、乞丐、妓女的生活。

《雷雨》在日本东京神田一桥讲堂首演，导演：杜宣。东京《帝大新闻》发表专论评价《雷雨》演出，对中国戏剧由梅兰芳阶段飞跃至目前状况深表赞叹。

天津市立师范学校孤松剧团成为第一个演出《雷雨》的剧团，之后，上海复旦剧社、中国旅行剧团在许多大城市演出《雷雨》，《雷雨》成为中国票房最看好的话剧。

与张彭春再度合作，将莫里哀的《悭吝人》改编为《财狂》，并饰演主人公韩伯康。

1936年(26岁) 上海文化生活出版社出版《雷雨》。

日译本《雷雨》在日本发表。

创作完成《日出》。

应邀前往南京国立戏剧专科学校执教。

任教之余，曹禺与戏剧同仁组织中国戏剧学会，演出《雷雨》，并在剧中扮演主角周朴园。

1937年(27岁) 《日出》由中国留东剧人协会在东京神田一桥讲堂公演，中国著名演员凤子扮演陈白露。

创作完成《原野》。至此，《雷雨》、《日出》、《原野》被称为曹禺剧作的“三部曲”。

与郑秀在长沙青年会举行婚礼

1938年(28岁) 在国立戏剧专科学校执教并兼任教务主任，讲授《戏剧概论》、《西洋戏剧》、《编剧方法》等课程。

《日出》由华新影片公司拍成电影。

1939年(29岁) 创作完成《蜕变》，在重庆公演。

应国防剧社邀请，赴昆明导演《原野》和《全民总动员》。

1940年(30岁) 创作完成《北京人》。

1942年(32岁) 将巴金的小说《家》改编为四幕剧。

1943年(33岁) 在重庆，在张骏祥导演的《安魂曲》中扮演主角莫扎特，这是曹禺最后一次登台演出。

《家》由中国艺术剧社在重庆首演。

1945年(35岁) 在重庆作为文化界的代表与毛泽东会见，这是曹禺第一次见到毛泽东。

1946年(36岁) 应美国国务院邀请，曹禺和小说家老舍赴美讲学。

《雷雨》、《原野》先后被翻译成朝鲜文，在汉城出版。

《雷雨》在越南公演。

1947年(37岁) 在上海文华影业公司任编剧、导演。

创作完成电影剧本《艳阳天》，自任导演，由上海文华影业公司拍 成电影。

1949年(39岁) 在中共地下党组织安排下，由上海经香港回到北京，参加新政权的诸多文化工作会议。

1950年(40岁) 出任中央戏剧学院副院长。

1951年(41岁) 自编《曹禺选集》，由开明书店出版。曹禺对《雷雨》、《日出》、《北京人》三部作品作了大量修改，其中尤以《雷雨》修改得最多。

与郑秀离婚。不久与方瑞结婚。

1952年(42岁) 到北京协和医院进行采访、实地观察，为创作话剧《明朗的天》搜集素材。

6月，北京人民艺术剧院成立，曹禺担任院长。

1954年(44岁) 北京人民艺术剧院在北京公演《雷雨》。

《明朗的天》创作完成，年底由北京人艺首演。

1956年(46岁) 加入中国共产党。

赴东京参加禁止原子弹、氢弹大会。

1957年(47岁) 《日出》、《北京人》、《家》陆续在北京上演。

1958年(48岁) 《雷雨》在苏联、捷克斯洛伐克等东欧许多国家上演。据统计，仅在苏联，《雷雨》演出已接近2000场。

《日出》在匈牙利裴多菲剧院上演。

1960年(50岁) 创作完成历史剧《胆剑篇》。

1961年(51岁) 为写作历史剧《王昭君》，前往内蒙古搜集创作素材。

1966年(56岁) 文化大革命运动爆发。曹禺也同中国的许多知识分子一样失去了创作的自由。

1972年(62岁) 曹禺一度到北京人民艺术剧院看守传达室。外国报纸报道说："中国的莎士比亚在给剧团看大门。"尽管这样，曹禺依旧对人生充满了乐观和信念。

1974年(64岁) 夫人方瑞病逝，曹禺万分悲痛。

1977年(67岁) 《原野》由日本学者饭冢容译成日文。

1978年(68岁) 随着文化大革命的结束，曹禺重新担任北京人民艺术剧院院长。

赴新疆进行采风，创作完成剧本《王昭君》。

1979年(69岁) 北京人民艺术剧院公演《王昭君》。

当选为中国戏剧家协会主席。

与中国京剧演员李玉茹女士结婚。

1980年（70岁） 赴英国、法国访问。赴美国讲学。

1981年（71岁） 《日出》由日本东京民艺剧团上演，内山鹑翻译并导演。

1982年(72岁) 率领中国戏剧家代表团访问日本。

1983年(73岁) 欢迎以杉村春子为团长、铃木光枝为副团长的日本演剧家代表团。

1988年(78岁) 因病住进北京医院。在此后的八年里，曹禺一直住在医院中，在这里接待了许多戏剧工作者。

当选为中国文学艺术联合会执行主席。

1996年(86岁) 12月13日，因长期疾病在北京医院辞世。

刘琳 整理

后记

从2005年开始，北京人艺戏剧博物馆和中国戏剧出版社合作，出版“北京人艺经典文库”系列丛书。该套丛书分为“经典剧目”和“经典人物”两个主题，其中的“经典人物”系列已经有焦菊隐、于是之、郑榕、欧阳山尊四位艺术家的画传相继与读者见面。今年，在各方努力下，《曹禺》画传作为纪念先生诞辰百年的重要出版物之一终于付梓成书，我们深感欣慰。

曹禺先生诞生于1910年，中国话剧的起点在1907年，可以说，先生的一生是伴中国话剧而行的。他幼年随继母看中国传统戏，少年在南开新剧团登台，青年时代写出《雷雨》，及至后来在国立剧专教话剧、在西南写抗战戏、做北京人艺院长等等，他的人生每向前迈进一步，总是与戏剧相依相伴，不离不弃。他那颗天性敏感的心，他生命的欢畅与忧伤，痛苦与执著，都交付给了戏剧，他以卓越的创作成就推动和影响着中国话剧的发展。故此，早在2007年中国话剧百年之际，我们即动议出版此书，并着手收集相关图片、资料。

本书特别约请曹禺研究专家田本相先生撰稿，他由上世纪80年代初至1996年曹禺离世，对先生进行了多次深入细致的采访，取得了珍贵、翔实的一手资料，最终成就了《曹禺传》一书。本画传文字即在《曹禺传》原有文字基础上缩编而成，并酌加了“曹禺与北京人艺”、“夕阳如火”两个章节以作完善。感谢宋宝珍女士，拨冗对全文进行了再次梳理，并从大量图片素材中甄选出最为精华部分，补配文字说明。

本书收录了记载曹禺生命历程的上百幅图片，其中一部分为北京人艺戏剧博物馆馆藏资料，另有部分曹禺不同年代的存照得益于先生女儿万方女士的捐赠和授权使用，其中多幅均为首次公开，经由它们，读者能够更深入地走近曹禺先生的内心世界。在此向万方女士特别致谢。此外，书中引用了历年来全国不同院团演出曹禺剧作的剧照，以及曹禺参加各种社会活动的图片，均为作者在多年研究工作中搜集而来，由于种种条件所限，未能对原片拍摄者予以一一署名，敬祈作者谅解，在此一并感谢。

编者

2010年7月